William T. Vollmann
Afghanistan Picture Show
oder
Wie ich die Welt rettete

Aus dem Amerikanischen von
Peter Torberg

Suhrkamp

Die amerikanische Originalausgabe erschien 1992
unter dem Titel
An Afghanistan Picture Show; or, How I Saved the World
bei Farrar, Straus and Giroux, New York.
© 1992 by William T. Vollmann

Die deutsche Übersetzung erschien erstmals unter dem Titel
Afghanistan Picture Show oder Wie ich lernte, die Welt zu retten
im marebuchverlag.

Umschlagfoto: Ahmad Masood / Reuters / Corbis

suhrkamp taschenbuch 3940
Erste Auflage 2008
© der deutschsprachigen Ausgabe marebuchverlag Hamburg 2003
Lizenzausgabe mit freundlicher Genehmigung des marebuchverlags
Suhrkamp Taschenbuch Verlag
Alle Rechte vorbehalten, insbesondere das
der Übersetzung, des öffentlichen Vortrags sowie der Übertragung
durch Rundfunk und Fernsehen, auch einzelner Teile.
Kein Teil des Werkes darf in irgendeiner Form
(durch Fotografie, Mikrofilm oder andere Verfahren)
ohne schriftliche Genehmigung des Verlages reproduziert
oder unter Verwendung elektronischer Systeme
verarbeitet, vervielfältigt oder verbreitet werden.
Druck: Druckhaus Nomos, Sinzheim
Printed in Germany
Umschlag: Göllner, Michels, Zegarzewski
ISBN 978-3-518-45940-9

1 2 3 4 5 6 – 13 12 11 10 09 08

Afghanistan Picture Show
oder Wie ich die Welt rettete

Dieses Buch ist all jenen gewidmet,
die anderen zu helfen versuchen,
gleich ob sie Erfolg haben oder scheitern.

Inhalt

Vorwort zur deutschen Ausgabe
von *Afghanistan Picture Show* **11**
Anmerkung zur überarbeiteten Fassung (1989) **18**
Vorwort (1982) **19**

Auszug aus einem Interview mit Leonid Breschnew (1980) **25**
Nordwärts von Peschawar (1982) **27**

I. Die Grenze

1. Dein Herr (1982) **31**
Dein Herr [1] ... Der rote Hügel [1] ... Der rote Hügel [2]

2. Das Land der Tagesdecke (1959–1981) **37**
Das Land der Tagesdecke ... Antarktis ... Indiana ... Meine erste
Demo ... Der rote Hügel [3] ... Erklärungen [1]

3. Schwierigkeiten des Wunderwerkers (1982) **51**
Schwierigkeiten des Wunderwerkers ... Eine Süßigkeit aus
Büffelmilch ... Freunde ... Bettler und Spender [1] ... Post Mor-
tem ... Bettler und Spender [2] ... Bettler und Spender [3] ...
Glück [1] ... Glück [2]

4. Der Brigadier (1982) **69**
Der Brigadier ... Meine Kleidung (1987) ... Der Brigadier (1982)
... Nach neuesten Berichten (1989) ... Morgens und nachmittags
(1982) ... Demokratie ... Feste Überzeugungen ... Verlobt ... Der
Märtyrer ... Die Ameisen ... Der Vollzug der Ehe ... Der Bericht
des afghanischen Brigadiers ... Gevatter Todd (1983)

II. Die Flüchtlinge

5. «Oder doch zumindest ein längerer Aufenthalt»: Flüchtlinge in der Stadt (1982) 97

«Oder doch zumindest ein längerer Aufenthalt» … Freifahrten … Die reiche Familie … Seine wahre Macht … Allerdings … Die Problemlösung … Falscher Eindruck … Echte Eindrücke … In dem wir uns Afghanistan asymptotisch nähern … Der Mann, der unbedingt in die Lager wollte … Hilflosigkeit [1] … «Ein sehr gutes Land für mich» oder Glück [3] … Der Wurm ringelt sich wieder … Hilflosigkeit [2] … Parasitismus … Eine Frage … Noch eine Frage … Bericht des afghanischen Kellners … Die Banditen … Eine Frage … Hilflosigkeit [3] … Glück [4]

6. Die Glücklichen: Flüchtlinge in Kalifornien (1983–87) 137

Die Friseurin … Wie wird man ganz einfach Friseurin? … Zwei Erinnerungen … Erklärungen [2] … Ein Freund von Freunden … Zurückhaltung … Ein amerikanisches Mädchen … Ein altes Jahrbuch (1984) … Die Kellnerin … Ein tröstlicher Gedanke … Ein amerikanisches Mädchen

7. «… Offiziell als Flüchtlingslager bezeichnet …»: Frauen (1982) 149

«… Offiziell als Flüchtlingslager bezeichnet …» … «Das kann lange, lange dauern» … Der Gebende … Die Parabel von den Bierdosen … Große Schritte vorwärts [1] … Verschiedene Anblicke … Hilflosigkeit [4]: Bericht von Dr. Tariq (Lager Hangu, Kohat – IRC) … Bericht des Krankenhausverwalters vom Internationalen Komitee des Roten Kreuzes … Hilflosigkeit [5] … Hilflosigkeit [6] Mit der für ihn charakteristischen Entschlossenheit … Die Interviews … Bericht eines Flüchtlings im Lager (Kohat) … Rückblick (1987) … Die Interviews (1982) … Bericht von Marie Sardie, Ernährungsberaterin des UNHCR … Was die Leute nicht auf Band sprechen [1] … Bericht von Marie Sardie (Fortsetzung) … Die Frauenfrage … Endlich Erfolg … Bericht von Mary McMorrow, Krankenschwester in Diensten des IRC … Der entscheidende Punkt [1] … Das Gefühl, etwas erreicht zu haben … Glück [5] … Der entscheidende Punkt [2] … Bericht des afghanischen Arztes (Lager Hangu)

8. «… Offiziell als Flüchtlingslager bezeichnet …»: Korruption (1982) 187

Afghanistan Picture Show [1] … Korruption … Was die Leute nicht auf Band sprechen [2] … Bericht des afghanischen Kellners (Fortsetzung) … Hilflosigkeit [7] … Bericht des afghanischen Arztes (Fortsetzung) … Bericht von Mary McMorrow (Fortsetzung) … Bericht des alten Mannes (Lager Kachagari) … Die Essensfrage … Bericht des alten Mannes (Fortsetzung) … Die Waffenfrage [1] … Die Waffenfrage [2] … Schlangen und Frösche … Afghanistan Picture Show [2] … Bericht von Hassan Ghulam, ARC … Bericht von Commissioner Abdullah, Verwaltungsbeamter für afghanische Flüchtlingsangelegenheiten (Peschawar) … Schulunterricht (Lager Hangu) … Ein Gedanke (1987) … Große Schritte vorwärts [2] … Dein Herr [2]

9. Alaska (1979) 215

Alaska … Meine Anführerin … Oberhalb des Flusses … Glück [6] … Glück [7] … Erica Bright und Erica Green-Eyes … Der Knoten, der Roboter und das Messer … Mein Pullover … Ein Gedanke (1989) … Himbeeren (1979) … Der Fluss … Die andere Seite

III. Die Rebellen

10. Eine Frage der Politik: Das Spiel (1982) 237

Eine Frage der Politik … Zu viele Marionetten, zu viele Fäden … «Die Tyrannei Dauds» (1959) … Die Formierung der Mudschaheddin (1959-79) … Idiotie und Dummheit (1987) … «Es ging um mehr als Bombenanschläge; es handelte sich um einen nationalen Aufstand!» (1975) … Recht (1987) … Das Spiel (1878–1982) … Bericht der Zuverlässigen Quelle (Fortsetzung) (1982) … Sowjetische Verstärkung …Ein Gedanke (1987) … Bericht der Zuverlässigen Quelle (Fortset-zung) … Gesunder Menschenverstand

11. Eine Frage der Politik: Freundliche Feinde (1982)   261

Freundliche Feinde … Bericht von Professor S. Schamsuddin
Madschruh, Afghanisches Informationsbüro … Bericht des Rich-
ters Dr. Nadschib Said, Islamische Einheit (Liberale Koalition) …
Die Aufgaben des Dr. Said … Semantik (1987) … Nachruf auf den
Jungen Mann … Die letzten Feinheiten … Bericht des Vaters
des entführten Arztes … Bericht von Dr. Nadschibula,
Jamiat-i-Islami (Fundamentalisten) … Was die Leute nicht auf
Band sprechen [3] … Der Bericht des Generals

12. Der rote Hügel (1982)   283

Der rote Hügel [4] … Die fremden Linguisten … Das Geheim-
nis unserer Überlegenheit … Triumphale Rückkehr … Armer
Mann … Bericht des Armen Mannes … Der rote Hügel [5] …
Ruinen … Bericht des Armen Mannes: Einsatz chemischer
Kampfstoffe … Wittgensteins Aussage … Das neue Land …
Zwei Paar Hände … Afghanistan Picture Show [3] … Der rote Hü-
gel [6] … Vorbereitungen … Das Spielflugzeug … Hilflosigkeit [8]
Hilflosigkeit [9] … Hilflosigkeit [10] … Der rote Hügel [7] …
Der rote Hügel [8] … Bericht des Armen Mannes (Fortsetzung) …
Der rote Hügel [9] … Bericht eines Mudschaheddin-Komman-
danten, Jamiat-i-Islami

13. Im Zug (1982)   327

Im Zug … Warum ich gescheitert bin: Ein Brief des Generals
(1984)

14. Nachschrift   339

Ein Brief des Generals (1987) … Die sowjetische Sichtweise
(San Francisco, 1987)

Chronologie   **343**
Quellen   **357**
Danksagungen   **358**

Vorwort zur deutschen Ausgabe
von «Afghanistan Picture Show» *

Der 11. September hat alles verändert, und auf vielfältigere Weise als auf den ersten Blick erkennbar hat er auch die Amerikaner verändert, die wie ich das Glück hatten aufzuwachsen, ohne die geringste Ahnung davon zu haben, was in der restlichen Welt vor sich geht. Ich brauche nicht besonders zu betonen, dass ich mit «die Amerikaner» meine eigene Regierung dezidiert ausschließe, die ohne Wissen oder Kenntnis ihres so genannten Wahlvolkes des Öfteren mit großem Schaden erfolgreich interveniert hat. Die Regierung steckte ihren auslandspolitischen Stecken in eine Reihe von Ameisenhaufen, und schließlich haben ein paar Ameisen zugebissen.

Nach meiner Rückkehr aus dem mit Sanktionen belegten Irak schrieb ich 1998: «Die Vorstellung, ein Land mit Strenge zu regieren und so das Wiedererstarken böser Kräfte zu verhindern, hat nach dem Ersten Weltkrieg in Deutschland nichts gefruchtet. Hier wird es dies ebenfalls nicht tun. Es wird nur neue Feinde für Amerika und seine Brudermächte auf den Plan rufen und stählen. Früher oder später wird ein Iraki, der klug genug ist, eine Bombe zu bauen, es erneut versuchen, und sein Hass wird sich nicht durch Erinnerungen an unsere Freundlichkeit schmälern lassen.» ** Unglücklicherweise haben die Ereignisse des 11. September mich in meiner Ansicht bestätigt, auch wenn sie möglicher-

---

* Teile dieses Vorworts stammen aus einem Vortrag, den ich 2002 vor der Studentenschaft des Dee Springs College gehalten habe.

** Ich verweise auf meinen in Kürze erscheinenden Essay *Rising Up and Rising Down* (ca. 3500 Seiten), in dem sich unter anderem auch Abschnitte zum Irak unter Saddam Hussein und zu Afghanistan unter den Taliban finden.

weise in Afghanistan oder Saudi-Arabien und nicht im Irak geplant wurden. Ich bin weder Diplomat noch Stratege. Meine einzige Gabe als politischer Beobachter besteht darin, das Offenkundige zu sehen und festzuhalten. Wenn man ein islamisches Land wie den Irak besucht und gesehen hat, wie Kinder aus Mangel an durchfallhemmenden Mitteln sterben, wenn man den Hass, den Kummer und den Trotz der Menschen erlebt hat, und wenn man dann nach Hause kommt und feststellt, dass Freunde und Nachbarn, in deren Namen die eigene Regierung dieses Leid verursacht hat, weder davon wissen noch sich dafür interessieren, wie kann man da *nicht* den 11. September vorhersehen? Noch heute sagen die Amerikaner gern: «Die sind doch nur neidisch auf uns.» Das ist nicht zutreffend. Sie hassen uns. Sie werden uns weiter hassen, wenn wir ihnen nicht die Hand reichen. Jedes Land, das wir zukünftig terrorisieren, wird ihren Hass noch vergrößern.

Während ich dieses Vorwort schreibe, bereitet sich mein Präsident darauf vor, den Irak fälschlicherweise erneut brutal anzugreifen, der UNO und dem Großteil der Welt zum Trotz. Was ich den Europäern dazu nur sagen kann: Fast alle Menschen, die ich kenne, unterstützen ihn nicht, und diejenigen, die es tun, werden von den Zeitungen, Fernseh- und Rundfunksendern «informiert», die zufälligerweise von denselben kommerziellen Interessen beherrscht werden. Ich bitte Sie um Geduld und Verständnis für die Amerikaner. Ich teile Ihre Abscheu hinsichtlich der amerikanischen Außenpolitik, und ich flehe Sie an, es nicht bei dieser Abscheu zu belassen, sondern alles zu tun, um die Vereinten Nationen zu stärken. Arbeiten Sie gemeinsam und aktiv daran, statt, wie Europäer dies sonst oft tun, gegensätzliche Interessen zu verfolgen und nur zu reagieren. Zumindest für den Augenblick ruht der ganze Rest an Legitimation, den die Vereinten Nationen noch besitzen, in Ihrer Hand.

Was mich betrifft, so sehe ich keinen Widerspruch zu dem bisher Gesagten, wenn ich bemerke, dass ich immer noch hoffe, dass die Drahtzieher des 11. September gejagt und getötet werden, und ich hoffe nicht nur um meinet-, sondern auch im Ihretwillen, dass Sie meine Gefühle teilen.

Falls Sie *Afghanistan Picture Show* in der Erwartung lesen, weitergehenden politischen Erörterungen wie diesen zu begegnen, dann muss ich Sie enttäuschen. Natürlich werden auch Personen erwähnt, die noch heute auf der politischen Bühne stehen, wie der berüchtigte Gulbaddin, oder erst kürzlich abgetreten sind, wie Rabbani und Masud. Ich erinnere mich noch, wie stolz ich war, als ich Rabbani interviewte; als er dann später afghanischer Regierungschef geworden war, interessierte ich mich schon nicht mehr sonderlich für meine angebliche Leistung. In diesem Buch, sosehr dies auch die ursprüngliche Absicht gewesen sein mag, geht es schließlich nicht um Afghanistan. Es beschreibt vor allem eine bestimmte Art der gesellschaftlichen Beziehung, weit mehr, als sein oberflächlicher junger Autor das hätte ahnen können. Das Motto einer meiner letzten europäischen Kurzgeschichten stammte aus der *Großen Sowjetenzyklopädie*. Es hätte auch gut als Motto für dieses Buch dienen können: «Jeder Versuch, Altruismus als eine Möglichkeit zu preisen, eine antagonistische Gesellschaft auf nicht egoistischen Prinzipien umzugestalten, führt unweigerlich zu einer Art von ideologischer Scheinheiligkeit, die letztlich nur Klassengegensätze kaschiert.» Ich wollte Gutes tun und «den Afghanen helfen». Ohne mir der ziemlich offensichtlichen Implikationen bewusst zu werden, die sich aus der Tatsache ergaben, dass ich ein halbwegs privilegierter Bürger eines ungeheuer privilegierten Landes war, glaubte ich an die Gleichheit aller Menschen und erwartete, dass einer der

Mudschaheddin-Kommandanten mir irgendeine Aufgabe zuweisen würde, die ich dann nach besten Kräften zu erfüllen versucht hätte – Wasser schleppen, einen Kampf dokumentieren oder gar mitkämpfen –, und das wär's dann gewesen. Ich war schockiert, dass meiner Person stattdessen geradezu göttliche Kräfte zugeschrieben wurden. Ich war Amerikaner; ich vermochte alles. Und weil ich eben doch nicht alles vermochte, nicht mal einigermaßen das Gebirge überqueren (wegen der Ruhr hatte ich bereits achtzehn Kilo abgenommen), waren alle Beteiligten von mir enttäuscht. Wäre ich fit gewesen und hätte ich eine Million Dollar in der Tasche gehabt, dann wären sie immer noch enttäuscht gewesen, denn ich war nun mal der, der ich war. Und das war alles, was ich jemals sein wollte – eine Illusion, «die doch nur die Klassengegensätze kaschiert».

Und doch, die verstrichenen Jahre haben meinen Glauben an die absolute Notwendigkeit nur bestärkt, überall auf unserer Welt altruistische Bemühungen zu unterstützen, auch wenn ich vermute, dass der Eintrag in der *Großen Sowjetenzyklopädie* zum Stichwort Altruismus höchstwahrscheinlich stimmt; je länger ich darüber nachdenke, desto mehr Beispiele fallen mir für seine Richtigkeit ein – französische Jesuitenmissionare glaubten die amerikanischen Indianer von ihren satanischen Idolen zu befreien und haben dabei gleich ihre ganze Gesellschaft vernichtet; amerikanische Missionare hofften, die Afghaninnen vor der Frauenfeindlichkeit der Taliban zu retten, und haben dabei zu einer Wiedergeburt ebenjener Warlord-Gesellschaft beigetragen, in der eine riesige Zahl von Afghaninnen vergewaltigt und entführt wurden. Was hätte ich denn mit meinem Wissen, meinem Reichtum und bei meiner Konstitution tun können? Genau das, was ich getan habe. Die Erinnerungen an mein Scheitern verfolgen und demütigen mich, und das ist gut so.

Im Jahr 2000, am Vorabend meiner Reise in das damals von den Taliban beherrschte Afghanistan, stattete ich General N., meinem früheren Gastgeber und selbst ernannten Adoptivvater, der in der *Afghanistan Picture Show* ausführlich zu Wort kommt, einen Besuch ab. Der alte Mann war älter geworden; sein Verstand arbeitete nicht mehr ganz so scharf wie früher; die Telefonnummer auf der Visitenkarte, die ich seit 1982 aufgehoben hatte, war um zwei Stellen länger geworden. Er erinnerte sich mit Freude an mich und hieß mich willkommen; ich ergriff voller Liebe und Respekt seine Hand.

Als ich mich daranmachte, an der Afghanistan Picture Show mitzuwirken und später ein Buch darüber zu schreiben, ging ich ganz egoistisch davon aus, ich selbst sei der Held jener tragikomischen Gutmensch-Saga. Tatsächlich ist jedoch General N. der wahre Held meines Buchs. Er gewährte mir Unterkunft und Nahrung, kleidete mich wie einen Pathanen ein und sorgte für meine sichere Reise nach Afghanistan und zurück; doch vor allem sprach er meinen Verstand an, bevor dieser sich völlig abgeschottet hatte. Er erklärte mir, wir seien nun Freunde fürs Leben, und das waren wir auch, obwohl wir unsere Freundschaft die meiste Zeit nur per Brief pflegen konnten, und nach einer Reihe von Jahren hörte auch das Briefeschreiben auf. Ich weiß aus tiefstem Herzen, dass dieser gute Mann mich nicht aufgenommen hat, weil ich Amerikaner war oder weil er glaubte, ich könnte irgendetwas ausrichten oder auch nur lernen, sondern weil ich eine seiner vielen sozialen Aufgaben war. Zumindest hatte ich so viel Verstand bewiesen, einen zweisprachigen Koran mit nach Pakistan zu bringen, den ich immer noch habe und stets auf Reisen in moslemische Länder bei mir trage. Den Koran gemeinsam mit seinen Gastgebern zu studieren ist für Nichtmoslems eine ausgezeichnete

Möglichkeit, Interesse, Ehrlichkeit und Respekt zu beweisen und Einblick in die Gepflogenheiten des Landes zu gewinnen. Ich las den Koran mit General N. aus nahezu denselben Gründen, weshalb ich in kommunistischen Ländern Marx, Lenin und Stalin lese; bei meinem Besuch im Jahr 2000 bereitete es ihm und mir große Freude, als ich ihn bat, mir einen bestimmten Vers zu erläutern. Ich lernte etwas über den Text, und ich durfte noch einmal an seinen Gedankengängen teilhaben.

Ich erinnere mich noch daran, wie ich mit ihm in jenem heißen Sommer 1982 den Koran las, ich erinnere mich an seinen Limonenbaum und an seine Kinder, die nun alle groß und aus dem Haus sind; vor allem aber weiß ich um die *Güte* seiner *Andersartigkeit*, und ich glaube daran. Ich werde wahrscheinlich nie Moslem werden, noch bin ich Pathane. Und doch habe ich eine gewisse Vorstellung davon, wie es wohl sein könnte, das zu sein, was General N. ist. Das ist so anders als das, was ich bin, und die Tatsache, dass meine Welt und seine nun im Krieg miteinander liegen, bricht mir das Herz; aber ich werde nicht aufhören zu glauben und anderen diese Erkenntnis zu vermitteln suchen, dass wir und sie Brüder und Schwestern sind. Na und? Ist das denn nicht offenkundig? Ach, ich wünschte, das wäre es!

Wie in der *Afghanistan Picture Show* berichtet, erklärte mir der General einmal: Um ein Projekt in die Tat umzusetzen, braucht es Hirn, Herz und Hand. Der durchschnittliche Verstand taugt für die meisten nützlichen Dinge, und per definitionem befindet sich zumindest die Hälfte von Ihnen, die Sie dieses lesen, in dieser Hinsicht über dem Durchschnitt.[*] Viele von uns haben auch das Herz, den Wunsch,

---

[*] Ich habe diesen Satz von meinem Vater stibitzt, einem pensionierten Professor für Wirtschaftswissenschaften, der jedes Jahr den Ehrgeiz seiner

etwas Gutes zu tun. Das Problem sind die Hände. Mit «Händen» meinte General N. «Fähigkeiten». Worin sind wir gut? Konkreter gesagt, worin sind wir gut und verfügen auch über die Mittel, das zu erreichen? Können wir ein Wandbild der Güte und Wahrheit malen, bevor wir die richtige Wand dafür gefunden haben? Die ungeheuren Probleme, die der 11. September aufgeworfen hat, werden sich zu unseren Lebzeiten nicht einfach von selbst auflösen. Es liegt an jedem von uns, alles in unserer Macht Stehende zu tun, den Groll anderer zu verstehen und ihnen zu helfen, diesen Groll befriedigend zu lösen, soweit wir das aus Liebe und Verantwortung tun können. Dies charakterisiert nicht nur unsere Verpflichtung als anständige Menschen, sondern verlangt auch unser Eigeninteresse als Ziel terroristischer Angriffe.

William T. Vollmann
13. März 2003

---

studentischen Eingangsklasse anstachelte, indem er sie folgendermaßen begrüßte: «Die Hälfte von Ihnen, meine Herren, liegt unter dem Durchschnitt.»

Anmerkung zur überarbeiteten Fassung (1989)

Als die sowjetischen Truppen vor zehn Jahren in Kabul landeten, waren alle Radiokommentatoren geschockt. Heute Nachmittag klang das alles irgendwie versöhnlicher, nun heißen die Invasoren «Regierungssprecher», und die Afghanen haben sich in «moslemische Extremisten» verwandelt. Im Laufe der letzten zehn Jahre habe ich viel über Afghanistan nachgedacht und bin zu keinerlei Schluss gekommen; aus dem Jungen Mann ist so ein dreißig Jahre alter Langweiler geworden. Dem vorliegenden Werk ist es ähnlich ergangen, es hat etwas Starres, Oberlehrerhaftes bekommen. Ich hoffe aber, dass es immer noch ehrlich ist. Und ich hoffe inständig, dass das Protokoll meines Scheiterns selbst in seiner negativen Art anderen weiterhilft.

W. T. V.

Vorwort (1982)

Wir alle neigen dazu, ein behagliches Leben führen zu wollen; und wenn manche die eisigen Abhänge der Hehren Prinzipien meiden und stattdessen lieber von der gemütlichen Hochebene der Äußersten Empörung auf die Menschen unter ihnen herabschauen, dann sollten wir ihnen verzeihen; von dort verscheuchen können wir sie schlecht, da sie ihre Positionen sicher gut ausgebaut haben. Natürlich ist ihre Meinung von uns sehr wichtig – in Metaphern wie dieser hier versuchen wir alle, aus nicht weiter erläuterten Gründen, unser Bestes, den Gipfel zu erklimmen; und da *die da* alle tieferen Pässe vermint haben, müssen wir uns anständig benehmen und um ihren Begleitschutz bitten. Ich selbst habe mich, wie schon so mancher Schlappschwanz vor mir, für den Pfad des Altruismus entschieden, auf dessen mühseligeren Kehren man hungernden Kindern begegnen und sich mit seinem ganzen Gewicht auf sie stützen kann, während man so tut, als tätschele man ihnen nur die Köpfe. Die Frage für mich lautete, wem ich denn helfen sollte; denn ich konnte die Sonne an den Zielfernrohren der Gewehre jener blinken sehen, deren Meinung von mir von so überaus großer Bedeutung war. Nicht dass einer von ihnen zu besonders *exzessivem* Benehmen neigte; tatsächlich waren sie ein ziemlich toleranter Haufen und glaubten an die Demokratie, so dass sie unter sich viele duldeten, mit denen sie bis aufs Messer stritten; dank dieser bewundernswerten Vielfalt der Ansichten konnte man sich nie ganz sicher sein, wer einen im Augenblick gerade im Visier hatte. Mir fiel ein, dass die Gruppierung, die diesen einen Pass (letzten Berichten zufolge) kontrollierte, zutiefst antisowjetisch eingestellt war, was bedeutete, dass jeder Afghane, dem ich half, mich erheblich besser aussehen lassen würde, als ich tatsächlich war; und wer konnte das schon wissen? Vielleicht war ich ja wirklich in der Lage, jemandem zu *helfen*. Ich würde ein Buch schreiben, das ganz bestimmt; so viel stand fest.

Ich kaufte mir zwei Fotoapparate, drei Objektive und vierzig Filme, und dann machte ich mich über Pakistan auf in die Gebirgsausläufer.

W.T.V.

Und ich habe ja zugegeben: der Fremde wird den Satz,
den er anders auffaßt, wahrscheinlich anders aussprechen;
aber, was wir die falsche Auffassung nennen,
muß nicht in irgend etwas liegen,
was das Aussprechen des Befehls begleitet.

Wittgenstein, *Philosophische Untersuchungen,* I.20

Afghanistan Picture Show

Schreibstiftpistole aus Darra

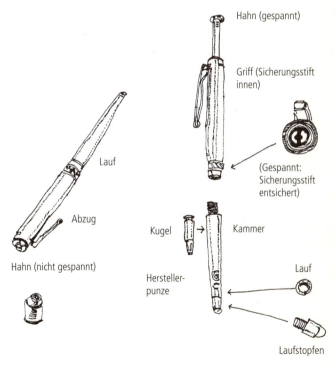

Auszug aus einem Interview
mit Leonid Breschnew (1980)

… «Friedens- und Entspannungsgegner spekulieren zur Zeit heftig über die Ereignisse in Afghanistan. Berge von Lügen sind um diese Ereignisse herum aufgetürmt worden, eine schamlose antisowjetische Kampagne wird inszeniert – Was ist wirklich in Afghanistan geschehen?

Im April 1978 fand dort eine Revolution statt.[*] Das afghanische Volk hat sein Schicksal in die Hand genommen und sich auf den Weg zu Unabhängigkeit und Freiheit begeben. Wie immer im Verlauf der Geschichte haben sich die Kräfte der Restauration gegen die Revolution zusammengeschart. Doch von den ersten Tagen der Revolution an erlebte das Land eine Aggression und grobe Einmischung von außen in die eigenen inneren Angelegenheiten.[**]

Tausende und Abertausende von Aufständischen, im Ausland bewaffnet und ausgebildet, ja sogar ganze bewaffnete Einheiten sind nach Afghanistan entsandt worden. Der Imperialismus hat mit Hilfe seiner Komplizen einen unerklärten Krieg gegen das revolutionäre Afghanistan begonnen. Afghanistan hat immer wieder ein Ende der Aggression gefordert und darum gebeten, in Frieden ein neues Leben aufbauen zu dürfen. Im Widerstand gegen die inneren Ag-

---

[*] Für diejenigen, die an einer teleologischen Geschichtsschreibung interessiert sind, habe ich eine Chronologie der Ereignisse von den russischen Eroberungen in Kasachstan im Jahr 1734 bis zum Abzug der sowjetischen Truppen 1989 verfasst. Diese mag bei der Lektüre des Abschnittes «Eine Frage der Politik» nützlich sein.

[**] Es ist nicht Breschnews Schuld, dass die Syntax der Übersetzung an dieser Stelle an das Ultimatum der Japaner an General MacArthur erinnert: «Das Ergebnis des gegenwärtigen Kampfes steht bereits fest, und Sie sind zum Untergang verurteilt … Liebe Filipino-Soldaten! Wir wiederholen zum letzten Mal!»

gressoren hat die afghanische Führung, zu Lebzeiten von Präsident Taraki und auch später, mehrfach die Sowjetunion um Unterstützung gebeten. Wir haben von unserer Seite aus alle Beteiligten gewarnt, dass, wenn die Aggression nicht aufhört, wir das afghanische Volk in dieser Zeit der Prüfung nicht im Stich lassen werden. Es ist bekannt, dass wir zu dem stehen, was wir sagen.»

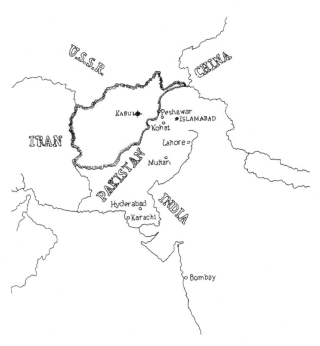

Die von dem Jungen Mann gezeichnete Landkarte von Afghanistan

Nordwärts von Peschawar (1982)

Also, links von uns haben wir AFGHANISTAN, soll heißen RUSSLAND, soll heißen feindliches Land, und oberhalb von uns, lange bevor wir jemals freie Bahn bis, sagen wir mal, Polaris haben, liegt CHINA, soll heißen neutrales Land mit eigenen Schwierigkeiten, soll heißen (in diesem Zusammenhang) feindliches Land; und rechts von uns liegt INDIEN, das sich vernünftig verhalten muss, wie wir alle, also erneut feindliches Land, und hinter uns, wie zur Ermahnung, dass nicht nur Menschen feindlich gesinnt sein können, liegt das Arabische Meer. (Wir alle wissen, dass auf Dauer jede Umgebung feindlich ist.) Also bleiben die Flüchtlinge von unserer Seite Afghanistans in Pakistan. Stimmt schon, ein paar sind nach Delhi gegangen, wo sie auf Schwierigkeiten bei denen stoßen, die auf der Gewinnerseite stehen wollen. Manche gehen über Belutschistan in den IRAN, aber man erzählt sich, dass ihre Lage dort nicht sehr glücklich ist. Ein paar wenige (die Reichen, behaupten die Hiergebliebenen) haben in den Vereinigten Staaten oder der Bundesrepublik Deutschland Asyl gefunden. Es wird viel darüber geredet, nach Afghanistan zurückzukehren und zu kämpfen, und eine eindrucksvoll große Zahl tut dies auch. Und PAKISTAN, ein Land so liebenswürdig wie arm, nimmt all die anderen auf – über drei Millionen.

Eine ziemliche Aussicht also, wenn wir uns so umschauen – etwas entmutigend vielleicht, aber was, wenn es keine Schwierigkeiten gäbe, sollten wir dann mit den Leuten tun, die diese meistern wollen? Und da – wenn man vom Altruisten spricht! – sehen wir auch schon den Jungen Mann aus Amerika unter uns, der am liebsten sterben würde, um helfen zu dürfen, und sich wohl nichts sehnlicher wünscht als den Tod, weil er die Ruhr hat.[*]

Wir verweisen auf beigefügte Kartenskizzen. Auf ein Glossar der Wörter und Ausdrücke in Paschtu (oder, falls Ihnen das lieber ist, Paschto, Paschta, Paktu oder Pakto) wurde verzichtet. Während der Sommerzeit dorthin zu reisen wird wegen der Hitze nicht empfohlen.

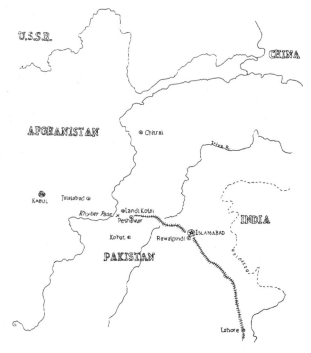

Die von dem Jungen Mann gezeichnete Karte von Pakistan

---

[*] Die zu gegebener Zeit als *giardia lamblia* und seltene Form von *entamoebia irgendwas* diagnostiziert wird (vermutlich Zysten).

I. DIE GRENZE

1. Dein Herr (1982)

Und sie empfing ihn und zog sich mit ihm an einen
entlegenen Ort zurück. Und die Wehen der Geburt
trieben sie zum Stamm einer Palme. Sie sprach:
«O wäre ich doch zuvor gestorben und wäre ganz
und gar vergessen!»

Da rief es ihr von unten her zu: «Betrübe dich nicht.
Dein Herr hat unter dir ein Bächlein fließen lassen;
Schüttle nur den Stamm der Palme gegen dich,
sie wird frische reife Datteln auf dich fallen lassen.»

Koran, Buch 19 (Maryam): 22–25

Dein Herr [1]

Er war gerade in diesem Land angekommen. Er nahm sein
Gepäck und ging zur Tür mit der Aufschrift EXIT. Die Zoll-
beamten starren ihm finster hinterher.
Kaum war er im Freien, hatte er das Gefühl, bedrängt zu
werden. Er stand da in der Dunkelheit, wartete, bis er etwas
sehen konnte, und hörte zu beiden Seiten geduldiges, re-
spektvolles Atmen und Rascheln von Gewändern. Dann sah
er, dass der Bürgersteig vor dem Flughafengebäude links
und rechts eingezäunt war wie der Gang in einem Schlachthof. An diesen Zaun drückten sich Hunderte von Männern,
die leise riefen: «Fünf Cent, bitte?» – «Taxi, Sir?» – Sie standen ihm zu Diensten. Er ging vorsichtig den umzäunten
Weg entlang und versuchte geradeaus zu schauen in der
Hoffnung, ein Schild zu entdecken, das ihm den Weg zu irgendeiner Form von öffentlichem Beförderungsmittel wies.
Fünfzehn Meter vor ihm endeten die Begrenzungen am
Bordstein. Die Pakistanis standen da und warteten auf ihn.
Er war ganz auf sich allein gestellt; die anderen Passagiere,
alles Einheimische, waren schnell abgefertigt worden und
hatten sich zerstreut. Er war noch nie zuvor in Asien gewesen. Was sollte er tun? Würden sie ihn in der Dunkelheit
ausrauben, wenn er sich unter sie mischte? – Er ging weiter.
Er hatte ein Jahr lang bei einer Versicherungsgesellschaft
gearbeitet, um seine Reise zu den Schlachtfeldern zu
finanzieren (die noch immer tausend Meilen entfernt lagen), und er hatte eine Liste seiner Aktiva und Passiva aufgestellt, die genau aufging:

Aktiva	Passiva
1. Meine Scheißegal-Haltung.	1. Siehe Aktiva.
2. Mein geringes Bedürfnis nach Annehmlichkeiten (man könnte es auch Durchhaltevermögen nennen).	2. Das stete Schwächerwerden meines Immunsystems.
	3. Kaum Geld.
	4. Siehe Aktiva (man könnte es auch Feigheit nennen).
3. Kaum Hunger.	
4. Besonnenheit.	

Er konzentrierte sich auf den ersten Punkt, seine Scheiß-egal-Haltung, und tat die letzten paar Schritte.

Der rote Hügel [1]

Es war einmal ein Junger Mann, der wollte mehr sein, als er tatsächlich war. Das machte ihn sehr unglücklich. Er beschloss, nach Afghanistan zu gehen und Fotos von den Kugeln zu machen, die ihm dort um die Ohren flogen. Unglücklicherweise bekam er Bauchweh.

Der rote Hügel [2]

Es war einmal ein Junger Mann, der wollte in den Krieg ziehen. Unglücklicherweise wollte ihn erst niemand mitnehmen. – Tja, grübelte er in seinem Hotelzimmer, es hätte

34

schlimmer kommen können. Sie hätten mich mitnehmen können, und ich wäre dabei umgekommen.
Trotzdem kam er sich wie ein Versager vor, wie er da im Lone Star Café saß und einen Kebab hinunterwürgte; denn er hatte alles versucht, um endlich in den Krieg ziehen zu dürfen. – Was für ein Grünschnabel! – Hätte man ihn gebeten, für irgendein Herrchen die Zeitung zu apportieren, oh, er wäre mit wedelndem Schwanz über den Rasen der Politik geschossen wie dieser kurzatmige Zickzackspringer Lukács, dieser blöde Kerl, der seine Nase in jeden Satellitenstaat stecken musste und verzweifelt versuchte, seine Überzeugungen mithilfe jeder sich gerade anbietenden Artilleriesalve durchzusetzen. Dieser Lukács, der seine Überzeugungen zuvorkommenderweise gleich selbst änderte, wenn Stalin & Co. dies wünschten (wenigstens stehe ich, dachte der Junge Mann, auf der anderen Seite, falls irgendeine widerliche Organisation gerade hinter mir her sein sollte) – und aber auch wirklich jedes Mal das demokratisch revolutionäre Boot verpasste, der arme György, jedes Mal wurde er ausgeschaltet, wenn es um die Große Elektrifizierung ging; denn immer, wenn er seinen Revolver zückte und ihn der Klasse der

Unterdrücker an die Schläfe hielt, teilte man ihm bestürzende Veränderungen im Lehrplan mit, so dass all seine Bemühungen, den ausgebeuteten Massen und anderen fleißigen Bienchen das Klassenbewusstsein zu bringen, kaum mehr fruchteten als irgendeine andere Art von Levitation – und jedes Mal wurde er von diesem oder jenem Volksdingsbums ausgeschlossen, bis er schließlich nichts mehr machen durfte, als über Realismus im Roman des 19. Jahrhunderts zu reden. Blöder Hund. – Nein, er würde nicht so enden, schwor sich der Junge Mann, niemals; er würde sich eine von diesen *topaks* greifen, die bis obenhin geladen sind mit *golai* aus irgendeinem sowjetischen Munitionslager, würde die Lampen auspusten und der größeren Wirkung halber vielleicht jemandem die Mütze vom Kopf schießen (wenn er doch nur schießen könnte!), er würde das Kommando übernehmen, die Mudschaheddin wie Lawrence von Arabien in die Schlacht führen, würde in Kabul einen Hubschrauber erbeuten und damit bequem unterhalb der Radarlinie nach Moskau fliegen; dort würde er das Dach des Kreml unter Beschuss nehmen und jede Menge wichtiger Sitzungen unterbrechen. Oho, er würde den Lauf der Geschichte verändern, das würde er; er würde die Materialisten dazu zwingen zuzugeben, dass auch sie nur aus Lehm sind. – Und wäre er ein Sowjetischer Junger Mann gewesen, dann wäre er nach Nicaragua gegangen.

Seine kleine Verlobte, die fest davon überzeugt war, ihn niemals wiederzusehen, kaufte ihm Wurst und Kekse, Marzipan, Schokolade und Partycracker. Er verstaute alles in der Kameratasche, die er dann im Flugzeug ganz nach militärischer Art unter dem Sitz *verstaute*. Als an seinem Fensterplatz eine Wolke nach der anderen vorbeizog, trank er Ginger Ale. Er stellte sich vor, wie er seine Verlobte von jedem Zwischenstopp aus anrief – New York, Frankfurt,

Karatschi –, wie die Verbindung nach und nach schwächer wurde und er immer weniger zu sagen hatte. Die meiste Zeit aber ließ er sich von einer gnädigen Gedankenleere einlullen, so als zögen die ewig wandelbaren Wolken hinter seinen Augenlidern vorbei und als sei das Blau zwischen ihnen nur Leere. – Er verließ den schweizerischen Luftraum. Über Jugoslawien wurden die Wolken dichter, und beim Tankstopp in Istanbul regnete es. Er blieb im Flieger und sah zu, wie ein blauer Panzer mit der Aufschrift POLIS um die Landebahn kreiste; zwei weiße Helme lugten aus der Klappe hervor.

Er überquerte eine Zeitzone nach der anderen, und schließlich saß er neben einem Ex-Botschafter, der auf dem Heimflug nach Indien war, um sich beim Forellenfischen zu erholen. Das Flugzeug war fast leer. Gegen Mitternacht wurde die Schwärze in den Bullaugen von gelegentlichen kleinen Lichtmustern in den Vereinigten Arabischen Emiraten unterbrochen. Zwei Stunden später dann der Anflug, die Lichter von Karatschi, die sich unter dem Fenster in alle Richtungen ausdehnten wie elektrische Stecknadelköpfe, die auf einer Landkarte die Ausbreitung der Cholera markieren. Das Flugzeug blieb stehen, die Luke öffnete sich, und vom Arabischen Meer drang ein Fisch- und Schwefelgestank herein wie von einem kaputten Wasserboiler, und den Flugbegleiterinnen klebten die Uniformen am Leib. Der Junge Mann nahm mit schweißigen Händen seine Kameratasche und verließ die Maschine.

2. Das Land der Tagesdecke (1959–1981)

> Ephraim weidet Wind
> und läuft dem Ostwind nach …
>
> Hosea: 12,2

Das Land der Tagesdecke

Es gehört zur Bruchstückhaftigkeit des Lebens, dass gewisse Lebensumstände später kaum mehr nachvollziehbar sind, so wie dem Seemann in bestimmten Büchern auf einer langen Reise zuerst die Erinnerung abhanden kommt, wie das ist, eine Straße entlangzugehen, dann das Gefühl in den Händen, die früher mal frei an seinem Körper schwangen und nun ständig Masten und Takelage umklammern, und danach in Beinen und Füßen, die sich aufgrund größter Nähe am allermeisten an die zuversichtlich sich wiederholende Bewegung des Gehens auf einem festen Bürgersteig gewöhnt haben und nun am langsamsten wieder vergessen; schließlich aber wird das Gefühl, an Land zu gehen, zu einer abstrakten Vorstellung, wie die Berge eines Landes jenseits des Horizonts. Dies traf auf mich am meisten dann zu, wenn ich als Kind krank im Bett lag. – Schon beim Aufwachen war mir heiß und übel; von dem Frühstück, das mir meine Mutter zubereitet hatte, bekam ich nichts herunter, und in die Schule zu gehen schien ausgeschlossen. Mein Vater, der mich manchmal im Verdacht hatte zu simulieren, beäugte mich argwöhnisch, doch am Ende überzeugten meine Blässe und meine heiße Stirn auch ihn, und man steckte mich ins Bett. Dort lag ich nun und schaute zu, wie die Sonne langsam am Himmel stieg, wie die anderen Kinder an meinem Fenster vorbeikamen; die Jungen hatten die Schulbücher unter den Arm geklemmt, die Mädchen eng vor die Brust gepresst; dann lag ich still da und schaute zu, wie die Zeiger der Uhr neben mir mit der monotonen Langsamkeit großer geologischer Epochen vorrückten. Um fünf vor acht bewegten sich die Zeiger schneller; acht Uhr war die unheilvolle Stunde, mit der der Schulunterricht begann, und ich wusste, wenn ich jetzt aus dem Bett sprang, mich ankleidete und ohne Frühstück in die Schule eilte, würde ich vielleicht sogar noch pünktlich genug kommen, bevor der Lehrer meinen Namen aufgerufen hatte, der, da er nun mal mit V beginnt, am Ende der Anwesenheitsliste stand. Ich wusste, dass auch mein Vater, wenn er nicht schon ins Büro gegangen war, nun auf die Uhr sah und überlegte, ob nicht vielleicht noch genug Zeit sei, mich aus dem Bett zu holen und mich mit dem Auto zur Schule zu fahren; aber er tat sein Bestes, meinen Fall gerecht abzuwägen, und ging noch einmal die Anzeichen durch, die er an mir bemerkt hatte: War meine Temperatur wirklich hoch und sah ich wirklich so blass aus? Schließlich entschied er, dass ich entweder tatsächlich krank war oder es zumindest recht schwierig sein würde festzustellen, dass es mir eigentlich gut ging und es nun sowieso zu spät war, mich zur Schule zu bringen; denn um dies zu tun, musste er sich erst meiner Mutter entgegenstellen und sie überstimmen, die ihm den Rücken zugekehrt hatte und ebenfalls auf die Uhr sah, wenn auch ganz unauffällig über die Frühstücksteller hinweg, um meinem Vater keinen Vorwand zu liefern, noch einmal auf das Thema zu sprechen zu kommen; und dann war es acht Uhr, und die Sache war entschieden. Erst dann blieben die Zeiger der Uhr wieder stehen, und ich ging vollständig in meinem Kranksein auf.

Die Welt da draußen verschwamm im Sonnenlicht, so wie eine Straßenlaterne, betrachtet man sie unter Tränen, zu einem strahlenden, undeutlichen Stern wird; und diese fehlende Klarheit kam mir wie eine *Macht* vor, die einen eigenen Willen besaß und weiter wuchs, bis sie gegen meine Fensterscheibe drückte, wo sie erst von der glatten, kalten Oberfläche aufgehalten wurde, dort aber weiterhin lauerte, stärker, entschlossener wurde und sich schließlich durch irgendeinen Spalt zwängte. Mein Schreibtisch, meine Schulbücher und die paar Spielsachen, die ich bisher noch behalten hatte, wurden vom strahlenden Glanz dieser Macht erfasst; der schwarze Schlund des Schranks füllte sich damit; dann umgab sie mich von drei Seiten und drang in mich ein. So erfüllt, begann ich alle Kennzeichen und Empfindungen des Gesundseins zu vergessen, so wie ich mir im gesunden Zustand einfach nicht vorstellen konnte, krank zu sein, für meine Schwester Julie kein großes Mitgefühl aufbrachte, als sie die Masern hatte, und Wut über meine Lehrerin verspürte, als sie eines Tages nicht zum Unterricht erschien und wir eine Vertretung bekamen. Die Vorstellung von einer Welt außerhalb des Fensters, das nun eine durchscheinende Lichtscheibe war, oder auch nur die Andeutung der Möglichkeit, es könne etwas anderes geben, als unbeweglich im Bett zu liegen, erschien so abartig und seltsam wie irgendein ontologischer Disput aus dem Mittelalter. Das Ganze wurde immer unwahrscheinlicher, und als meine Mutter im Laufe des Vormittags hereinkam und mir eine Tasse Tee oder etwas Suppe brachte, lehnte ich höflich ab; genauso gut hätte sie mich fragen können, ob ich Jura studieren wolle. Diese Unfähigkeit, meinen eigenen Seinszustand vom Vortag zu erfassen, hatte nun derart Besitz von mir ergriffen, dass ich mich im Laufe des Nachmittags, als meine Mutter hereinkam, um mir etwas vorzulesen, unter der Bettdecke nicht mehr rührte, sondern vollkommen still in der heißen Ohnmacht meiner Krankheit da lag wie eine jener Personen, die, wie man es aus Büchern kennt, in den Tropen in eine Flaute geraten sind.

Kaum war ich alt genug, um selbst lesen zu können, ließ ich mir des Abends von meiner Mutter nicht mehr vorlesen, weil ich mich immer mit meiner Schwester darum stritt, was uns denn am Abend vorgelesen werden sollte; so konnte ich lesen, was ich wollte, während Julie auf dem Schoß meiner Mutter saß und zuhörte, wie sie ihr mit ruhiger, sanfter Stimme aus den *Nur-so-Geschichten* oder aus dem *Eines Kindes Verse-Garten* vorlas (was ich inzwischen beides kindisch fand); und war ich krank, dann kaufte mir meine Mutter einfach ein Buch, wie zum Beispiel *Der Fischerjunge*, bei dem ich viel zu stolz war, um sie zu bitten, mir daraus vorzulesen. Aber als es mir noch gefiel, dass mir meine Mutter vorlas, war ich ganz begeistert von solchen Gedichten wie dem über den Kampf zwischen dem Gingham-Hund und der Kattun-Katze oder einem anderen über eine Reise nach Afrika, auf der der Reisende das knorrige Krokodil des Nils sieht (wobei ich allerdings immer das KNURRIGE KROKODIL verstand, das Menschen gefressen hatte und deshalb bestraft gehörte), die Gaben der alten Ägypter-Knaben aufstöbert und all das andere Zeug, das sich reimte – dennoch gab es ein Gedicht, vor dem ich mich fürchtete. Es heißt «Das Land der Tagesdecke» und beschreibt die Phantasien eines Kindes, das krank ist und mit seinen Spielzeugsoldaten im Bett liegt. Dieses «Land der Tagesdecke» ist einfach nur die Landschaft verknüllter und aufgeworfener Decken; das Kind lässt seine Soldaten die karierten Hügel hinauf- und hinuntermarschieren, liefert sich mit ihnen auf den wenigen Ebenen Gefechte, legt an den Eingängen zu den kleinen Tälern, die es bildet, indem es die Laken entsprechend knittert und formt, Hinterhalte an und führt dort Rettungsaktionen durch. Meine Mutter hat nie verstanden, warum ich dieses Gedicht nicht leiden konnte,[*] aber sie

---

[*] Unsere Abneigungen sind ein ewiges Rätsel! Mein Freund Seth hatte immer Angst vor Walen, obwohl ihm nie einer begegnet war, und ich lernte mal ein kleines afghanisches Mädchen kennen, das schrie, wenn es ein Flugzeug hörte. Erst später erfuhr ich, dass seine Eltern durch ein Flugzeugunglück ums Leben gekommen waren und das Mädchen deshalb im Rollstuhl saß.

nahm meine Abneigung ebenso hin wie sie die Erklärung meines Vaters hinsichtlich eines mechanischen Problems hinnahm, und las mir das Gedicht nicht vor, wofür ich ihr dankbar war, denn ich fürchtete selbst das Gedicht, das diesen Versen voranging, wenn meine Mutter langsam die Seiten umblätterte, die so bunt waren wie Schmetterlingsflügel. Ich verspürte die selbstgefällige Zufriedenheit desjenigen, der mit fast heilen Knochen die Streckbank überstanden hat, sobald wir ein paar Gedichte darüber hinaus gelangt waren. Die einfache Wahrheit, die zu erläutern ich mich immer schämte, war, dass mir die Vorstellung von Falten Angst machte, denn ich hatte gerade erst den Zusammenhang zwischen den Falten in den Gesichtern meiner Großeltern und der Tatsache mitbekommen, dass sie innerhalb der nächsten paar Jahrzehnte sterben würden; ich hatte mich gerade erst zu der Tatsache durchringen können, dass ich selbst sterben musste, und suchte mein Gesicht jeden Tag nach Falten ab; ich wusste, eines Tages würden sie auftauchen; ich beobachtete meine Eltern genauer und bemerkte voller Schrecken, dass meine Mutter ihrem Hochzeitsfoto im Familienalbum immer weniger ähnlich sah und mein Vater langsam graue Haare bekam. Lag ich den ganzen Tag im Bett und war das schaurige Strahlen meiner Krankheit in mir und um mich herum, dann ließ meine Unfähigkeit, mir meinen gesunden Zustand wirklich vorstellen zu können, die Falten meines eigenen «Landes der Tagesdecke» wie ein bedrohliches Memento mori aussehen.

Antarktis

In die Antarktis wollte ich aber schon. In New England gab es zwar Schnee und Wälder, aber zwischen den Bäumen war es düster, und wenn ich mit Julie Schlitten fuhr, rasten wir andauernd gegen alte Steinmauern. Antarktis hörte sich viel besser an; mein Vater hatte mir erzählt, dass dort kaum jemand lebte. Ich stellte mir eine sonnendurchflutete Schneelandschaft vor, eine blau und grün glitzernde Eisfläche. Natürlich gab es dort Pinguine. Eisberge glitten wie Schiffe durchs Wasser, und am Horizont sah man Tümmler springen; ich konnte mir Schneeburgen bauen und besaß meine eigene Eiscreme-Mine. Man brauchte zwar einen Parka, um dort zu leben, aber es war nicht zu kalt, vor allem wenn die Sonne am Nachmittag hervorkam, und das Eis war spiegelblank. Im Februar oder März kam ich an manchen Tagen aus der Schule und hatte beinahe sogar das Bruchrechnen kapiert. Es war warm für diese Jahreszeit; der Schnee war leicht pappig und ließ sich prima formen. Auf den Wiesen entstanden große Schneeplastiken. Ich kam auf meinem Nachhauseweg an Feldern vorbei, auf denen das Gras bereits golden durch den Schnee brach, und diese Landstriche gehörten schon zur Antarktis.

Indiana

Wenn ich in unserem neuen Haus aus dem Fenster schaute, sah der Garten aus wie eine Fotografie. Die Bäume und Sträucher hoben sich in verschiedenen Grüntönen vor dem gelblich braunen Rasen ab (den ich gerade gemäht hatte).

Der Himmel war natürlich wolkenlos. Andere Häuser in der Nachbarschaft bewiesen weiterhin unauffällig ihre Zugehörigkeit zur Gemeinschaft der *nouveaux riches*. Ich hatte jede Menge Zeit, und da die Zeit an sich keinen Wert hatte, wie alles, was durchdacht und ein für alle Mal abgehakt war, hätte ich diese freien Nachmittage und Abende auch dazu nutzen können, mich in dem Bewusstsein der Zeitlichkeit zu aalen, statt sie, wie ich es tatsächlich tat, in Stunden voller Langeweile und Schrecken zu verwandeln.

Meine erste Demo

Nach längerem Hin und Her einigte ich mich mit meinem Freund darauf, die Parkuhr mit Münzen für zwei Stunden zu füttern. Es war ein heißer Tag, und keiner von uns glaubte, dass wir länger bleiben wollten.

«Soll ich meine Tür abschließen?», fragte ich.

«Ja bitte», antwortete mein Freund.

Wir gingen hinüber zu dem Zierbrunnen, der als Sammelpunkt der Demonstration angegeben worden war; Kinder kamen auf uns zu und drückten uns Flugblätter in die Hand. Der Mann mit dem Megaphon sagte, gemeinsam seien wir stark und unbesiegbar. Dann setzte sich der Parolen skandierende Zug in Bewegung. Niemand beachtete uns. Der Schweiß lief uns in die Augen. Mein Freund und ich liefen teilnahmslos mit. Wir waren beide sehr müde. Nach zwei Häuserblocks kehrten wir zum Auto zurück.

Der rote Hügel [3]

Es gehört zur Fragmentarisierung des Lebens, dass ich nach Afghanistan wollte, nachdem die Sowjets dort einmarschiert waren. Es hörte sich nach einer Fundgrube voller Albträume an. Um Ihnen meine Erwartungen zu skizzieren, erlauben Sie mir, kurz aus der *Encyclopedia Britannica* zu zitieren:

Königreich in ... Weitere Informationen zu Grenzstreitigkeiten ... großes Zentralmassiv ... eine Reihe von tiefen Schluchten und zerklüfteten Gebirgskämmen ... Sommertemperaturen von über 45° C, während es im Hochland Kabuls ... bis −26° C im Februar ... das Einflussgebiet des Südwestmonsuns reicht kaum über Jalalabad im östlichen Afghanistan hinaus ... eine trockene, belebende Atmosphäre ... regelmäßige Schneestürme ... dichte Bewaldung ... selbst die niedrigsten Gebirgskämme, vor allem im Westen, sind vollkommen kahl ... Wildtiere, darunter Wolf, Fuchs, Hyäne, Wildhund, Wildkatze, Leopard, Mungo, Wildschaf, Maulwurf, Spitzmaus, Igel, Fledermaus, mehrere Arten von Springmäusen, jerboa und pika. In den Wäldern sind Bären anzutreffen, und es wird berichtet, dass der mongolische Tiger das dichte Schilfgebiet des Amudarya durchstreift ... Die Pathanen, die eigentlichen Afghanen ... dunkle Haare und ... Die Tadschiken ... Die Hasaras zählen ebenfalls zur weit verbreiteten Rasse der Mongolen. Sie haben keine Körperbehaarung und tragen kurzes Haupthaar ... Es gibt verschiedene Formen von Blutrache ... der Beteiligte hüpft auf einem Bein ... wobei es u. a. darum geht, einen geköpften Kalbskadaver aus einem Graben zu fischen und ihn, alles per Pferd, zum Ziel zu bringen, Hunderte von Reitern beteiligen sich an dem Wettkampf ... Chorgesang zu einheimischer Instrumentalbegleitung ... Ansiedlung bei Balkh aus der Eisenzeit mit einfachen Tonwaren ... wenige Überreste früherer islamischer Eroberung ... die Vorherrschaft der Hephthaliten ... als die arabischen Armeen bereits ... auf die Stadt herniederkamen ... Mongolenhorden ... niemand überlebte. Die wunderschöne Stadt Balkh wurde vollkommen

… Der Schrecken der mongolischen Invasion wiederholte sich, wenn auch in kleinerem Umfang … Friede und Wohlstand … wurde zwischen den Mughal-Herrschern Indiens und … wurden niedergemetzelt … Die Russen … Innere Unruhen … In der Zwischenzeit … geblendet und eingesperrt … gleichgültiger Herrscher … Napoleon … stattdessen raubte ihm der Sikh-Herrscher den berühmten Koh-i-Nor-Diamanten … der unglückliche Minister wurde geviertelt … Heiliger Krieg im Jahr 1836 … Eine britische Armee … ehrenvolle Behandlung … der ihn mit eigenen Händen umbrachte … eine zügige, aber friedliche Klärung der afghanischen Frage … ausgelöscht … umgesiedelt … Maschinen und andere moderne Geräte … umgebracht … erwachendes Nationalbewusstsein … Unabhängigkeit … eine Gruppe von Reaktionären, die … Terrorherrschaft … Unglücklicherweise wurde dieser stetige Fortschritt unterbrochen durch … Der innere Friede wurde aufrechterhalten, und stetiger Fortschritt … Neutralität … Bruch zwischen Afghanistan und Pakistan … Abkommen mit gewissen ausländischen Regierungen … eine Straße und … die neue Verfassung … Studentenunruhen … die Versammlung … wohlfahrtsstaatliche Einrichtungen … eine Militärakademie in Kabul … Bodeneinrichtungen für Düsenbomber.

Das hörte sich alles recht interessant an, zumal ich gerade bemerkt hatte, dass eine offene Landschaft nicht gerade das mit Leben durchdrungene Element war, wie ich gedacht hatte. Windumspieltes Gras, Weidenbäume oder Immergrün sind nicht wirklich weich, denn Schwerkraft und Tod machen alles Lebende hart. Natürlich besitzen wir nicht alle ein Skelett, denn vor allem im Wasser, wo die obigen doch recht grimmigen Überlegungen im schummrig grünen Licht schlechter im Auge zu behalten sind, würde jeder kompetente Forscher auf den Oktopus stoßen, zum Beispiel, oder die vielen Unterarten der benthischen Würmer, die ohne Skelett auszukommen scheinen, doch finden wir dank des dokumentierten Scheiterns der Gliederfüßer und der Knorpelfische einen Hinweis darauf, dass wohl doch nicht alles zum Besten steht. Und tatsächlich stellen wir bei genauerer Betrachtung fest, dass selbst ein Oktopus (die am erstaunlichsten entwickelten Augen aller Invertrebrae, wie mein Biologielehrer Dr. Mawby immer sagte) sich oft in einer netten, harten kleinen grotte oder korallenformation verbirgt. Wie aus meiner Darstellung folgt, sind wir (wir alle, Flora, Einzeller und Tiere) Mitglieder der großen Bruderschaft der Aasfresser – wir sind entweder Schimmelflecken oder Ameisen, die durch die Spalten irgendeines riesigen verrottenden Schädels krabbeln, eines vertrauten Zentralmassivs, dessen Silhouette wir nach den langen Nächten des Studiums in der Wüste fast auswendig kennen, während uns die Augen über den Textbüchern schmerzen … eine Abfolge von tiefen Schluchten und zerklüfteten Kämmen, von denen die niedrigsten, vor allem gegen Westen zu, kahl sind, weil wir sie abgeweidet haben … eine trockene, belebende Atmosphäre, zumindest dort, wo wir uns befinden, in unserem Elfenbeinturm, der sich ein ziemliches Stück über jene wirklich gruselig wirkende Augenhöhle erhebt (bitte, Gott, lass *das* nicht in Dr. Mawbys Examen drankommen): kurzum, im Land der Tagesdecke.

Eines Sommernachts saß ich an meinem ausgebleichten Collegeschreibtisch und wartete darauf, am Sonntag meinen Schulabschluss zu machen; ich sah zum Fenster hinaus, das mit weißen Gardinen verhängt war, und alles, was ich sehen konnte, waren die nächtlichen (von Straßenlaternen beschienenen) Blätter) und die einzelnen Zweige, an denen sie hin- und herschwangen wie das Skelett einer Hand. Es war vollkommen still, und ich schloss meine Augen, erfüllt von jener Luftfeuchtigkeit, die bei benthischen Unterwasserorganismen Strömungen bewirkt, die eifrigen Kiemenschlitzen die darin gelösten Nährstoffe verrottender Dinger in all ihrer Vielfalt zuspülen – und die auch über den einsamen Leichnam des russischen Kosmonauten strich, schwach zwischen den Sternen knisterte als jener wissenschaftlich nicht messbarer, aber dennoch offenkundiger Äther, an den früher jeder geglaubt hatte, und die ätherischen Wirbel ließen ab und zu den Frost unter seinem geborstenen und geschwärzten Helm glitzern – wie hieß er noch gleich? –, während er die Wüsten und Pole der Erde in einer volkssowjetischen, sozialistischen Blechdose umkreiste. – War dies wirklich geschehen oder stammte das aus einem Science-Fiction-Roman, den ich mal gelesen hatte? Selbst das wusste ich nicht.

Erklärungen [1]

«Ich begreife immer noch nicht, warum du nach Afghanistan willst», sagte mein Vater. «Das werde ich wohl auch nie begreifen.»
Eigentlich war es ganz einfach. Ich wollte verstehen, was dort geschehen war. Dann würde ich jemandem meine Hilfe anbieten. Ich meinte es gut, und ich war gewillt, Gutes zu tun.
In mein Tagebuch schrieb ich auf die Seite mit den offenen Fragen: *Ist es möglich, dass sich die Invasion auf lange Sicht positiv auswirkt (sinkendes Analphabetentum durch Schulpflicht usw.)?* Denn es war und ist meine Angewohnheit, erst einmal alles für bare Münze zu nehmen.

«Man nehme die Religion», hatte Lenin gesagt, «oder die Rechtlosigkeit der Frau oder die Unterdrückung und Nichtgleichberechtigung der nicht russischen Nationalitäten [...] Bei uns sind sie durch die Gesetzgebung der Oktoberrevolution vollständig gelöst. Wir haben gegen die Religion wirklich gekämpft und tun es nach wie vor. Wir haben *allen* nicht russischen Nationalitäten *ihre eigenen* Republiken oder autonomen Gebiete gegeben. Bei uns in Russland gibt es keine solche Gemeinheit, Abscheulichkeit und Niederträchtigkeit wie die Rechtlosigkeit oder nicht volle Gleichberechtigung der Frau, dieses empörende Überbleibsel des Leibeigenschaft und des Mittelalters, das von der eigennützigen Bourgeoisie […] immer wieder aufgefrischt wird.»

Ich bin nie in der Sowjetunion gewesen, aber ich wollte immer mal nach Taschkent mit seinen Brunnen und Rosen, nach Gorki, Leningrad, Westsibirien («das Land verfügt über einen ungeheuren Reichtum an Rentieren und Edelpelzen») … Es war doch möglich, dass bare Münze wahre Münze war, dass diese multinationale Republik tatsächlich dem Hunger ein Ende gesetzt hatte, Bildung für alle möglich machte, Frauen nicht mehr benachteiligt waren (*wir* hatten ja nicht mal das Equal Rights Amendment gesetzlich verankern können!); es war doch gut möglich, dass die Afghanen darauf hoffen konnten, eines Tages in Nationaltracht beim Obersten Sowjet dienen zu können – und warum sollten Afghaninnen nicht die volle Gleichberechtigung erhalten? – Aber vielleicht ließen sich diese Überlegungen nicht auf Afghanistan übertragen; vielleicht war es dort richtig, den Schleier zu tragen. Und wenn dem so war, dann sollten die sowjetischen Umerzieher sie auch in Ruhe lassen. – Und was war mit dem Kampf gegen die Religion? Das gefiel mir nicht besonders. Es schien mir falsch, den Glauben anderer anzugreifen (wenn es denn das war, was die Sowjets taten, denn vielleicht verzerrten unsere Zeitungen die Dinge). Am verwirrendsten allerdings war die Tatsache, dass der Fortschritt mit Gewalt herbeigeführt werden musste.
An der Universität hatte ich einen alten Maoisten kennen gelernt, der dank irgendeines Austauschprogramms zu Besuch war; eines Nachts zu später Stunde fragte ich ihn in der

Küche über die Liquidation der Landbesitzer in China aus, denn ich war mir sicher, dass sie nicht rechtens gewesen war.

Wir waren allein, und die Küchenbirne brannte sehr hell. Die Nacht war heiß. Grillen zirpten. «Vielleicht hätte man es letztlich auch ohne die Hinrichtungen hinbekommen», meinte der Professor. «Aber ich bezweifle das. Hätten sie sich denn mit ihrer Enteignung abgefunden? Warum besaßen sie denn überhaupt mehr Land als die Kleinbauern? Wenn wir sie in Ruhe gelassen hätten, hätten sie in den Dörfern für Unruhe gesorgt, da können Sie sicher sein, und dann hätten sie ihre Nachbarn wieder in ihre Abhängigkeit gebracht, sie hätten alles darangesetzt. Das Land wäre bald wieder ihres gewesen. Es gab einfach keine andere Möglichkeit.»

«Glauben Sie, die Scharfrichter hätten Mitleid mit ihnen haben sollen?»

«Nein», antwortete er, «das glaube ich nicht. Aber ich hatte nichts damit zu tun.»

Später fiel mir Vlad IV. von Rumänien ein, der die Armut beseitigt hatte, indem er die Armen auf den Scheiterhaufen schickte. Ich fragte mich, wie gut und wie lange dies wohl funktioniert hatte.

3. Schwierigkeiten des Wunderwerkers (1982)

Und wenn sie mit denen zusammentreffen,
die glauben, sagen sie: «Wir glauben»;
sind sie jedoch allein mit ihren Bonzen, sagen sie:
«Gewiss sind wir mit euch, wir treiben nur Spott.»

Allah wird sie Spott lehren und wird sie in ihren
Freveln verharren lassen, dass sie verblendet irregehen.

Koran, Buch 2 (Al-Baqarah), 14–15

Schwierigkeiten des Wunderwerkers

Zu Mittag im King's «Restaurant». Er bestellte Brathähnchen mit *nan*.* Bei dem Hähnchen handelte es sich buchstäblich um ein Gerippe in Öl mit Hähnchengeschmack. Offenbar war der Vogel zu Suppe verkocht worden, und ein anderer hatte die Suppe bestellt. – Als Ausländer brachte man ihm Messer und Gabel. – Der Kellner und der Restaurantbesitzer bewunderten mit nahezu religiöser Inbrunst seine Versuche, mit diesen Utensilien zu speisen, mit denen er zwar in seinem Leben schon Bekanntschaft geschlossen hatte, die er aber noch nie zu solch schwierigem Unterfangen hatte einsetzen müssen. Das Gerippe trieb halbherzig (wenn man das so sagen kann) in der Fettbrühe, während es seine Handverlängerungen verfolgten. Die Flüssigkeit glitt zwischen den Zinken seiner Gabel hindurch. Nach dem Eintunken blieb an jedem einzelnen Zinken ein makelloser Öltropfen hängen, und ab und zu führte er die Gabel lässig an den Mund, so als habe er etwas erreicht, und lutschte daran. Es schmeckte, als wären die Innereien und Federn zusammen mit den Knochen ausgekocht worden. Er stocherte höflich im Teller nach einem samtigen Stückchen Blutklumpen oder Hahnenkamm, drehte dabei aus Versehen das Skelett um und entdeckte, dass sich an einem Flügel doch noch etwas Fleisch befand. Gabel und Messer konnten es allerdings nicht ablösen, da er nun mal nicht in Frankreich oder Italien aufgewachsen war, wo man des Nachmittags alte Männer dabei beobachten kann, wie sie mit ihrem silbernen Besteck einen Pfirsich essen und dabei kaum ein Molekül des Fruchtfleischs vergeuden, so säuberlich trennen sie die Haut

---

* *Nan* und *dordai* ist Fladenbrot. *Nan* ist pakistanisch, *dordai* afghanisch – ganz ähnlich wie *nan*, nur dicker.

ab; nein, der Junge Mann war Amerikaner, also tauchte er schließlich seine Hand ins lauwarme Öl, um das Gerippe zu packen, und löste den Flügelknochen, in der Hoffnung, an das Stückchen Fleisch zu gelangen. – Der ausgerenkte Knochen schlug heftig gegen den Teller, und der ganze Tisch wackelte. – Der Kellner schnalzte, doch konnte man unmöglich sagen, ob aus Mitleid oder aus Entrüstung.

«Tut uns Leid, Sir», sagte der Besitzer hinter der Theke. «Ganz frisch.» – Er war ein kahlköpfiger alter Mann und trug eine Uniform der indischen Armee. Er bewachte sein nahezu menschenleeres Etablissement aus dem Hintergrund und ließ immer wieder dieselbe Kassette abspielen. Kaum war die eine Seite zu Ende, drehte er sie um. Man hörte nicht viel mehr als ein gedämpftes Dröhnen und Rauschen, dazwischen Textfetzen, so undefinierbar wie das Jungfernhäutchen einer Hure.

Nun, dachte der Junge Mann, als er die Suche nach Fleisch aufgab und kleine Stücke *nan* in das Öl tunkte, zumindest sind sie hier bemüht und nicht neugierig; sie haben sich entschuldigt, also lassen wir es dabei; und glauben Sie mir, es gibt keinen schöneren Anblick als tausend Kellner, die im Wind kreuzen, auf das Schnippen eines Fingers oder das Wedeln eines Rupienscheins hin Wasser holen oder dem Gast Feuer geben, und dann wieder abdampfen, während ihre Serviette wie ein Rennwimpel im Wind der *pukkas** flattert, in diesem Moment an einem Knochen zu knabbern, ein Kapitän seines Appetits, stolz, groß und ein Yankee, der in der Dritten Welt hilft.

---

* Ventilatoren

Eine Süßigkeit aus Büffelmilch

…Heftige Magenschmerzen nach der Aufnahme eines Übelkeit erregenden süßen Nachtischs aus fermentierter Büffelmilch – was würde er nicht alles aus Höflichkeit tun? … Es hatte sich um einen Hochzeitsempfang bei Verwandten von General N. gehandelt, und alle waren sehr zuvorkommend gewesen; man führte ihn zu der Braut in ihrem zeremoniellen golddurchwirkten Kostüm mit ihren gelben Fußreifen aus Glas; man suchte im Fernsehen ein amerikanisches Programm für ihn und stellte ihm die jungen Söhne der Familie vor; der Gastgeber ließ ihn die im Haus befindlichen Gewehre halten, und Gattin Nummer zwei trug ihm ständig diese oder jene Delikatesse an. Die Familie war ihm wirklich sympathisch. An jenem Tag hatte er jedoch starken, blutigen Durchfall, und schon bei dem Gedanken an Essen wurde ihm schlecht, doch wollte er sie nicht beleidigen. Mannhaft aß er das Fleisch und zupfte an seinem *Nan*. Sie hatten ihm die Ehre erwiesen; seine Portion war die größte und die fettigste. Die Gemüse waren gut, das Wasser trinkbar, aber immer wieder hatten sie ihm Süßigkeiten gereicht, eine ekelhafter als die andere. Harte altbackene orangene Bretzeln, die so süß waren, dass ihm die Zähne wehtaten. Rote Dinger, die außen steinhart glasiert waren, im Mund aber wie Kakerlaken zerplatzten und mit einem süß-sauren Sirup gefüllt waren, der so viel Zucker enthielt, dass einzelne Zuckerkristalle an seinem Gaumen und unter der Zunge kleben blieben und er Mundgeruch bekam. Schließlich schleppten sie diese Spezialität aus Büffelmilch an – einen ganzen Teller voll mit weißlichen, krümeligen Stücken, jedes so groß wie seine Hand. Er hatte den ganzen Abend über nur kleine Portionen zu sich genommen und konnte sehen, wie ihre

Enttäuschung wuchs. Diesmal nahm er, statt sich nur ein Eckchen abzubrechen und es später in die Tasche zu stopfen, das größte zu entdeckende Stück und riss den Mund auf. Alle strahlten. Er brauchte eine halbe Stunde, um es aufzuessen.

«Mein lieber Bruder», sagte der afghanische Brigadier am nächsten Nachmittag; er wählte die Worte mit großer Sorgfalt aus seinem begrenzten englischen Vokabular: «Komm bitte draußen.» – Doch der Junge Mann litt noch immer Qualen infolge jener Süßspeise und konnte sich bloß im Bett aufrichten und schwach den Bauch tätscheln. – «Ähm, guten Tag», erwiderte er und tat so, als verstünde er den Brigadier nicht (was die Menschen oft genug mit ihm taten). Dieser schüttelte bedächtig den Kopf und ging hinaus.

Es war still. Der Brigadier verbrachte seine Tage damit, inmitten geschäftigen Treibens auf einem Gartenstuhl zu sitzen, die Füße auf einem zweiten Stuhl ruhend, Wange und Mund in eine Hand gestützt, während er ins Leere starrte. Eine Ader furchte über seine Schläfe wie ein Blitz. Eine morgendliche Brise hob sich zwischen ihnen beim gemeinsamen Frühstück, aber sein weißes Gebetskäppi und seine grauen Haare blieben unbewegt. Links und rechts vom Mund hatten sich tiefe Trauerfalten eingegraben.

An diesem Nachmittag legte der Brigadier die Hand an die Stirn, wartete und erhob sich schließlich, die Arme hinter dem Rücken kreuzend. Er verschwand um die Hecke. Die Junge Mann lag da und schaute durchs Fenster. Nach einer Weile war es fürchterlich heiß geworden, und der Brigadier kehrte zurück und machte ein Nickerchen. Er schlief mit demselben gutmütigen Gesichtsausdruck, mit dem er den ganzen Tag herumsaß, der Ausdruck eines Mannes, den monatelanges unnützes Warten langsam zermürbte. Schließlich fielen dem Jungen Mann die Augen zu.

Freunde

In General N.s Gästezimmer gab es nur ein großes Bett, in dem der Junge Mann und der Brigadier gemeinsam schliefen. Zuerst fühlte sich der Junge Mann bei diesem Arrangement unwohl. Wie die meisten Männer aus seinem Land glaubte er, dass allzu große Nähe zu einem älteren Mann über einen längeren Zeitraum hinweg zu Homosexualität führen könnte. Es missfiel ihm, wenn ältere Männer ihn an der Hand durch die Basare geleiteten. So mochte sich eine pakistanische Frau fühlen, wenn ihr Mann in aller Öffentlichkeit mit ihr Händchen hielt. Nichts daran war falsch oder richtig. Wer sich in einer fremden Gesellschaft nicht genügend anpasst, stellt eine Art evolutionären Fehltritt dar und fällt der Isolation, der Sterilität und dem Aussterben anheim; wer sich zu sehr anpasst, verunstaltet das Ego, mit dem er geboren wurde. Der Junge Mann, der eben noch jung war, hätte sich mehr anpassen sollen; er besaß ja noch nicht allzu viel Ego, das er hätte verleugnen können. Er tat sein Bestes. In Karatschi schloss er mit zwei Männern Freundschaft. Sie luden ihn zum Essen ein (*nan*, Öl und gewürztes Ei), kauften ihm ein in Blätter gewickeltes Paket Betelnüsse zum Kauen, zeigten ihm das Grab von Mohammed Ali Jinnah, dem Gründer Pakistans, und unternahmen mit ihm eine Busfahrt nach Clifton Beach, wohin es im September die Riesenseeschildkröten zur Eiablage zog. «Ein faszinierendes Schauspiel bei Mondschein», stand im Reiseführer. Dummerweise war es mitten am Tag, bei Temperaturen von über 50° C (jedenfalls fühlte es sich so an), und es war Mitte Juni.

Die Busse waren auf verschiedenste Weisen faszinierend angemalt: mal blau und silber, wie der Türkisschmuck im Südwesten der Vereinigten Staaten, oder es gab rote Diamanten mit gelben Kreisen (wie Butterblumen in Mohnfeldern, dachte der Junge Mann), oder smaragdgrün glänzende Efeumuster… Und sie hielten niemals an. Man rannte einen Block weit hinter dem Bus her, wich den Autos, Motorrikschas und Karren der spuckenden Kameltreiber aus, bis ein Wagen die Kreuzung blockierte oder der Schaffner Mitleid mit einem bekam und der Bus langsamer wurde. Der Schaffner streckte seine Hand heraus. Man packte sie, während der Bus Gas gab, stemmte einen Fuß in die Tür und sprang. Im Bus war es dunkel. Der Fußboden war feucht von Spucke. Seine beiden neuen Freunde Akbar und Muhammed Ibrahim umstanden ihn beschützend. Muhammed Ibrahim bestand darauf, sein Päckchen zu tragen. Der Junge Mann hatte bei dem Versuch, sich eine Eisenbahnfahrkarte nach Peschawar zu kaufen, stundenlang in der Hitze zugebracht, er war von Leuten belästigt worden, die ihm teure Dienste anboten, wurde von jammernden Bettlerinnen verfolgt, die ihm mit Gesten andeuteten, dass sie Hungers starben (Wirklich? Woher sollte er das wissen? War das seine Schuld?); lächelnde Prostituierte streichelten ihm über die Wange, Männer in offiziellen roten Uniformen (KOFFERTRÄGER Nr. 17302) beschimpften ihn, weil sie sein Gepäck nicht tragen durften. Er ließ sich von allem verwirren, war durstig, hatte aber Angst, etwas zu trinken, weil er befürchtete, sich eine Krankheit zu holen (am Ende jenes ersten Tages im Land trank er alle anderthalb Stunden eine Sprite, dazu Wasser, wann immer nötig; und es war oft nötig), er schwitzte in übervollen Warteschlangen und stand stets in der falschen Reihe an, bis schließlich ein Mann aus seiner Schlange ihm sein Ticket besorgte und sagte: «Sie sind Gast in unserem Land, ich muss Ihnen doch helfen!» – und all dies mit einem freundlichen Lächeln, das den Jungen Mann mit Dankbarkeit und Schuldgefühlen erfüllte, denn nun musste sein Wohltäter sich wieder hinten anstellen, um seine eigene Fahrkarte zu kaufen. Der Zug des Jungen Mannes ging erst gegen zehn Uhr abends, und er versuchte sich die Zeit bis dahin zu vertreiben, indem er die große Verwirrung jenes Nachmittags noch einmal nachempfand wie eine ruhelose Fliege, die Angst hat, erschlagen zu werden, denn er wusste, wann immer er stehen blieb, stürzten sich die Bettler, Prostituierten, Vermittler und verzweifelten Kinder auf ihn. Keuchend hielt er eine Rikscha an und fuhr zu den Basaren; wobei jene unbekannten Fixpunkte für ihn keinerlei Bedeutung hatten; solange die Fahrt anhielt, war alles wunderbar, niemand konnte ihn belästigen, und er genoss den heißen Wind, der ihm in diesem notdürftigen Taxi um die Ohren wehte, ein Suzuki-Motor mit zwei Sitzen unter einem Aluminiumdach, das mit dem Porträt irgendeines Filmsternchens bemalt war; doch als sie zu den Basaren kamen und er ausstieg, kehrte das Problem zurück, dass er nicht allein gelassen werden wollte, also konnte er nirgendwo stehen bleiben; er wusste nicht, was er machen sollte, ein armes hilfloses Jo-Jo; er lief durch die sonnigen, schwülen Straßen, machte einen Riesentamtam daraus, Strohmatten und hübsche Wasserspender aus Plastik zu begaffen, wurde immer erschöpfter und ängstlicher, dass all diese Leute, die an ihm zupften und die er abwies, ihm das Blut aussaugen könnten – der Junge Mann war also heilfroh darüber, sich in jemandes Obhut zu befinden. – Der Bus war so voll, dass man sich nicht setzen konnte. Überall standen kräftige dunkelhäutige Männer, strichen sich über die Bärte und redeten mit leiser, ernster Stimme. Sie sahen den Jungen Mann an, ließen ihn aber in Ruhe. Akbar und Muhammed Ibrahim lächelten ihm freundlich zu. Sofort fühlte er sich wieder schuldig, weil er sie über sich getäuscht hatte. Da man ihn

verhaften konnte, wollte er die afghanische Grenze überqueren, hatte er jedem erzählt, Pakistan sei sein eigentliches
Reiseziel. Als Akbar und Muhammed Ibrahim herausfan-
den, dass er gar nicht vorhatte, nach Indien weiterzufahren,
waren sie erstaunt und gerührt angesichts seines Interesses
für ihre Heimat. Der Junge Mann, der sich vor seiner Reise
nie sonderlich für Pakistan interessiert hatte, beschloss dies
auf der Stelle zu ändern, und am Ende seiner Reise stellte er
fest, dass dies eine seiner wenigen guten Entscheidungen
gewesen war. – Der Bus ruckelte weiter. – «Calif-*lif*-lif-lif-lif,
Calif-*lif*-lif-lif-lif, Calif-*lif*-lif-lif-lif, Cali*fton*!», sang der
Schaffner zur Tür hinaus. Fahrgäste sprangen auf und ab. Sie
kamen an einer Sprite-Reklame vorbei; das Bild zeigte eine
verschleierte Frau, die das perlende Getränk in ein Glas
goss. Der Nachmittag wirkte verändert; der Junge Mann
fühlte sich sicher und begann den Aufenthalt zu genießen. –
Da war er nun in einer orientalischen Stadt, so phantastisch
wie das Land der Tagesdecke, und fuhr der arabischen Küste
entgegen; mit ihm zwei neue Freunde; um ihn herum exotische Gestalten in hellen Gewändern, die sich auf Urdu
unterhielten! (Was sollten sie auch sonst sprechen? Aber
man muss gestehen, dass die Haltung des Jungen Mannes
etwas Sympathisches hatte.)

Bettler und Spender [1]

Akbar lenkte das Interesse des Jungen Mannes auf die wichtigsten Sehenswürdigkeiten: Die Säulen dort drüben verkünden die islamischen Tugenden des GLAUBENS, der
EINHEIT und der DISZIPLIN; da steht das neue Krankenhaus für Tuberkulosekranke, daneben das fast fertig gestell-
te Holiday Inn. – «Cal-*lif*-lif-lif-lif-lif, Cali*fton*!», rief der

Schaffner. – Direkt vor ihnen krachte ein kariertes Taxi in einen Esel. Einen Schlag lang schien der mächtige Puls des Straßenverkehrs auszusetzen, und der Junge Mann konnte, wie schon früh am Morgen, den Gesang der exotischen Vögel hören. – Nein, vielleicht hatte er sich den Unfall doch nur eingebildet, denn binnen kürzester Zeit ging alles weiter, Taxi und Esel zogen ihrer Wege; und nun tauchte ein halbes Dutzend geschmückter Rikschas auf, alle leer, Nichten oder Cousinen jenes Gefährts, in dem er gefahren war; ein alter Mann eilte über die Straße und zog eine Karre voller Zitronen hinter sich her. – Der Bus fuhr eine breite Straße entlang, die offenbar noch aus Zeiten des britischen Empire stammte und mit den Segeltuchständen der Kleiderverkäufer gesäumt war. Der klagende Ruf der Geschäftsleute übertönte den Verkehr. – Das Wohlgefühl des Jungen Mannes löste sich langsam wieder auf. Alles schien ihm fremd; er war so weit weg von zu Hause! Er grub sich durch die kompostierten Schichten seiner Bildung und suchte nach vertrauten Bezügen, und obwohl er solche fand, machten sie doch keinen Unterschied. – Ein Aussätziger sprang auf den Bus und bewegte seinen silbrigen Katzenkopf hin und her. Nach kurzer Zeit richtete er sein Augenmerk auf den Jungen Mann. Die anderen Männer unterbrachen ihr Gespräch und sahen dem Geschehen zu. – «Er will, dass Sie ihm Geld geben», sagte Akbar. – «Muss ich denn?», erwiderte der Junge Mann und fragte sich, ob man ihn ausnutzen wolle. – «Nein, nein», antwortete Akbar höflich, hielt dem Mann ein paar Paisa hin; der Aussätzige nahm das Geld wortlos entgegen und sprang von dem weiterfahrenden Bus …

Post Mortem

Hätte ich dem Leprakranken Geld geben sollen, oder bot ich in meiner Selbstbezogenheit tatsächlich ein Bild grimmiger Entschlossenheit (um der Genauigkeit halber muss ich an dieser Stelle beichten, dass ich diesbezüglich zu keiner Entscheidung bekommen bin; in diesem Fall war die Entscheidung, mich nicht zu entscheiden)? War ich tatsächlich verpflichtet, ihm Geld zu geben, musste ich dann nicht auch all jene Dienste in Anspruch nehmen, die mir Kofferträger, Reiseführer und Prostituierte anboten, so lange, bis mein Geld aufgebraucht war? Und war ich tatsächlich verpflichtet, *ihnen* Geld zu geben, war ich dann nicht viel mehr verpflichtet, mein Geld meinen ärmsten Nachbarn in den Staaten zu geben? Wäre ich zu Hause geblieben, hätte ich das Geld für mein Flugticket verschenken können. – Aber nein! Wie hätte ich dann die Afghanen retten können? Und da ich nun mal nicht zu Hause war, musste ich mein Geld horten; ich wusste ja nicht, wie viel es kosten würde, sie zu retten.

Bettler und Spender [2]

Clifton war die Endhaltestelle. Alle stiegen aus. Der Junge Mann und seine Begleiter durchquerten einen britischen Pavillon zum Gedenken an Lady Soundso und stiegen dann eine lange, sanft abfallende Treppe zum Strand hinunter. Es stank. Akbar und Muhammed Ibrahim blieben stehen, damit er alles ausgiebig bewundern konnte. Eine Viertel Seemeile entfernt war ein Zweimaster auf Grund gelaufen oder aufgegeben worden. Das Wrack rottete vor sich hin. Rechts davon oder vielleicht noch ein Stück weiter draußen (es war schwer zu erkennen) lagen ein paar Inselchen, eher Felsen – wenn man böswillig war. Aus reiner Höflichkeit fragte der Junge Mann, ob dort überhaupt jemand hinfahre. Akbar warf ihm einen scheinbar verächtlichen Blick zu. – «Schmuggler.» – «Oh», sagte der Junge Mann. – Familien hockten am Strand und rösteten etwas auf offenem Feuer, das wie roter Mais aussah. Auf der Klippe zwischen ihm und dem Meer standen die Buden der Bananen- und Mangoverkäufer, treu umschwirrt von fetten Fliegen. Schweiß rann dem Jungen Mann den Rücken herunter.

Akbar bestand darauf, dass der Junge Mann auf einem Kamel ritt. Das Kamel hockte neben seinem Herrn im warmen Sand. Sein Fell war dort, wo es sich am Boden gesuhlt hatte, mit kleinen getrockneten Kügelchen aus Lehm oder Dung bedeckt. Der Junge Mann nahm seinen Rucksack ab und kletterte auf die Stelle, die Akbar ihm anwies, direkt unterhalb des Höckers. – «Möchten Sie allein reiten oder ist das einsam?», fragte Akbar ihn. – «Einsam», erwiderte der Junge Mann, der das Gefühl hatte, dass eine andere Antwort unhöflich erschienen wäre. – Akbar stieg hinter ihm auf und klammerte sich an ihn. Der Besitzer des Kamels, ein verbittert aussehender Kerl mit Schnurrbart, trat dem Kamel in den Hals, bis es sich erhob. Dann führte er es einen Pfad herunter zum Strand. Muhammed Ibrahim folgte ihnen lächelnd mit dem Rucksack des Jungen Mannes. Nach dem Kamelritt trug er ihn den ganzen Tag, trotz des peinlich berührten Protests des Jungen Mannes.

Später gingen sie am Strand spazieren und achteten nicht weiter auf die Bettler. Immer wieder traten Menschen mit den verschiedensten geschäftlichen Anliegen an den Jungen Mann heran, aber seine beiden Wächter winkten sie davon, bis ihn schließlich niemand mehr belästigte. (Dabei war ihm bewusst, dass die Menschen immer noch Notiz von ihm nahmen, und wenn er auch nur einen Augenblick unbewacht bliebe, wären die Konsequenzen die gleichen wie am Vormittag. Er versuchte sich eine vergleichbare Situation für einen Fremden in den Staaten vorzustellen – vielleicht mitten auf einem zehnspurigen Super-Highway stecken zu bleiben. Aber vielleicht gab es nichts Vergleichbares.)

Akbar und Muhammed Ibrahim luden ihn ein, mit ihnen durchs Wasser zu waten, aber er lehnte ab, da er wusste, dass Salzwasser seinen Kameras schadete, die er doch brauchte, um wichtige Schlachten zu fotografieren; also gingen seine Freunde allein hinaus in die Wellen und ließen sich von ihm fotografieren.

«Schicken Sie uns?», fragte Akbar.

«Ja, das mache ich.»

«Schicken Sie nicht, wir traurig werden. Sehr traurig.»

«Ich schicke sie», sagte er.

«Wir schreiben Brief. Sie antworten unseren Brief? Schicken Sie uns?»

«Das mache ich. Keine Sorge.»

Sie haben ihm nie geschrieben. Deswegen besaß er auch ihre Adresse nicht. Und schickte keine Fotos.

Dann setzten sie ihn auf das Karussell, das einen Rundblick auf den gelbbraunen, leinwandfarbenen Strand ermöglichte, wo die Kamele ihre Hälse streckten, wenn sie durch die seichten Wasserstellen geführt wurden, und auf die niedrigen Buden der Verkäufer und die baumwollgekleidete Menschenmenge, deren Konturen in dem schwülen Dunst waberten; als die Fahrt vorüber war, erbot sich Akbar, ihm eines der Spielzeuge zu kaufen, die in den schmuddeligen Ständen am Strand angeboten wurden. «Nein danke», sagte er; ihm war sowieso schon peinlich, was sie ihm alles spendiert hatten. «Vielleicht komme ich später wieder und kaufe mir eins.»

«Sie suchen aus, wir kaufen», sagte Akbar unnachgiebig.

«Nein, nein, ein anderes Mal.»

«Sicher», sagte Akbar beleidigt. Das war das erste Mal, dass der Amerikaner nicht nachgegeben hatte.

Eine Stunde vor Abfahrt seines Zuges, des Khyber Mail Express, geleiteten sie ihn zum Bahnhof. Akbar kaufte für jeden ein Glas *lassi*. Der Reiseführer hatte davon abgeraten; es stellte für Westler ein Gesundheitsrisiko dar. Der Junge Mann konnte den großen Kessel am Verkaufsstand sehen, in dem die Milch vergor. Die oberste Fettschicht war schwarz vor toten Fliegen. – «Vielen Dank», sagte er zu Akbar, «aber vielleicht –» – «Trink», sagte Akbar und presste dem Jungen Mann das Glas so hart an die Lippen, dass ihm ein Stück Zahn abbrach. – «Schon gut», sagte der Junge Mann. «Vielen Dank.»

Bettler und Spender [3]

Während sie dastanden und tranken, beauftragte Akbar Muhammed Ibrahim damit, dem Jungen Mann noch ein Päckchen Betelnüsse für unterwegs zu kaufen. Der Junge Mann wollte schon ablehnen, aber Akbar nahm seine Hand und schloss seine Finger um das Päckchen. Er bedankte sich bei den beiden, hielt das Päckchen in der Hand und trank sein *lassi*. – Er spürte eine Berührung. Ein Mädchen in einem roten Sari stand direkt neben seiner Schulter. Sie stank nach Erbrochenem. – «Sie will Geld», erklärte Akbar. «Nicht gut.» – Er schubste sie weg. Sie machte ein paar lustlose Schritte fort, und der Junge Mann vergaß sie, bis er sie wieder neben sich riechen konnte. Sie starrte ihm ins Gesicht, stand da und sagte kein Wort. – «Soll ich ihr ein paar Rupien geben?», fragte der Junge Mann und wollte die Geschichte mit dem Leprakranken wieder gutmachen. «Nein, nein», sagte Akbar zornig. Er gab der jungen Frau eine Ohrfeige und schubste sie erneut fort, aber ohne große Entrüstung, so als verscheuche er eine Wespe von seinem Picknickteller. Das Mädchen hielt sich knapp außerhalb von Akbars Reichweite auf und schien dem Jungen Mann ganz verträumt und ernst etwas sagen zu wollen, aber scheinbar konnte sie nicht sprechen, und nach einer Weile hörten ihre Lippen auf, langsam und stumm zu flattern. Der Junge Mann wandte sich ab, aber sie war immer noch da. Wenn er den Beutel mit den Rupien hervorzog, dann würde Akbar das sehen und beleidigt sein, das wusste er; außerdem würden das auch sicher alle anderen auf der Straße sehen und angerannt kommen. Er wollte ihr das Päckchen Betelnüsse in seiner linken Hand geben; vielleicht konnte sie das verkaufen – es musste mindestens einen Viertel Cent wert sein. Größe, Form und Farbe des Päckchens erinnerten ihn an ein eingeschweißtes Kondom. Er war empört über sich und über sie. Dieses Afghanistan-Projekt, das er für einen besonderen Akt der Selbstbehauptung gehalten hatte, drängte ihn in eine vollkommen passive Rolle. – Er streckte seine linke Hand ein wenig vor. Dann nippte er an seinem *lassi* und tat so, als schaue er sie nicht an. Sie kam näher und berührte seine Hand mit nervöser Geschicklichkeit. Langsam öffnete er die Hand. Akbar sah ihn an. Er konnte das Päckchen nicht einfach zu Boden fallen lassen; sie musste es unbemerkt an sich nehmen. Ihre Finger trommelten auf seinem Handrücken; ihre Berührung war ihm widerlich. Sie verstand nicht, was er von ihr wollte. Er öffnete seine Hand noch ein wenig mehr; aber noch immer begriff sie nicht. Schließlich ließ sie ihre Hand resigniert von der seinen gleiten und trat, ihn dabei weiter ansehend, zurück. – Er hatte sein *lassi* ausgetrunken. Die Hand, die sie berührt hatte, roch nach Erbrochenem.

Glück [1]

Akbar und Muhammed Ibrahim waren Telefonisten. Sie hatten gemeinsam die Schule besucht. Akbars Schicht begann um neunzehn Uhr, also brachte Muhammed Ibrahim den Jungen Mann an seinen Platz im Zug. Dann setzten sie sich hin und sahen einander an.

«In Peschawar Menschen sehr böse», sagte Muhammed Ibrahim. «Sie rauben, töten, nehmen alles.»

«Ich werde aufpassen», versprach der Junge Mann.

«Zug sehr gefährlich. Bis Peschawar auf Platz bleiben, drei Tage. Platz nie verlassen. Sie müssen versprechen, Platz nie verlassen. Platz verlassen, dann alles weg, Rucksack, Platz, alles weg. Niemals schlafen. Sie müssen immer so sitzen, mit Rucksack unter den Füßen. Nie aufstehen.»

«In Ordnung», sagte er. «Ich werde aufpassen. Vielen Dank.»

«Sie denken an uns. Schicken Bild. Kommen nach Karatschi, wohnen mit mir. Ich liebe Sie.»

«Sie sind mein Freund», erwiderte der Junge Mann ein wenig verlegen.

«Ich liebe Sie. Sie kommen, werden mein Frau. Sie machen mich voll frisch. Ich hasse Akbar. Sie, Sie sind Amerika. Sie sind mein beste Freund.» Und Muhammed Ibrahim fing an zu weinen.

Der Amerikaner fühlte sich elend. «Sie sind mein Freund», sagte er wieder. Er ließ zu, dass Muhammed Ibrahim seine Hand nahm.

«Sie sind so gut zu mir», sagte Muhammed Ibrahim. «Sie sind mein beste Freund. Sie machen mich voll frisch. Bitte kommen Sie wieder. Jeden Tag werde ich warten. Jeden Tag werde ich Zimmer haben für Sie. Wenn Sie rufen, komme

ich. Bis nach Peschawar komme ich. Bei Trabbel komme ich.
Ich hole Sie, bringe Sie in mein Haus.»

«Vielen Dank», erwiderte der Junge Mann.

«Wenn Sie nicht wieder kommen, kein Brief, kein Telefon,
bringe ich mich um. Ich fühle mich voll frisch jetzt.»

«Vielen Dank. Sie sind mein Freund. Sie waren sehr freundlich zu mir.»

«Mögen du mich?»

«Sehr sogar», sagte der Junge Mann aus reiner Höflichkeit.

«Vielen Dank. Ich so glücklich. Ich bin so glücklich. Ich tu
alles für du. Ich bin dein Freund.»

Muhammed Ibrahim sprach mit dem Fahrgast, der dem
Jungen Mann gegenübersaß. «Er passt auf dich auf bis Laho-
re», sagte er. «Dann findet er jemanden anderen.»

Die Lokomotive pfiff zur Abfahrt. Muhammed Ibrahim
musste aussteigen. Er stand auf dem Bahnsteig und hielt die
Hand des Jungen Mannes noch durchs offene Abteilfenster,
auch als der Zug sich schon in Bewegung setzte. Dann lief er
weinend nebenher. Damit Muhammed Ibrahim sich besser
fühlte, streckte der Amerikaner den Kopf zum Fenster hinaus und winkte ihm zu, bis er außer Sicht war.

Glück [2]

Es machte ihm bald nichts mehr aus, sich das Bett mit dem
afghanischen Brigadier zu teilen. Der Brigadier war ein
guter Mann. Er befühlte die Waden des Jungen Mannes am
helllichten Tag in aller Öffentlichkeit, bloß um festzustellen,
ob er kräftig genug für den Krieg wäre. Ab und zu hielt er
seine Hand.

«Mein lieber Sohn», sagte er. «Wie heißt du?»

Der Amerikaner sagte es ihm.

«Wenn die Amerikis sagen, sie können mir nicht helfen, ich sehr glücklich. Ich gehe zurück nach Afghanistan und kämpfe mit den *Rus**.»

Der Junge Mann musste an Muhammed Ibrahim denken, der gesagt hatte: «Vielen Dank. Ich so glücklich. Ich bin so glücklich.»

* Russen

4. Der Brigadier (1982)

Und (gedenket der Zeit) da euer Herr ankündigte:
«Wenn ihr dankbar seid, so will Ich euch fürwahr mehr
geben; seid ihr aber undankbar, dann ist Meine Strafe
wahrlich streng.»

Koran, Buch 14 (Ibrahim), 7

Der Brigadier

Also immer schön langsam hier in der Blue Lagoon Snack Bar – einem für pakistanische Verhältnisse wahren Nobelschuppen, denn es gab weiße Spitzentischdecken (voller Löcher und so dreckig, dass man von einer einzigen Berührung schon schwarze Finger bekam), im Rücken hatte er einen funktionierenden Ventilator, und im Radio spielte indische Musik – er machte es sich gemütlich, achtete aber auf seine Körperhaltung. Der Kellner, der wie sein Kollege im King's Restaurant sogleich erkannte, dass dieser Gast aus einem kultivierten Land stammte, brachte ihm ein echtes *Besteck*, das in eine *Papierserviette* gewickelt war. Im King's Restaurant hatte es keine Serviette gegeben. Das war schon ziemlich gut. – Vor ihm stand eine blaue Karaffe mit kühlem *obah* *, zweifellos voller Krankheitskeime … und nun wurde er mit bestürzender Geschwindigkeit durch seine Mahlzeit gescheucht, obwohl er (a) der einzige Gast war, (b) sie jede seiner Bewegungen wie hypnotisiert verfolgten, und (c) er irgendwie zwei Stunden totschlagen und auf Dr. Tariq warten musste. Also, mal sehen, woraus bestand denn nun eigentlich seine Mahlzeit; als erstes hatte er sich ein Zwiebelsteak für vierzehn Rupien bestellt, nach dem Motto, dass ein längerer Besuch auch höhere Ausgaben rechtfertigte, aber heute war ein fleischloser Tag, also blieb ihm wieder mal nichts anderes als Brathähnchen: Hm, halb rohes Fleisch, das, wie es ihm gebührt, in der Mitte des Tellers thront, umringt von Zwiebeln (okay), vergammelter Paprika, einfach nur alter Paprika und ein paar tatsächlich eßbaren Tomaten … Die Zeit verstrich, die Mahlzeit war beendet und

---

*   Wasser

selbst die peinigende abendliche Hitze ließ nach; als Dr. Tariq eintraf, war der Junge Mann gerade in ein Gespräch mit einigen Jordaniern darüber vertieft, wie langweilig das Nachtleben seit der Einführung des Kriegsrechts geworden sei. Der Junge Mann bezahlte, schüttelte allen die Hand und trat mit Dr. Tariq hinaus in die Hitze, der ihn eingeladen hatte, die Nacht bei seiner Familie zu verbringen.

Dem Haushalt stand Tariqs Vater vor, Major General N., ein feiner alter Mann, der den Gast stärker beeinflusste als sonst jemand in Pakistan, denn am Ende blieb er nicht eine Nacht, sondern einen ganzen Monat. Die Familie des Generals gab ihm zu essen, ließ ihn bei sich wohnen, kleidete ihn ein und machte ihm Geschenke. Mit der Zeit erfasste ihn eine große Zuneigung zu ihnen.

Meine Kleidung (1987)

Die Plastiksplitter einer afghanischen Schmetterlingsmine befinden sich nicht mehr in meinem Besitz, seit ich sie Dr. Tariqs jüngerem Bruder Zahid gegeben habe (der nun selbst Arzt geworden ist). Einer der gelben Fußreife, den mir die Familie für meine Verlobte geschenkt hatte, zerbrach auf dem Heimflug; die anderen verschwanden mit ihr, als sie mich verließ. Ich habe immer noch einen Stapel Fotos, den ich öfter mit einer gewissen Selbstgefälligkeit durchgeblättert habe; die lebhaften Farben suggerierten mir, ich hätte in Afghanistan vielleicht doch nicht völlig versagt. Ich beschäftigte mich eine ganze Weile mit ihnen und ließ sie zu Spendenzwecken auf Postergröße kopieren, die mehr kosteten als sie einbrachten – denn ich war und bin noch immer ein sehr bedauernswerter, lächerlicher Junger Mann –; doch nach drei oder vier Jahren hatte ich mir diese Bilder so oft angesehen, dass nicht ein einziges davon noch irgendeine Wirklichkeit besaß. Ich habe meine illegale Schreibstiftpistole aus Darra behalten, lasse ihre gedrungene Kühle aber nur noch selten über meine Finger gleiten. Meine beste Gedächtnisstütze (denn ich bezweifle, dass ich jemals nach Afghanistan zurückkehren werde) ist die Kleidung, die mir General N.s Familie geschenkt hat. – Sie hängt hinten in dem Schrank, dessen weiße Tür nun verschlossen ist, und der schwarze Türknauf wirkt wie ein kreisrundes Stück Dunkelheit, das der Schwärze im Inneren entrissen wurde. – Mein Hemd (das, glaube ich, früher mal Zahid gehört hat) ist so groß, dass es mir wie eine Schürze bis zu den Knien reicht. Die Hose hätte um die Hüften Platz für zwei; sie wird mit einer Schnur zusammengebunden. – An heißen Tagen fühlt sich meine Baumwollhaut kühl und luxuriös an.

Der Brigadier (1982)

Der andere Gast im Hause N. war natürlich der Brigadier, mit dem sich der Junge Mann das Doppelbett geteilt hatte. Vor sechsunddreißig Jahren, zu Zeiten der Briten, waren der General und der Brigadier Kameraden gewesen, als die Pakistanis (damals noch Inder) an einem Aufstand in Kaschmir beteiligt waren.[*] – «Ich war sein Lehrer», sagte der General, «und erkannte in ihm einen ehrlichen Mann. Glauben Sie, ich hätte ihn jetzt ohne Grund hergeholt? Ich bin überzeugt, dass er uns von Nutzen sein wird. Seit sechs Monaten ist er nun bei mir. Jeden Tag schreibt er Briefe. Er ist der Anführer einer nationalen Partei im *Inland*, verstehen Sie, und er versucht Waffen zu organisieren. Wäre er nicht

---

[*] Noch immer umstrittenes Gebiet.

von Nutzen, hätte ich ihn mir schon längst vom Hals geschafft. Bekäme er doch bloß Waffen von Ihren Leuten, so würde er die Russen gewaltig ärgern. Nach Ihrer Rückkehr, Junger Mann, müssen Sie dem amerikanischen Volk von ihm erzählen.»

Er zeigte dem Jungen Mann die Kopie eines Briefs, den der Brigadier im Oktober 1981 an Präsident Reagan geschrieben hatte (natürlich ohne eine Antwort zu erhalten). Es handelt sich um ein außerordentliches, beeindruckendes Dokument, das im Folgenden im Wortlaut wiedergegeben wird. (Bitte bedenken Sie, dass der Brigadier nur geringfügig Englisch sprach; die eigenartige Rechtschreibung und der Satzbau sind allein dem Übersetzer zuzuschreiben.)

An seine Exzellenz,   29. Oktober 1981
den Präsidenten der USA
(Mr. Ronald Reagan)

Euer Exzellenz,

Ich wü-ürde Ihnen gern die folgenden Fakten in Bezug auf das Schicksal Afghanistans zur Kenntnis bringen.

Als der selige Präsident Daud nach Moskau fuhr, um anstelle von ex-König Zahir Schah an der Beerdigung Stalins teilzunehmen, erneuerte er die bilateralen Beziehungen zwischen den beiden Ländern. Bei seiner Rückkehr nach Kabul startete er auf Befehl Moskaus seine prokommunistischen Aktivitäten, seit 1954 bekleidete er den Rang eines Premierministers.* Als Brigadier in der Afghanischen Armee kamen mir seine brutah-

---

* Dies ist nur eines von vielen Beispielen für den bei den Pakistanis und Afghanen üblichen freien Umgang mit Daten. Tatsächlich wurde Daud 1953 Premierminister, nicht 1954. Er behielt seinen Posten bis 1962, als ihm ein Bürgerlicher im Amt folgte. 1973 warf er bei einem Staatsstreich Zahir Schah vom Thron und blieb an der Macht, bis er beim Taraki-Putsch 1978 ermordet wurde. Taraki wurde 1979 von Amin getötet, und Amin wurde von den Sowjets nach ihrem Einmarsch kurz darauf im selben Jahr hin-

len Taten zur Kenntnis. Ich beschloss, alle geheimnisse auf der Stelle kund zu tun und an die Öffentlichkeit zu bringen, aber es gelang mir nicht während meiner zehnjährigen Dienstzeit seinen falsche Absichten zu entlarven.

Als er von seinem Posten als Premierminister zurücktrat, gründete er auf Umwegen die prorussische Parcham-Partei* mit neuen Richtlinien. Mit blieb nur die Möglichkeit, 1970 meinen Militärdienst zu quittieren, um unabhängig ihre Wege zu durchkreuzen.

Ich erfuhr, dass Daud in der Provinz Kandahar 1973 einen von Moskau unterstützten erfolgreichen Coupe-De-Ta durchführte. Kurz drauf konsultierte ich all meine Militär und Freunde und verschiedene andere religiöse und politische Mitarbeiter in der Provinz Ghazni. Es wurde einstimmig beschlossen bei dem Treffen, die USA-Botschaft in Kabul zu konsultieren und freundlich um Kooperation für die Lösung unserer nationalen Beschwernisse zu bitten.

Unglacklicherweise war die amirikanische Botschaft unter den Augen des KGB's und örtlicher Spione, deshalb konnten wir nicht erfolgreich in Kontakt treten.

Schließlich hatte ich Gelegenheit den US-Embassidor zu kontaktieren über eine bekannte Persönlichkeit der Botschaft, Feroz Mohsin, der als Dolmetscher arbeitete. Er war ein afghanischer Nationalist und erwies sich später als russischer Detiktiv. Ich überreichte ihm eine Liste meiner Freunde in der Armee, religiöser Geleerter und Politiker zusammen mit anderen Details von nationalem Interesse für den Ambassador, dazu einen revolutionären und reaktionären Plan gegen das da noch Daud-Regime. Er überdachte das Thema und später bei einem Staatsbesuch kam Mr. Edvard Fox Martin nach Kabul, und ich

---

gerichtet. Genauere Einzelheiten finden Sie in der Chronologie am Ende dieses Buches.

* Die Parcham-Partei (Flagge) und die Khalq-Partei (Massen) waren rivalisierende linke Gruppierungen in Afghanistan, die sich nach dem Einmarsch ungemütlicherweise gemeinsam an der Macht wiederfanden. Dauds Putsch war von Parcham und Khalq zugleich unterstützt worden. Amin und Taraki waren Khalq. Babrak Karmal, der von den Sowjets eingesetzte Nachfolger, war Parcham. 1982 war Karmal noch immer an der Macht.

besuchte ihn in Feroz Mohsins Wohnung. Er unterstützte unseren Plan in Nhamen der Regierung, der auf humanitären und bi-latiralen Beziehungen beruhte. Nach dem Gespräch unterzeichneten Mr. Edvard und ich 1976 einen Vertrag (bekannt als Ox-Fox-Plan) mit dem folgenden Inhalt, dass wir nach zwei Monaten Hilfe bekommen würden mit Folgendem:

1. 300 Maschinengewehre
2. 240 Bazooka Antipanzergranatenwerfer.
3. 4 Hawan (Möserwerfer und Zubehör)
4. 40 mächtige explosive Bumben.
5. Zahlrieche drahtlose Radiofunks.
6. Aufbau einer RadioStation.
7. 22 600 000 Afghani Geld rückzahlbar und zinsfrei.
8. 400 Gewehre.

Bald nach dem Vertrag wurde ich von Detiktiven verfolgt mit anschließender Inhaftierung für drei Jahre, gemeinsam mit vier anderen Brüdern.

Bei meiner Freilassung aus dem Gefängnis war keine Hoffnung, die US-Botschaft zu besuchen während des Regimes des seligen Taraki. Ich schickte meinen Begleiter Mr. M– S–R– 1978 zur amirikanischen Botschaft in Pakistan, um dort meine Nachricht abzugeben. Er traf sich mit dem Stab der Botschaft in Islamabad, aber ohne Ergebnis.

Nun habe ich die Nationen zurückgelassen im Kampf gegen den russischen Einmarsch und bin nach Pakistan mit 60 anderen Kameraden gekommen, die alle Provinzen von Afghanistan, repräsentieren in der Hoffnung, obigen Vertrag wieder zu beleben.

Ich besuchte den dritten stellvertretenden Außenminister in Islamabad und den Berater in Peschawar in dieser Frage, aber alles vergeblich.

Nun möchte ich unsere Probleme auf Ihren Tisch legen zwecks einer freundlichen und gerechten Überprüfung unserer gemeinsamen Ideale, die auf Humanität und antikommunistischen Expansionsstrategien beruhen. Ich wäre Ihnen sehr viel dankbar, persönlich und im Namen meines Volkes, wenn

Sie Ihre freundliche Aufmerksamkeit auf unsere Fragen und Affären richten und für eine mögliche Hilfe und Lösung sorgen könnten.

Dank und Dank.

Viele Grüße,

Ihr (BRIG: – – –)
USA, Konselit, Peschawar
(Pakistan)

Im Laufe der Zeit wurde der Brigadier wütend auf Amerika, denn Reagan und der CIA ignorierten seine Briefe; die Konsulatsangestellten wurden bei seinen Besuchen immer unhöflicher. Dem Jungen Mann war klar, falls es das Ox-Fox-Abkommen je gegeben hatte, dann war es von Mr. Fox Martens Organisation schon längst abgeschrieben worden; wer wollte denn auch einen Mann unterstützen, dessen Plan nicht wasserdicht war? – Andererseits: Napoleon hatte ein Comeback geschafft; Lenin auch. Der Junge Mann, der nicht viel vom politischen Wandel in Asien verstand, beschloss eine Haltung freundlicher Neutralität zu wahren, bis weitere Fakten auf dem Tisch lägen.

Nach neuesten Berichten (1989)

Wartet er noch immer.

Morgens und Nachmittags (1982)

«Ich war im Sommer drei Tage im Gefängnis ohne Essen oder Trinken», erzählte er dem Jungen Mann in seinem langsamen, ehrlichen Englisch*. «Drei Jahre war ich da, und dann nahm ich den Kampf gegen die *Rus* auf.» – Seiner Geschichte zufolge war er Zahir Schahs Leibwächter gewesen, daneben auch noch Edelsteinhändler. Bald nach der Invasion hatten die Russen sein Haus mit Napalm niedergebrannt und die Juwelen beschlagnahmt – «zehn Kilo Smaragde, *fün* – fünfzig Kilo Rubine, viele andere – *Schmuck*!» schrie der Brigadier wütend. Einige seiner Schätze konnte er verstecken; er verwendete sie dazu, eine Gruppe von Freiheitskämpfern auszurüsten, die ihm persönlich ergeben waren. Dann machte er sich auf den Weg nach Pakistan, um die Waffen zu beschaffen, die ihm nach dem Ox-Fox-Abkommen zustanden. Und nun war er hier. – Einer seiner Söhne war im Krieg verschollen, ein anderer von den *Rus* eingezogen worden und versorgte die Guerilla jede Nacht mit Munition für ihre Kalaschnikows. Seine Frau lag krank irgendwo in Afghanistan darnieder, und seine Tochter (falls ich seine Gestik richtig verstanden habe) hatte eine Schussverletzung in der Brust erlitten. Ab und zu erhielt er Nachricht von seiner Familie. Ein Bote erschien im Haus des Generals und überbrachte ein Stück Leinen, das mit einer Handschrift in Paschtu beschrieben und in seine Kleidung eingenäht worden war. Der Brigadier las den Brief stundenlang, immer und immer wieder. Hatte er eine Zeit lang keinen Brief bekommen, sah ihn der Junge Mann die alten Stofffetzen durchgehen und langsam den Kopf schütteln.

«Was er da behauptet, ist alles ausgedacht», sagte der Afghanischübersetzer des Jungen Mannes in Kalifornien. «Ich habe viele Jahre in Kabul gelebt, und ich habe niemals von diesem Mann gehört. Der war kein Leibwächter; auch kein

---

* Ich habe die Interviews in diesem Buch überarbeitet, um sie leichter verständlich zu machen.

Anführer; er ist unbedeutend.» – Aber vielleicht gehörte der Übersetzer einer anderen Partei an.

Morgens und nachmittags brütete der Brigadier über neuen Briefen an verschiedene Staatsoberhäupter. Jede Fassung las er laut dem General vor, der geduldig Einschübe und Verbesserungen vorschlug. Zwischen Mittagsruhe und Abendgebet las der Brigadier mit leiser monotoner Stimme aus dem Koran vor. Wenn er nicht in dem Buch las, war es in ein helles, weiches Tuch geschlagen. Nahm der Brigadier das Bündel in die Hand oder legte er es zurück auf den Tisch im Gästezimmer, dann küsste er es. Er betete mit dem General draußen im Garten und berührte dabei mit Kopf, Händen und Füßen den Gebetsteppich.

Demokratie

«Mein lieber Sohn», sagte der Brigadier eines entsetzlich heißen Tages, «ich bedauere sehr, dass ich nach Pakistan gekommen bin, um Hilfe zu suchen. Ich möchte zurück in den Kampf.»

«Ich hoffe, Sie können bald wieder zurück», sagte der Junge Mann. Er hatte den Eindruck, der Brigadier würde bis in alle Ewigkeit auf Waffen warten.

Im Verlauf dieses Nachmittags wurde der Brigadier immer aufgeregter. Er fand, die Demokratie sei das Problem. – «*Warum* helfen die Amerikis nicht im Kampf?», fragte er immer wieder. «*Warum* lassen sie mich hier herumsitzen?» – Der Junge Mann beging den Fehler, ihm amerikanische Sicherheitsvorstellungen erläutern zu wollen (was für ein theorielastiger Junger Mann!). Er brachte nicht den Mut auf, dem Brigadier zu sagen, dass die Amerikaner ihm nicht helfen wollten, was er bereits vom Konsulat wusste. (Und es war gut möglich, dass die Sicherheitsvorstellungen etwas damit zu tun hatten.) – «Vielleicht möchte ja ein Teil der amerikanischen Regierung Ihnen helfen, Brigadier», sagte er. «Vielleicht möchte ein anderer Teil Ihnen nicht helfen. Unsere Regierung streitet sich erst mit sich selbst, bevor sie etwas entscheidet.» – Der Brigadier war erstaunt und wütend. Wenn die Amerikis einen Diktator wie Zahir Schah hätten, sagte er, würde es keine Verzögerung geben; dann würde man das Ox-Fox-Abkommen ehrenvoll erfüllen. – «Demokratie», rief er, «führt – zum – *Kommunismus*!» – Dann nahm er ein besticktes Kissen in die Hand. «Demokratie: der eine will es dort» – er berührte das Kissen und wies aufs Bett; «*der andere* aber will es *dort*» – und wies auf den Fußboden. «Diktatur: *ein* Platz. Demokratie, ganz schlecht!»

Nun ja, besser, der Brigadier glaubte, es handele sich bei dem Problem lediglich um Ineffizienz und nicht um Absicht, fand der Junge Mann. Dennoch war er angewidert. Das hier war also der Spitzenkandidat des Generals, unser prowestlicher Freund, treu bis in den Tod … Gehässig sagte der Junge Mann zu ihm, er könne sich doch wohl freuen, weil es nun dank der *Rus* in Afghanistan eine gute solide Diktatur gebe. Glücklicherweise verstand ihn der Brigadier nicht. Später schämte sich der Junge Mann für seine Bemerkung.

Feste Überzeugungen

Zu jener Zeit waren die Mudschaheddin in Peschawar in sechs größere Gruppen gespalten, eine Aufteilung, die den Stammesfeindseligkeiten und den jeweiligen ideologischen Ambitionen entsprach. Diese Gruppen hatten zwei Koalitionen gebildet, die beide (und das war typisch) Islamische

Einheit der afghanischen Mudschaheddin hießen. Die erste Islamische Einheit bestand aus den Fundamentalisten und Mullahs: Jamiat-i-Islami, Gulbaddin und Khalis.* Die zweite Einheit bestand aus den Liberalen und Sozialdemokraten: Hazarat, Mahaz-i-Islami, Herakat. Die Partei des Brigadiers, Wahdati-i-Islami, die Nationale Befreiungsfront, war nicht offiziell anerkannt. Mithilfe eines Dolmetschers erläuterte ihm der Brigadier, dass viele der Amtsträger in den liberalen Parteien und ein paar bei den Fundamentalisten insgeheim für ihn arbeiteten und der NLF Waffen zukommen ließen. Ganz naiv fragte der Junge Mann den Dolmetscher, warum der Brigadier in diesem Fall amerikanische Waffen bräuchte. Die Frage brachte den Dolmetscher in Rage, und das Interview fand ein vorzeitiges und abruptes Ende.

Eine Zeit lang machte der Junge Mann den Fundamentalisten der Jamiat-i-Islami seine Aufwartung. Sie waren in der afghanischen Provinz Pandschir stark vertreten, wo zu jener Zeit die Kämpfe am heftigsten tobten, und der Junge Mann wollte unbedingt dorthin. Die Jamiat misstraute ihm allerdings. Er verbrachte viele heiße Nachmittage in ihren Büros und lauschte dem Surren der Ventilatoren und schaute ihrem Anführer, dem berühmten Gelehrten Dr. Rabbani, zu, der hinter seinem Schreibtisch saß; Dr. Rabbani ähnelte mit seinem langen, silberweißen Bart einem Heiligen; die Ventilatoren surrten und der Junge Mann trank Sprite und hockte zwischen Jamiat-Kämpfern auf dem Teppich, die ihn aufzogen und sagten, so blass, wie er sei, müsse er sich schon als Nuristani ausgeben, um die *Rus* zu täuschen, wenn er *ins Kriegsgebiet* ginge, und der Junge Mann war so berauscht von der Vorstellung, nach Afghanistan zu gehen, dass er nicht mal Angst hatte. – Erst erklärten die Jamiat, sie könnten

---

*   Die beiden letzten nannten sich jeweils Hezb-i-Islami.

ihn nicht nehmen, weil er den Koran nicht kenne und den Amerikis daher nicht ihre Sichtweise näher bringen könne. Aber der Junge Mann hatte in der Schule gelernt, wie man bluffte; er hielt mit einigen Abschnitten aus dem Koran dagegen. – Dann sagten sie, sie könnten ihn nicht mitnehmen, weil er zu jung sei; es sei zu gefährlich. Er wies darauf hin, dass viele der Mudschaheddin jünger waren als er selbst und er ihnen doch sicher helfen könne, indem er Fotos mache.[*] Dann erklärten sie, sie würden mir Bescheid geben, wenn sich eine Gelegenheit ergäbe.

«Sie sind nicht gesund, Junger Mann», teilte ihm der General mit. «Warum müssen Sie nach Afghanistan? Sie können Afghanen mit Gewehren in Pakistan fotografieren. Alle Journalisten machen das. Die Amerikaner werden keinen Unterschied erkennen. Ich mache mir Sorgen um Sie. Sie können nicht mit Durchfall in die Schlacht ziehen; ich spreche zu Ihnen als Soldat.»

Aber der Junge Mann blieb hartnäckig.

Der General hatte Einfluss. General Zia, der inzwischen Pakistan regierte, war einmal sein Untergebener gewesen. Er arrangierte viele Interviews, die der Junge Mann sonst nie bekommen hätte – denn anders als die Amerikis glaubte der General, dass der Junge Mann tatsächlich in der Lage war zu

---

[*] «Ihr Angebot, den Afghanen zu helfen, wissen wir zu schätzen», schrieb der General 1984, «aber es gibt niemanden, dem wir diesen Betrag überreichen können. Auf Wunsch könnten Sie die Summe einem Ausbildungsinstitut stiften.» – «SORRY», stand auf den recht überraschenden Plakaten, die die Spartakisten von Berkeley, welche geschworen hatten, alles Menschenmögliche zur Verteidigung der bürokratisch deformierten Arbeiterstaaten zu unternehmen, 1983 aufgestellt hatten. «DIA-SCHAU ‹AFGHANISTAN PICTURE SHOW› ABGESAGT – neuer Termin wird bekannt gegeben.» – «Ihre Dia-Schau wurde herzlich aufgenommen und sorgte, wie Sie sicherlich gewünscht haben, hinterher für eine heftige Diskussion», schrieb Mr. Scott Swanson 1985. «Unglücklicherweise hielt ein Schneesturm alle Interessenten, bis auf die Wagemutigsten, von der Teilnahme ab.»

helfen, und nahm ihn ernst.[*] Am Ende seiner Interviews konnte der Junge Mann die Worte jener bedeutenden Männer vergleichen und analysieren, was in etwa Folgendes erbrachte:

Die große politische Spaltung Pakistans schien auf Liberalismus kontra Islamisierung herauszulaufen, oder besser gesagt (um nicht lange um den heißen Brei herumzureden), Bhuttos Volkspartei stand gegen das herrschende Regime von Zia, der das islamische Recht in einem solchen Ausmaß wiederbelebt hatte, dass man öffentliche Auspeitschungen im Fernsehen zeigte. Im Augenblick war die Volkspartei nahezu ohne Einfluss, da Bhutto 1979, im Jahr der Invasion, gehenkt worden war. – «Man hat ihn wegen *Mordes* hingerichtet», sagte der General. «Er war ein Kommunist, und wir alle hier an der Nordwestgrenze waren sehr froh, als er durch Zia abgelöst wurde. Verstehen Sie, Junger Mann, Bhutto war ein Intrigant, aber Zia ist ein gerechter Mann!» (Erst sechs Jahre später, als Zia bei jenem mysteriösen Flugzeugabsturz ums Leben kam, gelang Bhuttos charismatischer Tochter Benazir dank ihrer Wahlkampfauftritte die Rückkehr an die Macht; bis dahin kämpfte die Volkspartei mühsam ums Überleben.) Der General unterhielt ausreichend gute Beziehungen zu ein paar führenden Köpfen des Bhutto-Regimes, um dafür zu sorgen, dass der Junge Mann sich in seiner Gegenwart mit ihnen unterhalten konnte. Einer von ihnen war unter Zia mehrfach im Gefängnis gewesen. Als sie den Mann besuchten, wies der General auf einen Wagen vor dessen Haus hin. – «Sehen Sie, Sie behalten ihn im Auge», sagte er. – Sie wurden sehr gastfreundlich empfangen. Es war Ramadan, und Moslems durften bis Sonnenuntergang nichts essen oder trinken, aber man servierte dem Jungen

---

[*] Oder aber – und das kommt mir heute wahrscheinlicher vor – der General hatte ein gutes Herz.

Mann eine Cola auf einem Tablett, und es wurden viele Höflichkeiten ausgetauscht. Der Junge Mann hielt den General und den ehemaligen Funktionär für Freunde. Als sie gingen und die Kassette des Jungen Mannes mit vielen interessanten Informationen voll war, bemerkte der General: «Er ist ein sehr dummer Mensch, verstehen Sie? Er wird wieder im Gefängnis landen, und da gehört er auch hin.» Der Junge Mann fragte sich, ob er wohl jemals mitbekommen würde, wer *seine* Feinde waren.

Eines Tages fuhren sie zu einer Beerdigung in ein kleines Dorf im Osten, nur sie drei: der General, der Junge Mann und der Brigadier. Das Dorf war bhuttofreundlich, und der General kannte einen ehemaligen Minister dort, der dem Jungen Mann seine Erinnerungen erzählen sollte. Unglücklicherweise war der Minister sehr beschäftigt, aber sagte zumindest recht höflich guten Tag zu dem Jungen Mann und fand noch Zeit, ein paar Bemerkungen über die Verschiebung der Wahlen zu machen. Der General blieb ruhig. – Der Sarg wurde durch die Straßen an den Lehmwänden vorbeigetragen. Das kräftige Stirnrunzeln des Brigadiers löste sich ein wenig, und er nahm den Gesichtsausdruck an, den er sonst bei seiner Koranlektüre hatte. Er bahnte sich einen Weg durch die Menge und schulterte eine Ecke des Sargs. Bei der Moschee setzten sie den Toten für die Trauerfeierlichkeiten ab und enthüllten für einen Augenblick sein Gesicht, damit es die Verwandten küssen konnten. Es handelte sich um einen alten Mann mit einem langen weißen Bart. Sein Mund stand offen und der Kopf lag zur Seite, wie bei einem Kraulschwimmer. Am nächsten Morgen sah der Junge Mann eine überfahrene Katze in der gleichen Haltung und mit dem gleichen eindringlichen, recht intelligent wirkenden Gesichtsausdruck. Der Mann war am Morgen gestorben. Sein Leichnam schwoll bereits von der Hitze an und wies eine gelbliche Färbung auf. – Sie fuhren im Wagen des Generals nach Hause, der Junge Mann auf der Rückbank. Der Brigadier machte eine Bemerkung über die Liberalen; der Junge Mann verstand die Sprache nicht, aber den Spott. – Der General lachte und nickte.

Der Junge Mann bewunderte den General in fast jeder Hinsicht. Er war ein Mann mit hohen moralischen Wertvorstellungen, der sich bemühte, Gutes zu tun. Er regte den Bau einer Moschee an oder die Anlage eines Parks (einmal sah ihn der Junge Mann in den Nachrichten, wie er in einer Gruppe von Würdenträgern in seiner neuen Moschee stand). Er leistete einen ziemlich großen Beitrag zum Gemeinwohl; der Junge Mann war einer seiner Schützlinge. Er unterrichtete ihn nicht nur in Islamkunde, er versuchte auch, eine passende Gruppe für ihn zu finden, mit der er nach Afghanistan gehen könnte. In dieser Frage vertrat er einen festen Standpunkt. Als Soldat verabscheute er wie der Brigadier die Fundamentalisten. Als der Junge Mann einen Guerillakommandanten fragte, warum er Herakat angehöre und nicht Jamiat-i-Islami, entgegnete der General an dessen statt: «Weil er kein Dummkopf ist.»

Verlobt

Eines Nachmittags kam Mr. Pizzarda, der Generalsekretär von Hazarat, auf ein Glas zu Besuch (es gab Sherbet, einen widerlichen Sirup aus gezuckerten Rosenblättern). Der Brigadier hatte gesagt, Pizzarda sei einer seiner Männer. Ob das stimmte? Schwer zu sagen. – Sie saßen im Innenhof und schwatzten über dies und das, manchmal auf Englisch, wohl aus Höflichkeit gegenüber dem Jungen Mann, manchmal auf Paschtu, dann wütend. Der General wirkte ein wenig distanziert. Doch als er sich später am Abend zu dem Jungen Mann setzte, sagte er über das besänftigende Dröhnen des Ventilators hinweg, der Junge Mann könne in zehn Tagen mit der NLF nach Afghanistan gehen.

«Aber wir müssen sehr vorsichtig sein», sagte der General. «Es geht nur, wenn Sie wieder ganz gesund sind. Ihre Eltern würden es mir nie verzeihen, wenn ich für den Tod ihres einzigen Sohnes verantwortlich wäre.»

Der General machte viel Aufhebens um Söhne. Er behandelte den Jungen Mann wie seinen eigenen Sohn. Als der Junge Mann sein Interesse zum Ausdruck brachte, eine der handgearbeiteten Pistolen von Darra zu fotografieren, die wie Schreibstifte aussehen, lieh ihm der General eine, und als er bemerkte, welche Freude der Junge Mann an dem Spielzeug hatte, lächelte er und sagte: «Nun, Junger Mann, wenn Sie die Waffe so sehr mögen, dann schenke ich sie Ihnen.» – Der Junge Mann bedankte sich. – Der General legte ihm eine Hand auf die Schulter. «Keine Ursache. Sie sind nun Pathane ehrenhalber: Sie tragen unsere Kleidung, Sie haben das Käppi geschenkt bekommen und nun auch die Waffe.»

Er wurde wütend, als er herausfand, dass der Junge Mann in Kalifornien mit seiner Verlobten zusammenlebte. Er fand, dass Amerikaner eine lockere Moral hatten, insbesondere was sexuelle Beziehungen anging. Der Junge Mann wollte wissen, warum es der Koran ablehnte, mit jemandem zu schlafen, mit dem man nicht verheiratet war, wo doch ein Moslem ganz legal mit bis zu vier Frauen gleichzeitig schlafen durfte. Der General erläuterte, es bestünde immer die Gefahr, eine unverheiratete Frau zu schwängern. Der Junge Mann versicherte ihm, dass seine Verlobte und er verhüten würden und sie sich ohnehin bald sterilisieren lassen wolle. Der General war erstaunt. «Haben Sie die Frau ausgesucht oder die Frau Sie?»

Der Junge Mann überlegte. «Sie hat angefangen, glaube ich», erwiderte er.

«Nun, dann sagen Sie ihr, Sie werden ihr den Laufpass geben, sollte sie Ihnen keine Söhne gebären. Wozu ist ein Mädchen gut, das keine Söhne bekommt? Wie können Ihre Eltern in dem Wissen sterben, dass ihr einziger Sohn keine Söhne haben wird?»

Der Märtyrer

In den ersten Tagen seines Aufenthaltes im Hause des Generals war dieser auf die Amerikaner besonders böse. Sein Sohn Khalid studierte mit einem befristeten Visum in Kalifornien, und seine Frau hatte ein Besuchsvisum beantragt. Der Antrag war mit der Begründung abgelehnt worden, es könne nicht bewiesen werden, dass die junge Frau nicht einwandern wolle. Der General hatte Sicherheiten angeboten, aber das tat nichts zur Sache. Der General war zutiefst verletzt. Er verstand nicht, warum sein Sohn ein Visum bekam und seine Schwiegertochter nicht. Zu dem Jungen Mann sagte er, Amerika wisse nicht, was Freundschaft bedeute.

«Was halten Sie von Brigadier X?», fragte der Junge Mann im amerikanischen Konsulat nach.

Daumen runter. «Wir haben seine Geschichten weitergeleitet, und man ist allgemein der Meinung, dass er ein wenig …» – Finger an die Stirn. – «Er war mal Brigadier, und nun ist er es nicht mehr; er hat wohl den Wechsel nicht überstanden.»

Möglich, dachte der Junge Mann. Manchmal glaube ich selbst, wenn ich die Kreisbewegung seiner Hände sehe oder höre, wie er mit sich selbst spricht – oder sind das nur seine religiösen Übungen? (denn ich verstehe ja die Sprache nicht) –, manchmal glaube ich selbst, er ist verrückt. – Aber *wie* kann ich das *wissen*, sagte er wütend zu sich selbst.

«Er scheint Gefolgschaft zu haben», sagte der Junge Mann. «Wir sind nicht sicher, ob es sich um seine Gefolgschaft handelt oder dem Umstand zuzuschreiben ist, dass er bei General N. wohnt.»

«Es gibt eine ganze Reihe von Leuten, die behaupten, er sei ihr Boss», fügte der Junge Mann an.

Schulterzucken. «Ich muss wirklich dringend zu einer wichtigen Besprechung.»

«Mmh, würden Sie mir zuraten, mit ihm nach Afghanistan zu gehen?»

«Ich würde Ihnen davon abraten.»

Der Brigadier hatte dem Jungen Mann aufgetragen, dem Botschafter und seiner Frau seinen *Salaam* zu entbieten und nachzufragen, wann sein Werk bereit sei. Der Junge Mann tat nichts von beidem. Nach seiner Rückkehr traf den Brigadier auf der Veranda.

«Was haben sie gesagt?»

«Sie hatten keine Zeit», erwiderte der Junge Mann.

Der Brigadier tobte. – «Diese Amerikis, aber – wenn sie Afghanen wären, ICH – BRING SIE UM! Sie sind Diener – nicht Herren! DU – keine Hilfe! Demokratie – NICHT gut!»

Der Junge Mann log und sagte, er habe sein Bestes getan.[*] Der Brigadier wollte ihm nicht glauben. Schließlich wurde der Junge Mann brüsk. Der Brigadier lächelte wie jemand, der tiefste Beleidigung zum Ausdruck brachte.

«Sie behandeln mich wie – HUND!», sagte er.

Der Junge Mann gab ihm müde recht und ging aufs Klo. Der

---

[*] Ich weiß inzwischen, dass ich nichts hätte besser tun können.

Gang zum Konsulat und die Hitze hatten wieder Durchfall verursacht.

Während er auf der Kloschüssel hockte, malte er sich ein Gespräch mit dem General aus, der ihm gerade über die jüdische Lobby einen Vortrag gehalten hatte:

«General», würde er sagen, «ich glaube, der Brigadier ist etwas durchgeknallt.»

«Weil Sie ihm nicht helfen», würde der General streng erwidern. «Er ist ein Freund Amerikas, aber ihr macht ihn euch zum Feind. Ihr gebt meiner Schwiegertochter kein Visum. Wenn ich kein Visum bekomme, bekommt hier niemand eins. Zia hat unter mir gearbeitet. Wenn ich wollte, würde er euch schon dazu bringen, mir das Visum zu geben. Aber das widerspricht meinen Prinzipien. Ich bitte niemanden um einen Gefallen. Ich erwarte von niemandem etwas. Aber jetzt unterstützt ihr Israel, und *lakhs** von Menschen sind heimatlos.»

Und plötzlich begriff der Junge Mann, vom Fieber etwas benommen, seine Rolle als Amerikaner: Er sollte für alles die Verantwortung übernehmen.

Die Ameisen

Ein paar Nächte später saßen der Brigadier, der Junge Mann und der General im Innenhof. Auf dem Zement wimmelte es nur so von geflügelten Ameisen, die, angelockt vom Licht im Haus, umherkrochen und im glatten Zement nach einem Spalt suchten, um dort ihre Eier abzulegen und zu sterben. Schließlich drangen vertraute leise Geräusche vom

---

*   Tausende

Rasen, und die fetten Unken erschienen. Einen Augenblick verharrten sie, als seien sie erstaunt über die Menge an Beute. Dann verteilten sie sich und fingen an, die Nachzügler zu verschlingen, damit die große Masse nicht alarmiert wurde. Als die Nachzügler in Ruhe vertilgt waren, sprangen die Unken inmitten die Ameisenscharen und machten sich an ihre endgültige Vernichtung. Wie ihre Zungen blitzten! Und wie blind die Ameisen umherirrten, obwohl die Räuber nur einen Atemzug entfernt lauerten, wie weise Männer, die ihr Anliegen vergessen hatten.

Der Brigadier sprach wieder über die fundamentalistischen Gruppierungen. – «Die – *nicht* gut!», sagte er. «Die sehr schlecht. Die – *keine* wahren Afghanen!»

Aus dem Pandschir-Tal waren an diesem Tag schlechte Nachrichten zu ihnen gedrungen. Die Russen hatten tatsächlich den Durchbruch geschafft. – «*Rus*», sagte der Junge Mann und deutete auf die Unken. «Mudschaheddin» – er wies auf die verwirrten, dezimierten Ameisen.

Sofort stand der Brigadier auf und verscheuchte die Unken lautstark. Er stampfte haarscharf neben ihren Köpfen mit dem Fuß auf. Sie verkrochen sich in der Dunkelheit. (Ein paar Minuten später kamen sie jedoch zurück, erst vorsichtig, aber immer noch so gierig wie zuvor. Diesmal schenkte ihnen der Brigadier keine Beachtung. Schon bald gab es keine Ameisen mehr.)

«Der Brigadier ist ein ziemlich brutaler Mensch», sagte der General von seinem Gartensessel aus. «Er hat über tausend Menschen getötet.»

Der Vollzug der Ehe

Einen Tag bevor er über die Grenze gehen sollte, kam der Anführer der Gruppe der NLF ins Haus des Generals. Der General hörte aufmerksam zu. – «Sie haben vor, einen Flugplatz anzugreifen», sagte er zu dem Jungen Mann. «Ist das in Ordnung für Sie?»

«Sicher», antwortete der Junge Mann leicht beunruhigt. «Das hört sich sehr interessant an.»

«Aber sie müssen erst nach Islamabad, Munition beschaffen. Es wird fünf Tage dauern.»

Am Morgen des vierten Tages legte der General seine Zeitung beiseite. «Gestern hat man in Parachinar auf den Beamten für Stammesangelegenheiten geschossen», sagte er.

Der Junge Mann aß gerade ein gekochtes Ei. Alle anderen im Haus mussten bis etwa vier Uhr in der Früh mit Essen und Trinken fertig sein, bevor es hell wurde. Der Junge Mann stand nie vor sieben auf, meistens noch später, und dann machten sie ihm ein Frühstück, das sie selbst nicht anrühren durften, und süßten seinen Tee mit ihrem eigenen wertvollen Honig.

«Wer hat auf ihn geschossen?», fragte er verständnislos.

Seine guten Manieren verboten dem General, seine Abscheu angesichts dieser Ignoranz zu zeigen. «Der KGB, Junger Mann. Ich telefoniere besser mal und versuche herauszufinden, was los ist. Wenn es in der Grenzregion zu viel Unruhe gibt, können Sie vielleicht nicht gehen.»

Er telefonierte. – «Jemand ist ermordet worden», informierte er den Jungen Mann. «Wir sollten das Ganze besser verschieben.»

Also verschoben sie alles für weitere drei Tage.

Der Junge Mann lauschte dem Ventilator, der es anscheinend darauf anlegte, den Benutzer daran zu erinnern, dass jede Sekunde Geld kostete. Drei Tage vergingen. Dann der vierte. Am fünften Tag pflückte er eine Limone vom Baum des Generals und presste sie in ein Glas mit kaltem Wasser. Es schmeckte so gut, dass er es gleich nach dem Frühstück noch einmal tat. Die Idee stammte vom Brigadier, der, unter Einhaltung des Ramadan, am Tag zuvor zehn Meilen durch die Hitze gelaufen war, um den Mann zu suchen, der mit der Munition aus Islamabad hätte zurückkommen und den Jungen Mann über die Grenze bringen sollen. Aber der Brigadier wusste nicht genau, wo der Mann lebte, und konnte ihn nicht aufspüren. Er kehrte schweigend zurück. Kaum war offiziell die Dunkelheit hereingebrochen, ging die Familie zum Essen ins Haus, aber der Brigadier schien seinen Durst nicht stillen zu können. Er war ein alter Mann. Eine Stunde später kam er ins Gästezimmer und mischte sich ein Glas Limonenwasser. – «Sehr durstig», sagte er zu dem Jungen Mann, den er als seinen Sohn betrachtete. «Ramadan sehr schwierig.» – «Ja», erwiderte der Junge Mann. «Sehr schwierig.»

Der Mann tauchte nicht auf.

«Morgen», sagte der Junge Mann zum Brigadier, «werde ich die anderen Parteien um Hilfe bitten.»

Als er am Morgen aufstand, rang der Brigadier die Hände. «Ich nicht schlafen letzte Nacht», rief er. «Er – *nicht* gekommen. Ich bin Führer von Partei, aber jetzt schreiben Sie: ‹Brigadier – *falsch*, falscher Mann.› Meine Partei KAPUTT, meine Arbeit hier alles kaputt.»

Er tat dem Jungen Mann Leid. Andererseits: Was für eine Art von Parteiführer war er eigentlich? – Der Junge Mann versprach, bis halb elf zu warten; bis dahin wollte der Brigadier von einer erneuten Suchaktion nach dem Munitionsmann zurückgekehrt sein. Nach dieser zweifellos erfolglosen Mission hätte der Junge Mann dann selbst das Vergnügen, in der Mittagshitze loszuziehen.

Mittlerweile hatte er die Sonne in Pakistan fürchten gelernt. Der General war sehr wütend auf den Brigadier. – «Verdammter Mistkerl», sagte er. «Die Afghanen wollen keine Hilfe! Die wollen nur Geld. Dieser Kommandant hat ein Abkommen unter Ehrenleuten gebrochen. Sein Vater und sein Großvater stammen aus ehrenwerten Familien, ich versichere es Ihnen. Und nun verliere ich wegen dieses Dummkopfs und wegen des Brigadiers Ihnen gegenüber mein Gesicht.»[*]

Kurz nach elf kehrte der Brigadier mit seinem Mann zurück. Am nächsten Morgen setzte sich der Junge Mann in Afghanenkleidung, Kameras und Kassettenrekorder in einem Jutesack verstaut, Richtung Grenze in Bewegung.

Der Bericht des afghanischen Brigadiers

«Wie viele Menschen haben Sie getötet, Brigadier?», fragte der Junge Mann hinterlistig. So konnte er überprüfen, was der General gesagt hatte.

Der Brigadier stand kerzengerade im Gästezimmer. Die Vorhänge waren gegen die Nachmittagssonne zugezogen.

«Ich habe *tausend* und mehr als *tausend* Menschen im Kampf um Afghanistan getötet», sagte er langsam und würdevoll auf Englisch.[**] «Ich habe mehr Menschen getötet,

---

[*] Das muss man sich mal vorstellen! Dieser feine alte Herr, der zur Machtelite seines Landes zählte, sorgte sich um sein Gesicht, das er gegenüber einem zweiundzwanzigjährigen Burschen eingebüßt haben könnte, dem in der Sonne schlecht wurde. Und warum? Weil der Bursche Amerikaner war.

[**] Die Zahlenangaben des Brigadiers sind, wie nahezu alles an ihm, rätselhaft.

Menschen aus Russland – Russen! Im heiligen Koran steht: ‹Du sollst Menschen nicht töten›, aber wer sind Menschen? Mensch ist, wer nach den *heiligen Büchern* handelt. Heilige Bücher sind vier: Koran, Bibel, [unverständlich], Torah[*]. Wer Bücher nicht mag, ist – keine Mensch! Die *Rus* sind Wilde. Wie Pferde, wie Esel, wie Kühe, sie kommen in das Afghanistan hier – machen Invasion! Wir mögen sie nicht. In russischen Festungen habe ich *mehr* Russen getötet. Jetzt lebt er in Afghanistan, der *Rus*, er kam aus Russland in unser Land. Sie *kämpfen* mit mir, sie TÖTEN unsere kleinen Jungen – er trinkt Milch, er schlägt um sich, sie packen seine Schulter und seine kleine, kleine Hand und kleinen Füße, sie nehmen ihn mit, sie töten ihn; das ist nicht gut.» – (Der Brigadier schrie und rüttelte die Faust; ich werde niemals den Zorn vergessen, mit dem er dies alles herausbrachte.) – «Unsere Kinder töten sie», sagte er. «Unsere Kinder und unsere Mädchen und unsere alten Männer und jungen Männer … Im Kampf nimmt er den Panzer, fährt los, tötet den jungen Mann und die jungen Mädchen, die mit ihm kämpfen; er tötet! Sie machen *zillah* mit den toten Männern.[**] Sie, sie *machen* es mit den toten Mädchen![***] Sie sind wie Esel, aus einer anderen Welt. Ich bringe sie um! Sie bringen mich um! Ich bringe sie um!»

Pakistanis und Afghanen scheinen großzügiger im Umgang mit Zahlen als wir. Mit «tausend» kann er «eine ziemliche Menge» meinen. Oder schlicht «tausend». Die Bestätigung dieser Zahl von Seiten des Generals war wichtig, denn ich habe ihn kein einziges Mal absichtlich etwas Falsches sagen gehört.

[*] Tatsächlich nennen die Moslems uns aus Verbundenheit – die zu spüren wir Christen zu borniert sind – «das Volk des Buchs».

[**] Sexuelle Gewalt

[***] Ich habe viele Berichte von sowjetischen Soldaten gehört, die Afghaninnen vergewaltigt haben sollen, aber nur einen Bericht über sexuelle Gewalt an Toten.

Gevatter Todd (1983)

Nach seiner Rückkehr nach San Francisco rief der Junge Mann bei der CIA an, wie er gebeten worden war. – «Wann waren Sie in Afghanistan?», fragte der Mann von der CIA. – Der Junge Mann sagte es ihm. – «Wie hieß der Brigadier mit ganzem Namen?», fragte der Mann von der CIA. – Der Junge Mann nannte ihm den Namen. «Welche Sprachen sprechen Sie?», fragte der Mann von der CIA. – Der Junge Mann sagte es ihm. – «Wie lautet Ihre Sozialversicherungsnummer?», fragte der Mann von der CIA. – Der Junge Mann nannte sie ihm. «Vielen Dank für Ihren Anruf, Mr. Vollmann», sagte der Mann von der CIA. «Sie können mich jederzeit unter dieser Telefonnummer erreichen. Wenn Sie anrufen, fragen Sie nach ‹Todd›.»

Fünf Jahre später hörte ich wieder von dem Brigadier. Ob Todd ihm jemals Waffen geliefert hat, entzieht sich meiner Kenntnis.[*]

---

[*] Ein paar Monate nach meiner Abreise schrieb der General, der Brigadier sei «gesund und munter». «Die entscheidenden Leute erkennen jetzt, dass wir jenen helfen sollten, die im Lande kämpfen. Masud, der Held von Pandschir, hat ihn über seinen Vater kontaktiert, der ebenfalls Brigadegeneral im Ruhestand ist-… Lord C— B— aus England hat ihn ebenfalls kontaktiert. Es wird alles gut werden, trotz ausbleibender Hilfe von seinen arabischen Freunden-…» – Der General fand die Amerikaner nicht einmal mehr der Erwähnung wert.

II. DIE FLÜCHTLINGE

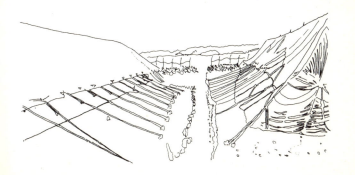

5. «Oder doch zumindest ein längerer Aufenthalt»:
   Flüchtlinge in der Stadt (1982)

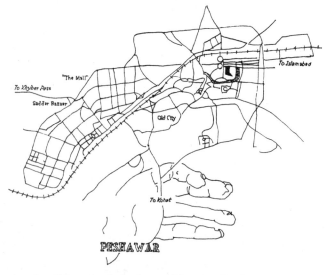

Aus dem Skizzenbuch des Jungen Mannes – Peschawar

Peschawar ist heute wie damals eine Grenzstadt. Förmliche Kleidung und Manieren sind einem freieren, legeren Stil gewichen, Männer begrüßen einander mit festem Handschlag und einem direkten, aber freundlichen Blick. Kräftige, gut aussehende Männer in weiten Hosen und langen flatternden Hemden schlendern mit ungeheurem Selbstvertrauen umher, und sie tragen Munitionsgurte über der Brust oder Pistolen an der Hüfte, als gehörten sie zur Alltagsbekleidung. In der Luft liegt jener Hauch von Aufregung und Drama, der typisch ist für ein Grenzgebiet. Eine gelegentliche Salve aus Gewehrläufen – nein, kein Stammesüberfall, keine Unruhen auf den Straßen, sondern lebhafter Bestandteil einer Hochzeitsfeierlichkeit.

… Peschawar ist *die* große Stadt der Pathanen. Und was für eine Stadt! In ihrer Altehrwürdigkeit verweist sie auf eine Geschichte von zweitausendundfünfhundert Jahren; es riecht nach reifen Früchten, gebratenem Fleisch und Tabaksqualm; ruhig und entspannt pulsiert die Stadt im Rhythmus der hämmernden Handwerker und der klappernden Pferdehufe; unaufgeregt folgt sie dem Tempo des Fußgängers und der Pferdedroschken; zwischen den hohen Häusern, engen Gassen und überhängenden Balkonen herrscht stetes Halbdunkel; die Atmosphäre ist intim, zugleich mischen sich Stadtbevölkerung, Stammesangehörige, Händler und Touristen frei untereinander – das ist das alte Peschawar, Endpunkt der Reise oder doch zumindest ein längerer Aufenthalt für all jene, die in den Norden wollen oder aus dem Mittleren Osten und Zentralasien hierher kommen, heute ebenso wie vor Jahrhunderten, als die Karawanen in den vielen Karawansereien einkehrten, die nun verlassen außerhalb der geschleiften Stadtmauern liegen oder von den modernen Karawanen der Überlandbusse als Werkstätten benutzt werden.

Aus einer Broschüre der
PAKISTAN TOURISM DEVELOPMENT CORP., LTD.
(ca. 1979)

«Oder doch zumindest ein längerer Aufenthalt»

In seinem Bemühen, alles zu verallgemeinern (warum, weiß ich heute beim besten Willen nicht mehr), schrieb Der Junge Mann Der Alles Wusste in sein Notizbuch: «Der Dreck amerikanischer Städte setzt sich aus Dingen wie zerbrochenen Glasflaschen und umherfliegenden Zeitungen, Bierdosen, chemischen Rückständen, Styropor-Brutkästen für Hamburger und Ähnlichem zusammen. In Pakistan ist die Produktion und Distribution noch längst nicht so fortgeschritten; entsprechend ist die Diät jener Städte längst nicht so nahrhaft, und so weisen ihre Ausscheidungen und ihr Stoffwechsel einen vollkommen anderen Charakter auf. Vieles, was man in den Vereinigten Staaten wegwirft, wird hier hoch geschätzt – und natürlich gibt es keine Bierdosen.» – Peschawar war eine vollkommen verdreckte Stadt mit heruntergekommenen Straßen; der Junge Mann, dem der Müll des Fortschritts lieber war, hielt die Stadt für noch dreckiger, als sie in Wirklichkeit war (ich gebe zu, dass ich lieber an einem industriellen Krebsleiden als an einer Amöbenerkrankung verrecken würde; alles eine Frage der Kinderstube). – Dazu kam noch die Tatsache, dass er ständig beobachtet, angesprochen und begutachtet wurde; dieser Überfluss an Aufmerksamkeit wirkte gelegentlich ähnlich wie Dreck. Wie jeder Betrüger wollte er beobachten und nicht beobachtet werden. Da diese Aufmerksamkeit fast immer freundlich gemeint war, machte es hin und wieder durchaus Spaß, darauf zu reagieren; doch ansonsten musste sich der Junge Mann mit der Stadt selbst auseinander setzen: Stände mit verfaulten Mangos und Fleischbrocken, die derart dicht von Fliegen besetzt waren, dass ihre eigentliche Farbe ein Geheimnis blieb; keuchende Männer, die sich bei der Arbeit abkühlten, indem sie sich einen Wasserschlauch ins Hemd steckten; Läden, die abgelaufene Arzneimittel feilboten, Zuckersirup, Bratöl und funkelnagelneue Ventilatoren. Im Bezirk Saddar waren die Bürgersteige uneben und aufgeworfen, so als ob sie durch die Grabarbeiten riesiger Maulwürfe angehoben worden wären. Hier und da gab es Gruben von einem Meter Tiefe, die keinen erkennbaren Zweck erfüllten: Gräber für Obstschalen und die Hufe der geschlachteten Rinder, dazwischen Betonbrocken, die wie Knochensplitter aussahen. Kaufte er sich Bananen, dann waren sie weich und schwarz. Die Gullys stanken; das Wasser darin war grau wie der Bauch einer toten Schlange. In der Hitze bewegten sich alle nur langsam.

Der Junge Mann schrieb ganze Abhandlungen über die Auswirkungen dieser Hitze: Zuerst spürte man sie durch die nasse Stirn, nach ein paar Sekunden rann einem der Schweiß in die Augen. Dann drang die Sonne bis zur Kopfhaut durch. Das Haar wurde unangenehm warm. Der Nacken war schweißgebadet wie die Achselhöhlen, man atmete eigentlich nur Dampf, atmete bloß pro forma; und bald schon wurde einem schwindlig und schlecht. Manche Leute (afghanische Flüchtlinge zum Beispiel) bluteten aus Nase und Ohren.

«Ja, es ist heiß», sagte der Hotelbesitzer. «In Belutschistan, so erzählt man, gibt es eine Stadt, wo das Wasser im Sommer heiß genug für Tee aus der Leitung kommt. Ich bin nie dort gewesen, und ich hoffe, das bleibt so, *inschallah!*»

Freifahrten

Ging der Junge Mann spazieren, schauten alle auf. Sie stießen dabei schnelle Zischlaute aus, mit denen sie sonst Rikschafahrer anlockten, oder riefen ihm zu: «He!», «Was wollen Sie?», «Wo gehen Sie hin?» oder einfach nur: «Mister!» – Auf alles antwortete Mister gelassen mit einem belanglosen «*Asalamu alaykum*» – dem traditionellen arabischen Gruß.[*] – «*Walaykum asalam*», entgegneten sie automatisch und wurden freundlicher. Von da ab dauerte es nicht mehr lang bis zu einem kostenlosen Softdrink, einem Tee, einer Tour mit der Rikscha zurück zu seinem Hotel, die am Ende schon bezahlt war, zu einer Vielzahl der unwahrscheinlichsten Gefälligkeiten. Alle waren überrascht, dass er überhaupt darauf zu sprechen kam: «Aber Sie sind doch Gast bei uns!» oder: «Das ist eine Frage nationaler Ehre.»

Auf dem Rückweg vom Austrian Relief Committee verlief er sich eines Abends. Es war Ramadan, und die Familie des Generals hatte den ganzen langen, heißen Tag nichts zu sich genommen. Er wollte nicht, dass sie mit ihrer Fastenmahlzeit auf ihn warten mussten. – Aber wo lag Saddar? Wenn er dorthin fand, konnte er zum Haus des Generals laufen. – Ein Radfahrer kam den Hügel hinauf, beladen mit einer großen Ladung frisch geschnittener Äste. Der Junge Mann fragte ihn nach dem Weg. Der Radfahrer winkte eine vorbeifahrende Rikscha heran. Aber der Junge Mann hatte keine einzige Rupie mehr; sie waren ihm in einem Flüchtlingslager gestohlen worden. – «Ich zahle!», lächelte der Pakistani. «Nein, nein», sagte der Junge Mann peinlich berührt. Es war nicht weit bis zu einer Kreuzung, die er kannte; der Pakistani hatte ihm den Weg erklärt. Er konnte die Strecke gut zu Fuß zurücklegen. – Nachdem der Pakistani sich vergewissert hatte, dass die Äste auf dem Hinterrad gut befestigt waren, ließ er den Jungen Mann seitwärts gleich hinter dem Lenker Platz nehmen und radelte los. – Oben angekommen, rief er:

---

[*] Friede sei mit dir. — Und mit dir Friede.

«Allah, Allah!», und der Schweiß floss ihm nur so übers Gesicht. – Der beschämte Junge Mann wollte absteigen, doch der Pakistani schüttelte den Kopf. – «Nein, nein! Sie Freund! Ich bringe Sie.» – Noch bevor ihm der Junge Mann, vor dem Haus des Generals angekommen, danken konnte, lächelte der Pakistani und fuhr in die Richtung davon, aus der sie gekommen waren.

Die reiche Familie

Die afghanischen Flüchtlinge auf der anderen Seite des Hotelflurs waren zuvorkommend bis zur Unterwürfigkeit. Sie liehen ihm ihre Seife, beeilten sich, Wasser zu holen, wenn er durstig war, und wuschen ihm sogar sein Hemd. Sie bereiteten ihm ausgefeilte afghanische Mahlzeiten zu. – Jeden Tag ging der «Onkel» auf die Konsulate oder zur politischen Vertretung der Mudschaheddin. Der Junge blieb den ganzen Tag im Haus. (Der Junge Mann betrachtete ihn als Jungen, obwohl er Frau und Kind hatte.) Der Junge Mann überließ dem Bruder des Jungen das zweite Bett in seinem Zimmer, damit dieser nicht länger mit dem Baby auf dem Fußboden schlafen musste. – An einem heißen Abend luden ihn der Junge und sein Bruder zu einem Spaziergang ein. Sie schlenderten durch Saddar, drehten um, gingen ein Eis essen … All die Männer in seinem Alter kamen ihm wie Jungen vor, weil sie 1) keinen Alkohol tranken, 2) nicht viel Geld hatten, 3) ihn mit Respekt behandelten.

«Warum sind Sie nach Pakistan gekommen?», fragte er den Jungen.

Der Junge sah ihn aus nervösen braunen Augen an. «Ich komme aus Kabul. Ich war Student der Landwirtschaft, und alle meine Familie wurde verhört. Sie verhörten meinen Vater und nahmen ihn ins Gefängnis mit. In Afghanistan ist *alles* im Gefängnis.»

«Er ist nicht mein Neffe», erklärte der «Onkel», der ausgezeichnet Englisch sprach. «Ich lasse mich von ihm Onkel nennen, damit er mir Respekt erweist. Sein Vater, seine Mutter und alle seine Brüder, bis auf den da, sind von den Russen verhaftet und einer nach dem anderen umgebracht worden. Ich bin alles, was er jetzt noch hat.»

Der Junge Mann kaufte dem Jungen ein Bund Bananen und einen Krimi, mit dem er sein Englisch aufbessern sollte. – «Warum gehen Sie nie raus?», fragte er ihn. Aber der Junge gab ihm darauf keine Antwort.

Der «Onkel» hatte drei wunderschöne Töchter, die sehr schüchtern waren, aber als der Junge Mann erklärte, er sei als Helfer gekommen, ließen sie sich von ihm fotografieren. Sie standen auf dem Flachdach des Hotels und lächelten traurig. Eine von ihnen beschirmte ihre Augen mit der Hand. Am Abend brachten sie ihm Paschtu bei (irgendwie blöd, dachte er, dass das Wort für «Schwester» fast genauso klang wie das Wort für «Hure», nur mit einem Räuspern vorneweg, aber bei den Pathanen schien die Bewegung der Rachenmandeln ebenso unverzichtbar zu sein – und dabei wanden sich die Würmer in seinem Gedärm – wie Darmkontraktionen). – Die Mädchen probierten dafür an ihm ihr Englisch aus. Nachdem er sich mit allergrößter Mühe an «Ich bin euer … Freund» versucht hatte oder «Es ist sehr heiß heute», belohnten sie ihn mit einem Lächeln und einem englischen Satz, den sie auswendig gelernt hatten. «Breschnew – ist – *Hund*!» Dann gickerten sie los. Einmal sagte er, nachdem er jedes einzelne Wort in seinem Englisch-Paschtu-Wörterbuch nachgeschlagen hatte: «Ich … mag … das … afghanische … Volk. Ich … hoffe … ich kann … Ihnen helfen.» – Sie lächelten und gickerten. – «*Dera miraboni.»* Sie bereiteten ihm eine Mahlzeit zu. Sie standen neben ihm und trugen ihm auf, während er aß. Er musste sich setzen. Sie kochten ihm ein Curry mit Fleisch und Gemüse, dazu Pflaumen zum Nachtisch. Später sah er, wie sie altes Brot aßen.

«Es gibt zwei Arten von Flüchtling», erläuterte ihm der Hotelbesitzer bei einer Tasse grünem Tee. «Reiche Flüchtling und arme Flüchtling. Der reiche Flüchtling wohnt in Peschawar im Hotel. Der arme lebt im Lager. Afghanische Flüchtlinge nicht gut. Sie nutzen alles ab, machen alles kaputt. Zu viele von ihnen.»

Die Familie zählte neun Köpfe, die alte Frau des Onkels mitgezählt. Sie hausten in zwei Zimmern. In jedem Zimmer gab es einen Tisch und zwei Einzelbetten. Sie waren seit zwei Monaten dort. Sie wollten in die Vereinigten Staaten oder nach Westdeutschland gehen, hatten bisher aber noch keine Fürsprecher gefunden. Wenn sie nach einem weiteren Monat kein Glück hätten, meinte der Onkel, würden sie nach Indien gehen. Sie waren reiche Flüchtlinge.

Seine wahre Macht

«Es ist völlig logisch, dass man nett zu Ihnen ist», erklärte ihm ein Iraner. «Sie suchen Ihre Hilfe. Schließlich sind Sie Amerikaner; Sie können alles für sie tun.»**

---

* Vielen herzlichen Dank.
** «Bitte schicken Sie mir Material über Entstörgeräte und elektronische Abwehrtechniken-…», schrieb ihm der General 1984. Aber der arme junge Mann konnte beim besten Willen kaum etwas zu diesem Thema finden. Er verfügte nicht über die richtigen Verbindungen.

Allerdings

«Und was passiert, wenn sie in ein Lager müssen?», fragte der Junge Mann.
«Ihr habt keine Ahnung, was Lager bedeutet», sagte der Iraner. «Im Lager leben sie wie die Tiere. Sie haben nicht genug zu essen; sie haben nicht genug Wasser; es ist zu heiß; da gibt es nur Krankheit.»

Die Problemlösung

Der Junge Mann ging zum amerikanischen Konsulat und fragte, ob er etwas für die Familie tun könne.
«Sie braucht einen amerikanischen Fürsprecher», antwortete die Frau.
«Was muss ich tun, um Fürsprecher zu werden?»
«Können Sie für ihre finanzielle Sicherheit garantieren?», fragte die Frau.
«Nein, kann ich nicht.»
«Vergessen Sie's», sagte die Frau. «Es gibt so viele solcher Fälle. Ich erlebe sie jeden Tag. Vergessen Sie es einfach.»

Falscher Eindruck

Jeden Tag spazierte der Junge Mann durch Saddar und führte Gespräche mit den dienstfreien Mudschaheddin-Kommandanten, die auf ihren Hotelzimmern ihre Gewehre putzten, unterhielt sich mit einer Vielzahl Afghanen und Pakistanis, trank Cola und Sprite und ließ sich per Riksha zu den Büros der verschiedenen politischen Gruppierungen chauffieren. Peschawar erschien ihm ein fragwürdiger Ort. Alle wollten entweder fort oder warteten auf etwas. Er war so gut wie der einzige Westler. Eines Tages begegnete er einem blonden blauäugigen Mann, der Seife kaufte. Der Mann unterhielt sich mit ihm. Er meinte, er sei Schweizer und warte auf Nachricht von jemandem, mit dem er hier verabredet sei. Er stellte dem Jungen Mann ganz freundlich Fragen. Der Junge Mann sah ihn ein paar Tage später im American Center wieder. Diesmal kam er aus Rhodesien. – An jenem Abend erzählte er dem Onkel davon. – «Seien Sie vorsichtig», sagte der Onkel. «Ich habe ihn gesehen. Er ist ein schlechter Mensch.»

Bei der dritten Begegnung sagte der Mann: «Sie wollen über die Grenze, stimmt's?»

Der Junge Mann traute weder dem Schweizer/Rhodesier noch dem Onkel so recht. Also antwortete er nur: «Nun, das wäre doch ziemlich gefährlich, oder?»

«Na kommen Sie schon», sagte der Mann. «Warum sonst halten sie sich denn in diesem jämmerlichen Kaff auf?»

«Ich bin nur ein Tourist.»

Im Hotel gab es einen Typen aus Chitral, der sich sehr für den Jungen Mann interessierte. Sein Bruder sei der Polizeichef von Peschawar, behauptete er, und bald werde die Polizei den Jungen Mann als Spion verhaften.

«Und was passiert dann mit mir?», fragte der Junge Mann leicht besorgt.

«Man wird Sie schlagen», erwiderte Jussuf Ali lachend.

«Und weiter?»

«Man wird Sie zwingen, mit ihnen zu schlafen.* Und man

---

* Jussuf Ali war davon überzeugt, alle jungen Männer in Amerika würden sich gegenseitig anfassen. «Haben Sie je einen anderen angefasst?», fragte er. «Nein? Das ist gut. Sie sind ein braver Junge.»

wird Sie wieder schlagen. Und dann wandern Sie ins Gefängnis.»

«Oh», sagte der Junge Mann unverbindlich.

«Man wird Sie schlagen, Sie CIA!» Jussuf Ali kicherte und schlug dem Jungen Mann auf die Schulter. «Verstehen Sie? *Schlagen* und *schlagen*. Sie Spion!»

«Ich verstehe», sagte der Junge Mann. Er beschloss, das Hotel zu wechseln.

«Sie sind sehr dumm, mein Freund», sagte Jussuf Ali. «Ich mache nur einen Witz.»

«Aber Ihr Bruder ist doch der Polizeichef?»

«Ja.»

«Und Sie halten mich wirklich für einen Spion?»

«Sie sind CIA, ja. Aber ich habe meinem Bruder nichts gesagt von Ihnen, mein Freund. Aber wenn man Sie findet, dann wird man sie *schlagen*. Sie CIA!»

Die Ziele und Pläne des Jungen Mannes schienen durch fremdartige Kanäle zu wandern, ähnlich jenen schmalen, von hohen weißen Mauern umschlossenen Straßen in Peschawar, auf denen Männer in baumwollweißer Kleidung an weiß verschleierten Frauen vorbeiwandelten. Der Junge Mann ging in jener Nacht aus, um sich eine Fruchtlimonade zu kaufen (weshalb er später Blut urinierte). Auf dem Rückweg wurde er von einer Gruppe Pakistanis umringt. Sie hatten ihn schon seit Tagen beobachtet. Sie fragten ihn, wohin er gehe, was er tue, woher er stamme. Und warum er nicht in einer Jugendherberge wohne? Man hätte ihm dort «einen besseren Empfang» bereiten können. – Der Junge Mann erwiderte, er sei zufrieden mit seinem Empfang hier. – Warum er nicht nach Indien ginge? – Nicht genug Geld, sagte er, und außerdem wolle er eben Pakistan besuchen. – Bat er vielleicht seine Regierung um Rückkehrhilfe? – Nein. – Warum nicht? (Und außerdem sei die Jugendherberge doch billiger.) – «Bin ich hier nicht erwünscht?», fragte der Junge Mann. – Nein, nein, das sei es nicht. Aber es könnte so nah an der Grenze gefährlich für ihn werden. – Dann wandte sich die Unterhaltung einem anderen, bereits vertrauten Thema zu: Ob sie Visa für die USA bekommen könnten? – Der Junge Mann sagte, das sei sehr schwer, habe man ihm auf dem Konsulat mitgeteilt. – Nun, könnte *er* ihnen denn Visa besorgen? – Nein, entgegnete er. – Aber er sei doch mit dem Empfang hier zufrieden, hätte er doch gesagt? – Ja, vielen Dank; alle seien sehr nett. – Nun, wäre es dann nicht sehr selbstsüchtig, ihnen nicht zu helfen? Sie kehrten ihm den Rücken zu. – Als er die Geduld verlor, meinten sie, sie hätten sich doch nur einen Spaß erlaubt. – «Freund! Feund!», schrien sie.

… Jussuf Ali legte dem Jungen Mann eine Hand auf den Nacken und fragte ihn, wann er denn über die Grenze gehen würde. Der Junge Mann schrieb in sein Tagebuch: «Was ist denn an mir so Besonderes? Wenn er mir Angst machen oder mich begrapschen will, dann komme ich damit klar, aber der Gedanke, ich könnte verhaftet und meine Sachen beschlagnahmt werden, gefällt mir nicht.» – Er entschied, Jussuf Ali mehr Freundlichkeit entgegenzubringen, um auf diese Weise herauszufinden, was los war. Also fragte er ihn, ob er am folgenden Tag mit ihm spazieren gehen wolle. Jussuf Ali rieb sich die Hände und stimmte zu. Doch als der Junge Mann am nächsten Morgen an Alis Tür klopfte, kam keine Antwort. Der Besitzer meinte, Jussuf Ali sei um vier Uhr früh abgereist. – Der Junge Mann beschloss, das Hotel zu wechseln. Dazu kam es aber nie. Und die Polizei tauchte auch nie auf. Jeden Tag sah er dieselben Leute auf der Straße. Der Schweizer/Rhodesier war verschwunden.

(«Und wie kommen Sie darauf, ich könnte CIA sein?», hatte er Jussuf Ali einmal gefragt. «Meine Tonbänder, meine

Filme?» – «Nein, nein», erwiderte Ali. «Mein lieber Freund,
es steht in Ihre Hand geschrieben; ich kann aus den Händen
lesen, verstehen Sie?»)

Echte Eindrücke

An den Nachmittagen sah er die jungen Soldaten die Straße
hinauf- und hinuntermarschieren. – «Es ist nur eine Frage
der Zeit, bevor die *Rus* kommen hier nach Pakistan», meinte ein Mann zu ihm. «Dann müssen wir bereit sein mit unserem Dschihad. Jetzt schon sind sie in Peschawar, der KGB,
und es gibt Schießereien. Ihre Flugzeuge fliegen jeden Tag
über Peschawar.»

In dem wir uns Afghanistan asymptotisch nähern

Der Junge Mann unternahm einen Ausflug zum Khyber-
pass, damit er später behaupten konnte, er sei dort gewesen.
An der Grenze, so sagte man ihm, könne er der sowjetischen
Wache zuwinken, und die würde zurückwinken. Er könne
ja ein Foto machen. Leider kam er gar nicht erst bis zur
Grenze. Der Bus fuhr ihn durch die Wüste und die zerklüfteten roten Berge hinauf. Staub blies durch die offenen Fenster und fegte durch den Bus. An einem Checkpoint kamen
Jungen und verkauften durch die offenen Busfenster Wasser.
Das Wasser befand sich in alten Motorölkanistern; nach
dem Trinken gab man den Kanister zurück. Sein Sitznach-
bar spendierte dem Jungen Mann Wasser; es schmeckte
köstlich. Dann fuhren sie weiter in die Berge. Sie kamen an
drei Frauen in schwarzen Tschadors vorbei, die unter einem
Baum hockten wie Krähen. Als der Bus in Stammesgebiet

kam, fingen einige der Männer an, Haschisch zu kauen. Der Nachbar des Jungen Mannes gab ihm ein Stück ab und zeigte ihm, wie man es machte. In Landi Kotal, einem üblen kleinen Kaff mit uralten, niedrigen Häusern, musste er umsteigen. Er befand sich fünf Kilometer von Torkham, der Grenzstadt, entfernt. Bei dem Bus zur Grenze handelte es sich in Wirklichkeit um einen alten Kombi. Alle anderen Passagiere waren Angehörige von Nomadenstämmen: alte Männer mit schneeweißen Bärten, Kinder, die Hühner transportierten, rot gewandete, unverschleierte Frauen mit langen Zöpfen und silbernen Ohrringen. Sie konnten sein Paschtu kaum verstehen. – «Kabul?», fragten sie. – Der Junge Mann schüttelte den Kopf. – «Torkham. Sie alle, Kabul?» – «Kabul, ja.» – Ein Junge wollte ihm Opium verkaufen, aber sein Vater gab ihm eine Ohrfeige. – Auf halbem Weg nach Torkham gab es eine Zollkontrolle. Die Beamten piksten mit Stöcken in die Getreidesäcke und sahen sich um. Als sie den Jungen Mann sahen, erstarrten sie und riefen etwas. Dann zogen sie ihn aus dem Bus. – Der Junge Mann, der den Eindruck hatte, sich blind zu stellen sei wie üblich seine beste Verteidigung, verabschiedete sich von den anderen Passagieren mit einem Winken und einem Lächeln, doch die sahen ihn nur schweigend an. Der Bus fuhr weiter nach Kabul. – Im Schützengraben besahen sie sich ausgiebig seinen Pass. Er benahm sich wie ein Amerikaner, fragte sie, ob er sie fotografieren dürfe, und tat die ganze Zeit sehr freundlich, aber verwirrt, bis sie ihn schließlich wieder gehen ließen. Sie setzten ihn auf die Ladefläche eines Lasters und brachten ihn zurück nach Landi Kotal. In der Nähe des Busbahnhofs ließen sie ihn absteigen und fuhren ohne ein Wort davon. An der Schmalseite des Berges gab es viele Schützengräben. Immer wieder wurden die Wachen abgelenkt, während sie zu entscheiden versuchten, was mit dem Jungen Mann geschehen sollte, und sie starrten in den tiefblauen Himmel Richtung Afghanistan. Aus weiter Entfernung drang das Geräusch eines Flugzeugs heran.

Der Mann, der unbedingt in die Lager wollte

Nach einem weiteren ergebnislosen Interview mit Dr. Nadschib im Büro der Jamiat-i-Islami fuhr er in einer Rikscha zurück nach Saddar. Der Auslands-«Rhodesier» hatte ihm von den Annehmlichkeiten des American Center vorgeschwärmt, mit Klimaanlage und farbigem Porträt von Präsident Reagan, so dass der Junge Mann beschloss, dem Center einen Besuch abzustatten. Er wollte sich für eine Stunde zurückziehen. – Es gab dort die *Time*, die *Newsweek*, ja sogar die *Partisan Review*. Er besorgte sich alle drei. Dann setzte er sich allein an einen sauberen runden Tisch, und seine Freude wurde nur durch die Erkenntnis getrübt, dass er irgendwann wieder hinaus und an den Männern in ihren weiten weißen Baumwollhemden und Hosen vorbei musste, die im Schneidersitz in kleinen weiß getünchten Läden hockten, lächelten oder ihn anstarrten; die Nähmaschinen, mit denen sie ihren Lebensunterhalt verdienten, würden für eine Weile verstummen; alle schienen sie dunkle Gesichter zu haben, dunkle Haare, dunkle Augen, Schnurrbärte und weiße Zähne; sie waren sommerweiß wie Kreidestaub oder der Straßenstaub unter den Bäumen von Peshawars ehemals britischer Garnison, und ihre Hände waren untätig; nach weiteren Ritualen gegenseitiger Ehrerbietung käme er zurück in sein Hotel; er würde auf sein Zimmer gehen, wo die verdreckten Wände so heiß waren wie eine Ofentür, selbst mitten in der Nacht, und wo die Ameisen langsam über sein Bett spazierten und eine Grille ihm zirpend den Weg vom Bad zurück wies, wie sie es schon seit Tagen getan hatte; der Ventilator, der wie das Licht immer wieder für eine Weile ausging (Strom gab es in Peschawar nur sporadisch), würde kochend heiße Luft verwirbeln – aber hier im American Center hätten die Dinge nicht besser sein können. – Als Erstes las er die *Time*. Israel hatte irgendwas im Libanon angestellt. Ein Afghane starrte ihn vom Nachbartisch aus an. Der Junge Mann kümmerte sich nicht weiter um ihn. Dann schaute er sich die *Newsweek* an. Sie schien die Angaben der *Time* zu bestätigen.

Dann fiel der Strom aus. Erst war es einfach nur dunkel; nach fünf Minuten war es heiß und dunkel. Die meisten Leute gingen; die Angestellten brachten für die anderen trüb flackernde Laternen. Der Junge Mann blieb in der Hoffnung, dass es bald wieder Strom gab; Lesen war in der Zwischenzeit unmöglich. Er schaute auf, der Afghane lächelte ihn an, er lächelte zurück, und der Afghane setzte sich zu ihm und lachte über die Laternen. – «Wie zu Zeiten meines Vaters», sagte er.

Er war der Bruder eines Diplomaten (der Diplomat war mittlerweile natürlich Ex-Diplomat). Er hasste Pakistan. «Afghanistan hat einmal Pakistan und Indien beherrscht!», rief er wild um sich blickend. «Eine Nation, die bloß aufs Geld scharf ist, sie haben eine Sklavenmentalität! Keiner hilft uns!» – Er ging mit dem Jungen Mann in eine Eisdiele und kaufte ihm eine Sprite, die der Junge Mann hastig hinunterstürzte. – «Letzten Monat kostete sie noch zwei Rupien fünfzig Paisa», sagte der Afghane. «Jetzt sind es drei fünfzig. Sie machen einem das Leben schwer.»

Nachts schlucke er Beruhigungsmittel, erzählte er. Er war dreißig, und seine Haare wurden grau. Er würde sofort in ein befreites Afghanistan zurückkehren. «Aber Amerika liebe ich auch «, sagte er besänftigend, «Amerika ist ein sehr gutes Land.» Man hatte ihm erzählt, dass er dort sofort eine Freundin, eine Wohnung, einen Cadillac erwerben könne. Er bat den Jungen Mann, im Konsulat anzurufen und dafür zu sorgen, dass er morgen abreisen könne.

Er mochte nicht glauben, dass der Junge Mann dieses nicht arrangieren konnte. «Was ist denn dann Freiheit, was ist Demokratie?», fragte er.

Die pakistanischen Mädchen dürften sich nicht mit ihm verabreden, sagte er, weil er Afghane sei. Er sei sehr einsam. Er fragte den Jungen Mann, ob er eine Freundin habe. Der Junge Mann sagte ihm, dass er bald heiraten wolle. – «Sehr gut», sagte der Afghane mit seiner tiefen Stimme. «Sie sind eine Supermacht; Sie können alles. Ich dagegen bin nichts.»

Dem Jungen Mann fiel darauf keine Antwort ein.

Der Afghane flehte, ihm ein Visum zu besorgen.

«Was wird geschehen, wenn Sie keines bekommen?», fragte der Junge Mann und reichte so das Problem wie eine zerbrechliche Fracht an den Mann zurück.

«Wenn ich nicht, dann …» Die Stimme des Mannes versiegte unsicher. «Mein Geld wird in ein paar Monaten aufgebraucht sein …»

«Und was machen Sie dann?»

Er lachte. «Ich – ich weiß nicht.»

Dann räusperte er sich. «Ich bemühe mich auch sehr, eine Arbeit zu finden. Aber ich finde keine.»

«Glauben Sie», setzte der Junge Mann nach, «dass Sie in ein Lager gehen müssen, wenn Ihr Geld aufgebraucht ist?»

«Ja, ja. Ja, das muss ich dann wohl.»

«Und was geschieht dann?»

«Ich weiß nicht. Aber die Vereinigten Staaten sind ein sehr gutes Land für mich. Es ist ein sehr großes Land. Wenn ich jemanden finde, der mir ein Visum besorgt, kann ich dort hinfahren.»

«Vielen Dank», sagte der Junge Mann und schaltete seinen Kassettenrekorder aus.

Hilflosigkeit [1]

Er unternahm nichts für den Afghanen.

Es ist so viel angenehmer, für die Citizen's Action League zu arbeiten, wie ich dies später tat, als sich daranzumachen, Afghanistan helfen zu wollen, denn alles, was ich in ersterem Fall zu tun hatte, war, dafür zu sorgen, dass man an einer gefährlichen Straßenkreuzung endlich eine Ampel aufstellte (wozu es nie kam) oder zehn Seiten Unterschriftenlisten am Tag zu füllen; was sich der Junge Mann hingegen vorgenommen hatte, war nicht besonders dazu angetan, in einzelne Arbeitsschritte unterteilt zu werden, die man dann abhaken konnte (und es lässt sich durchaus als amerikanisches Bedürfnis bezeichnen, Dinge abzuhaken).* Ich nehme an, dass er diesen Drang hätte befriedigen können, wenn er ein anspruchsloses Mitglied einer nützlichen Organisation gewesen wäre, die ihn dann vielleicht damit beauftragt hätte, soundso viele Lager zu inspizieren und soundso viele Maga-

---

* Wahrscheinlich ist dies der Grund, warum Ärzte häufig jenen Menschen gefühllos erscheinen, die nicht deren Arbeit tun. Umspült von einer Flut aus Leid und Tod, müssen sie die Tatsache akzeptieren, dass sie kaum etwas ausrichten können. Gute Ärzte arbeiten dann natürlich umso härter.

zine Munition pro vorgegebener Zeiteinheit zusammenzu-
kratzen. Das einzige Problem dabei, sich einer Organisation
zu verpflichten, besteht darin, dass man an etwas glauben
muss, ohne etwas zu wissen, denn solange man herum-
schnüffelt und herauszufinden versucht, welche Gruppe,
welche Seite die richtige ist (vor seiner Reise nach Afghanistan war er, wie ich schon berichtete, durchaus bereit gewesen zu glauben, die Sowjetunion würde in Afghanistan
tatsächlich etwas Fortschrittliches tun), bleiben alle Organisationen so verschlossen wie eine Muschel. Und warum
auch nicht? Sie sind genauso verwundbar wie man selbst. –
Das International Rescue Committee wollte den Jungen
Mann nicht einstellen und auch nicht als Freiwilligen beschäftigen, weil es nicht seine Absicht war, die Hilfe um ihrer
selbst willen zu leisten, sondern um «den Afghanen zu helfen» (aber da er bisher weder die Afghanen noch irgendwelche Hilfsarbeit kennen gelernt hatte, konnte er nicht wissen,
inwiefern sich beides deckte. Falls Sie mich jetzt für kleinlich
halten, sollten Sie mal ausführlich darüber nachdenken).
Verständlicherweise war das IRC über seine Haltung nicht
erfreut – die sie wohl seinem Lebenslauf entnahmen, denn
sie sagten das Einstellungsgespräch gleich ab –, andererseits
gab es keinerlei offene Stellen, selbst für unbezahlte Arbeit
nicht: In Pakistan galten strikte Bestimmungen für die Beschäftigung von Ausländern. Der Junge Mann konnte die
Lager nur deshalb aufsuchen, weil Aid For Afghan Refugees
(AFAR), eine phantastische Spendenorganisation in San
Francisco, ein gutes Wort für ihn einlegte und behauptete,
der Junge Mann gehöre zu ihnen. Das war sehr großzügig,
da dies nicht ganz der Wahrheit entsprach, denn der Junge
Mann war zwar auf mehreren Treffen der AFAR erschienen,
aber weder er noch AFAR hatten jemals eine Mitgliedschaft
in Betracht gezogen. Ich vermute, dass die AFAR sich genau

wie das IRC bei ihm nicht ganz sicher war. Organisationen wie die AFAR oder Joan Baez' Humanitas International oder Dr. Joseph Pace's Direct Relief in San José konnten Gewalt oder andere politische Aktionsformen nicht offiziell gutheißen; der Junge Mann aber überlegte, ob er nicht mit den Mudschaheddin nach Afghanistan gehen sollte, von denen sich die AFAR abgrenzen musste. Die Mitglieder der AFAR – zumeist Peace-Corps-Freiwillige, die in Afghanistan gedient hatten – konnten die Verbundenheit des Jungen Mannes mit ihrer Sache nicht wirklich beurteilen. Sie waren auch nicht sonderlich interessiert daran. Der Junge Mann war unreif, hatte ein Kindergesicht, musste sich erst noch beweisen. Er tat dem Präsidenten von AFAR leid, und deshalb rief dieser beim IRC an. Das gab den Ausschlag. Am Ende also verpflichtete sich die AFAR *ihm* gegenüber aus einer Art Glaube ohne Wissen. – Zumindest tat dies der Präsident der AFAR. Niemand half dem Jungen Mann aus irgendeinem Grund, der damit zu tun haben könnte, was er dachte und hoffte zu sein: Er war größenwahnsinnig. Selbst die Afghanistan National Liberation Front nahm ihn nur deshalb als Gast mit in die Kriegszone, weil sie den General respektierte und dieser sie darum gebeten (und dafür bezahlt) hatte. Nur die verzweifelten Afghanen, denen er auf den Straßen begegnete, hegten irgendwelche Illusionen, der Junge Mann könne tatsächlich etwas bewegen. Was hätte er denn auch tun können? – Ein Buch schreiben, vielleicht, eine Dia-Schau organisieren, eine Radiosendung, einen Verkauf seiner Fotos auf der Straße, Briefkampagnen an Bibliotheken und Kirchen, Spendensammlungen? – Später probierte er jede dieser Möglichkeiten aus.[*]

---

[*] «Professor E— B—, Preisrichter für die Verleihung des diesjährigen B— Preises für Politikwissenschaften, bat mich, Ihnen seine Bewunderung für Ihre Arbeit auszusprechen», schrieb sein Assistent. «Zwar handelt es

Egal: Bewegt man sich inmitten einer der größten Flücht-
lingsgruppen der Welt und alle flehen einen mit Tränen in
den Augen um Hilfe an, was kann man in so einem Fall tun?
Den Ersten triffst du in Peschawar (und wenn ich es recht
bedenke, warum sollte man nicht mit den pakistanischen
Bettlern in Karatschi oder den Huren in San Francisco beginnen? – Der General meinte stets, Wohltäter müssten erst
ihr eigenes Haus in Ordnung bringen), dann begegnest du
einer ganzen Familie, und dann mehreren tausend Familien
in einem Lager (Gott sei Dank hatte er nicht das Geld, die
Nordprovinzen zu bereisen, wo es angeblich noch schlimmer aussah und wo längs der schlammigen Bergstraßen, so
weit das Auge reichte, die Obdachlosen hausten und ihre
letzte Habe zu Spottpreisen an Teppich- und Kuriositäten-
händler verscherbelten – er hatte nur davon gehört; ich bin
sicher, so schlimm wird es nicht gewesen sein); du gibst der
ersten Person, die dich berührt, etwas und vielleicht noch
der zweiten, wenn du noch mehr erübrigen kannst, und
dann ist deine Marge erfüllt (wann immer ich bei einem
Kirchenbasar von irgendeinem hungernden Kind in einem
afrikanischen Dorf höre, denke ich trübsinniger Mensch,
der ich bin, an die zehn anderen, die unter demselben Dach
leben); und du sagst zur dritten Person: «Tut mir Leid, ich
kann Ihnen nicht helfen», und er und seine drei Schwestern
verstehen nicht, warum du, der du so viel hast, ihnen nicht
helfen kannst, es sei denn, sie hätten dich irgendwie beleidigt oder dich nicht mit entsprechender Höflichkeit behandelt, oder vielleicht war die Tatsache, dass die Schwestern
ihre besten Gewänder angezogen haben, doch nicht so

sich hier nicht im wörtlichen Sinne um ‹Politikwissenschaft›, als Literatur
jedoch ist es ausgezeichnet.» – Ein literarischer Agent fand, dass sich einige
gute politische Einsichten darin finden ließen, das Buch als Literatur allerdings nichts tauge.

fruchtbar, weil die Gewänder zerschlissen sind, so dass sie deiner nicht würdig waren; aber wenn du ihnen nur sagst, was sie falsch gemacht haben, dann können sie sich bessern, damit ihre Seelen dieses Mal *aus reinstem Herzen* an deine Seele appellieren können, und dann wirst du ihnen, da du ja ein Gott bist, sicher zugestehen, was von deiner Seite letztlich doch nur eine *Geste* ist? – Und du wirst (wenn du anständig bist) innerlich ganz zerrissen sein vor Schuld und Schmerz, so dass du deine Marge vielleicht doch mal außer Acht lässt, und gibst ihnen, was sie brauchen, denn für dich bedeutet es so viel weniger als für sie,* und sie alle umarmen dich und ziehen glücklich von dannen, doch nun gibt es noch den Fall Nr. 4, den du nun wirklich abweisen musst, weil das Konsulat dir mitgeteilt hat, dass man nicht für unbegrenzt viele Flüchtlinge bürgen kann; und in seinen Augen ist derselbe erstaunte Ausdruck zu erkennen: *«Er lässt mich einfach fallen!»* – was nicht als Vorwurf gemeint ist und auch nicht an dich gerichtet sein kann, denn wie kann er dir Vorwürfe machen, ohne der ganzen Welt einen Vorwurf zu machen (und das kann er ja wohl unmöglich tun)? Die Afghanen gehörten noch zu den Glücklicheren, denn in ihrem Fall handelte es sich nur um eine Invasion, nicht um Völkermord, und wie du schon gelernt hast: Wenn man Menschen helfen will, muss man irgendwo eine Trennlinie ziehen. Natürlich wäre es wunderbar, ihnen zu helfen, die Linie mit Bedacht zu ziehen und sie nicht ausschließen zu müssen, da ihr Leid ja schließlich durch unseren gemeinsamen Gegner hervorgerufen wurde; deshalb erschien die Arbeit mit ihnen einem Amerikaner mit utilitaristischen Neigungen sinnvoller als die Hilfe für sowjetische Kriegswitwen: dabei wür-

---

* 1982 erzählte mir jemand, dass ein Dollar für einen Pakistani so viel wert ist wie zehn Dollar und für einen Afghanen wie hundert Dollar.

den einem doch auch andere Amerikaner sicherlich den Rücken stärken. – Fall Nr. 5 und 6 jedoch bestürmen dich mit gnadenloser Aggressivität; wenn du 5 etwas gibst, musst du 6 auch was geben, also zum Teufel mit ihnen (die Bevölkerung von Peschawar hatte sich seit dem Beginn der Flüchtlingswelle verdoppelt). Lassen wir Fall Nr. 50 zu Wort kommen: «Aber Amerika ist ein sehr gutes Land für mich; es ist ein sehr großes Land; wenn ich jemanden finde, der mir ein Visum besorgt ...» – Dieser Bursche hat eine gewisse interessante Ähnlichkeit mit Fall Nr. 2, unterscheidet sich aber von Fall Nr. 17 in den Punkten x, y und z; und nun hat der Junge Mann, der einen sicheren Sitzplatz auf dem Hohen Felsvorsprung der Verallgemeinerung ergattert hat, sich in mich verwandelt, der ich mich damit zufrieden gebe, hier in Oakland genügend Geld zu sammeln, um vielleicht den Mudschaheddin ein Maschinengewehr* zukommen zu lassen, es dann dabei bewenden zu lassen und mich dem nächsten Projekt zuzuwenden.

---

*

INTERARMSGram: 8. Mai 1984
Mr. William T. Vollmann, San Francisco, CA 94122

Sehr geehrter Mr. Vollmann.
Vielen Dank für Ihre Anfrage und die Bitte um Preisangaben zu Luftabwehrraketen und Granatwerfern. Leider müssen wir Ihnen mitteilen, dass wir Ihnen bezüglich oben genannter Waffen nicht dienen können, da wir Geräte dieser Art nicht im Angebot haben.

Hochachtungsvoll
Carl Ring
Vizepräsident

Kopie: smc

INTERARMS 10 PRINCE STREET ALEXANDRIA; VIRGINIA 22313

«Ein sehr gutes Land für mich» oder Glück [3]

Als die Verwandten meines Freundes H. in Kalifornien eintrafen, nahm man sie mehrere Tage in Gewahrsam und wies
sie dann einer Pflegefamilie zu. Die Eltern wurden von der
Familie wie Dienstpersonal behandelt. Die Kinder mussten
aus Hundenäpfen essen. Als die Eltern sich beschwerten,
wurde ihr fünfjähriger Sohn in ein Heim eingewiesen. Sie
durften ihn dort nicht besuchen. (Ich konnte das alles kaum
glauben, als H. mir davon berichtete – wie konnte so etwas
passieren? Waren sie illegal eingereist? Übertrieb H., um
mein Mitleid zu erregen? Aber wozu? Er hatte mehr Geld als
ich.) Sie sahen den Jungen sechs Monate lang nicht. H. nahm
sich einen Anwalt und reichte Klage ein. Schließlich bekamen sie das Sorgerecht zurück. Der Junge war sehr still geworden. Sie erfuhren nicht, was ihm in dem Heim zugestoßen war, da er nicht darüber redete. In der Zwischenzeit
warteten die Eltern auf den Bescheid, ob sie in den Vereinigten Staaten bleiben durften. Nach einer ganzen Weile bestellte sie der zuständige Beamte der Einwanderungsbehör-
de in sein Büro. Er legte ihnen Fußfesseln an. Dann ließ er
sie einen langen Flur entlang hinter sich herschlurfen. Er
teilte ihnen mit, er müsse sie in ein Flugzeug zurück nach
Afghanistan setzen. Nach ihrer Ankunft würden die Russen
sie hinrichten, sagte er. Nicht schwer, sich vorzustellen, was
sie fühlten, als sie auf das unsichtbare Flugzeug zugingen; sie
mussten den Flur entlanggehen, genau wie meine Freunde
und Bekannten in Afghanistan bei Nacht über die Berge an
einen bestimmten Ort mussten, an dem die Russen ihre
Pipeline unterbrochen hatten und wo sie standen und Benzin verkauften oder tauschten, soundso viel Benzin in einer
dreckigen Tasse gegen soundso viel Haschisch, wobei die

Russen zu dumm waren zu erkennen, dass sie ihren Feinden eines der Dinge verkauften, die diese brauchten, um weiter Russen zu töten, und dass Russen, die Haschisch rauchten, leichter zu töten waren! (Allerdings frage ich mich, warum die Afghanen sich überhaupt die Mühe machten zu bezahlen und nicht einfach im Mondschein ein Stück weiter gingen und sich neben ein Leck knieten, aus dem das Benzin herauströpfelte; oder warum steckten sie es nicht einfach in Brand? – Aber natürlich war es ihr eigener Treibstoff; warum sollten sie den Treibstoffvorrat des eigenen Landes in die Luft jagen?) – H.s Verwandte glaubten natürlich nicht, dass sie noch irgendetwas zu kaufen, zu verkaufen oder zu verhandeln hätten. – Dann lächelte der Beamte und löste die Fußfesseln wieder. Er hatte nur einen Witz gemacht. Sie durften bleiben. Als ich die Familie ein paar Tage später in einem Restaurant traf, lächelten sie und stocherten im Essen herum. Sie sprachen kaum ein Wort Englisch; sie hatten kein Geld. Ich gab ihnen zweihundert Dollar – mehr hatte ich nicht. Sie lächelten und sagten mir, wie glücklich sie seien, hier zu sein. Sie bestanden darauf, mich zum Essen einzuladen. Ich glaube, sie waren wirklich glücklich. Was ihnen *hier* zugestoßen war, hatte keine Bedeutung.

Der Wurm ringelt sich wieder

Nehmen wir einmal an, der Junge Mann hätte allen, die er traf, genau das geben können, worum er gebeten wurde, und dass er, der Amerikaner, tatsächlich der Dschinn aus der Sprite-Flasche war. Schließlich waren die Erwartungen (bei den meisten) bescheiden. Sie wollten nicht ALLES haben, was der Junge Mann hatte. Im Großen und Ganzen wollten sie Geld und Waffen. Gab er ihnen beides, würden sich die

Sowjets gezwungen fühlen, den pakistanischen Luftraum noch häufiger zu verletzen; ihre niedrig fliegenden Maschinen kämen Peschawar provozierend nahe und flögen dann zur Grenze zurück, wo sie wieder ein Flüchtlingslager bombardierten oder eine weitere Ladung wie Spielzeug wirkender Schmetterlingsminen abwürfen, die afghanische Kinder dann aufhoben; oder ein weiterer afghanischer Politiker in Peschawar würde ermordet und niemand könnte mit Gewissheit sagen, ob es sich bei dem Täter um einen KGB-Agenten oder einen anderen Afghanen handelte. Also würde der Junge Mann diesmal etwas kräftiger mit seinem Zauberstab wedeln und die Sowjets aus Afghanistan fortzaubern müssen, was schließlich ja auch geschah (auch wenn nur wenige Geschichtsbücher dem Jungen Mann dafür Anerkennung zollen dürften), doch bis dahin würde seine Hilfe nicht den leisesten Unterschied machen. Wenn er Präsident gewesen wäre, hätte das einen Unterschied gemacht? – Ja. – Und warum war er nicht Präsident? Es war einfach ungerecht. Als Präsident könnte er etwas Gutes tun, für das ihn die Menschen respektierten.[*] Aber so, welchen Nutzen hatte das?

Hilflosigkeit [2]

Zu jenem Zeitpunkt jedoch bemühte sich der Junge Mann immer noch, oder tat wenigstens so, und entwickelte deshalb einen Widerwillen davor, aus dem Haus zu gehen. Draußen gab es Menschen, die etwas von ihm wollten. Er

---

[*] «An Wm. Vollmann, PRÄSIDENT des Afghanistan Media Committee: Wir, die Revolutionäre Gemeinschaftspartei von Amerika, verurteilen Ihre rechtsgerichtete Propaganda. Wir werden Ihre todesverachtende Propaganda mit allen notwendigen Mitteln bekämpfen.»

hatte oft Albträume. Einmal träumte er, dass er gerade dabei war, auf einer Ranch, auf der er tatsächlich mal in Kalifornien gearbeitet hatte, ein Rind zu zerteilen, als plötzlich ein Afghane oder Iraner von hinten angeschlichen kam und ihn um ein Visum bat. Der Junge Mann meinte zu ihm, er sei gerade beschäftigt, weil solche Leute ein Nein einfach nicht hinnehmen konnten und man eine halbe Stunde lang mit ihnen streiten musste, was in diesem Moment nicht in Frage kam, da er damit beschäftigt war, seinen eigenen blödsinnigen kleinen Job zu erledigen. – «Ich glaube, Sie verstehen nicht», sagte die Schwester des Flüchtlings und blinzelte ihm sympathieheischend zu. «Er ist der Beste in seiner Klasse und für alles Mögliche empfohlen worden.» – Nun tauchte die ganze Familie auf und ließ sich zum Essen rund um den Rinderkadaver nieder, der doch der Ranch gehörte, nicht dem Jungen Mann; aber das Prinzip der Gastfreundschaft verbot es ihm, Einwände zu erheben. Also blieb er die schwächliche Person, die er war, schlich herum und stibitzte ihnen unauffällig kleine Stücke Fleisch von den Tellern, um so etwas für seine Organisation zu retten. Der Familie gefiel das überhaupt nicht. Sie aßen alles auf.

Parasitismus

Eines Abends führte den Jungen Mann sein Rückweg nach Saddar durch die Hospital Road. Aus der gaffenden Menschenmenge fiel ihm einer besonders auf. «*Asalamu alaykum*», sagte der Junge Mann ganz automatisch. «*Walaykum asalam*», erwiderte der Mann. «Wohin gehen Sie?» – «Ich gehe spazieren», entgegnete der Junge Mann. «Ich gehe gern spazieren.» – Der Pakistani kaufte ihm eine kalte Sprite. Es war ein sehr heißer Abend, und der Junge Mann war von seinem Durchfall ganz dehydriert; er leerte die Flasche in Sekundenschnelle. Der Pakistani kaufte ihm noch eine. – Er studierte Ingenieurtechnik an der Universität Peschawar. Er gehe auch gern spazieren, meinte er. – Sie kamen an der Festung Balahiasar vorbei (laut Reiseführer ursprünglich von Babur, dem ersten König der Mughal-Dynastie, errichtet worden) und gingen durch die breiten, von den Engländern angelegten Alleen. Die Bäume trugen große weiße Kalkstreifen.

«Wollen Sie das Peschawar-Museum sehen?», fragte der Mann. – «Sehr gern», entgegnete der Junge Mann. – Es war halb sieben. Das Museum hatte um fünf Uhr geschlossen, aber der Wohltäter des Jungen Mannes sprach lange mit dem grummelnden alten Hausmeister, bis schließlich die hölzernen Türen aufgerissen wurden und der Junge Mann in die Dunkelheit trat. Hinter ihm schaltete der Hausmeister das Licht ein, eins nach dem anderen, je nach Bedarf. Ein Raum war eigens für die wunderschönen Korane in Blau, Weiß und anderen Farben reserviert ... Es gab Frauengewänder, die von all dem Silber geklimpert hätten, wären ihre Besitzerinnen noch am Leben gewesen; da waren Wasserschläuche, Messer und Musketen; unnahbare schwarze Buddhas aus einer vergessenen Zeit. Der Pakistani fühlte sich heimisch ... Er kommentierte jedes Ausstellungsstück, das sie sich anschauten, bis der Junge Mann Respekt und Bewunderung in sich wachsen spürte, so wie sich ein herrlicher Schatten gegen Abend durch einen sonnendurchfluteten Raum schiebt. Dann besichtigten sie erneut den Raum mit den Koranen, die so vollkommen waren, dass ich sie selbst heute noch mit geschlossenen Augen vor mir sehe, ihren makellosen blauen und weißen Einband, und ich hoffe, sie eines Tages noch einmal betrachten zu können. Bei Sonnenuntergang gingen der Junge Mann und der Pakistani in die Altstadt, in der es nach Kebab, Hammel-*Tika* und Curry duftete. Ganze Straßenzüge zischten vor brutzelndem Fleisch. Bei Einbruch der Dämmerung legte sich Müdigkeit über die Stadt. Sie machten in den legendären Gärten von Schahi Bagh unter den Bäumen Rast, und der Pakistani kaufte ihm eine Sprite und eine 7-Up. Es duftete nach Blumen. Im schwindenden Licht sah er Männer, die sich auf dem Gras ausgestreckt hatten oder mit anderen beisammen saßen und sich unterhielten. – «Wer sind sie?», fragte er. – «Afghanische Flüchtlinge», antwortete der Mann. «Und wo schlafen sie, wenn es regnet?» – «In der Moschee», sagte der Mann. «Wenn genug Platz ist.»

Als es dunkel war, besorgte ihm der Mann eine Rikscha, bezahlte im voraus für die Fahrt nach Saddar und verschwand.

Eine Frage

Zeigte sich der Mann auch Flüchtlingen gegenüber so hilfsbereit? Wenn ja, bei wie vielen? Und wenn nicht, warum nicht?

Noch eine Frage

Hat die erste Frage überhaupt Sinn, oder ist sie nicht eher beleidigend für diesen schlicht freundlichen Mann? Dass ich heute, Jahre später, den Hang verspüre, die Reise des Jungen Mannes als eine Art gescheiterter Pilgerfahrt zu erinnern, erlaubt mir das, gültige Verallgemeinerungen darüber anzustellen, wie Menschen sein oder nicht sein sollten, oder war das mein eigentliches Problem? Wären diese Erinnerungen ein reiner «Reisebericht», an dem Sie, lieber Leser, herumknabbern könnten, würden sie Ihnen dann besser gefallen? Käme das einer ehrlichen Darstellung der *Schlichtheit* des Lebens nicht näher? Denn so, wie es jetzt ist, habe ich ausgegraben und umgearbeitet, was zuvor ein zufälliger, wenn auch pittoresker Pfad zu etwas hin gewesen ist, das den Freeways meiner Heimat ähnelt, all den Straßenschildern und Werbetafeln, die von fremdartigen geheimen Symbolen wimmeln. – Doch hoffe ich, so übersät der Weg auch sein mag, dass er irgendwohin führt …

Bericht des afghanischen Kellners

Die letzten Tage, bevor er sein Hotelzimmer gegen das beim General tauschte, verbrachte der Junge Mann mit einem iranischem Studenten von der Universität Peschawar und dessen jordanischem Freund. Sie waren geschundene Menschen. Der Iraner lebte faktisch im Exil, denn als er von den Hinrichtungen unter Khomeini hörte, war er zum iranischen Konsulat gegangen und hatte seinen Pass zerrissen. «Wenn ich jetzt zurückgehe, stecken sie mich ins Gefängnis, vielleicht erschießen sie mich sogar», sagte er. – Der Junge Mann fuhr mit dem Bus in die Siedlung Jabbar zur Wohnung des Iraners, und sie kauften eine Wassermelone, setzten sich alle drei aufs Bett und aßen sie. Der Iraner und der Jordanier waren außer sich über die Lebensumstände in den Lagern. – «Zwei, vielleicht drei Millionen afghanische Flüchtlinge leben hier!», brüllte der Jordanier. «Sie haben keine Schuhe, sie haben keine Kleidung, sie haben kein Essen, sie haben keine Bücher für die Schule, sie haben gar nichts! Jeden Tag werden sie mehr und mehr arm, und sie kriegen dort nur Krankheit.» – Der Junge Mann war da ein wenig skeptisch. Zum einen erinnerte er sich daran, dass sowohl die Weltgesundheitsorganisation (WHO) als auch die *Große Sowjetenzyklopädie* festhielten, dass 1965 (zu jener Zeit boten die Sowjets den Afghanen Waffen gegen die Pakistanis an) 30 Prozent der Bevölkerung an Tuberkulose litten, 90 Prozent Würmer hatten, Malaria weit verbreitet war, ebenso, mal sehen, ah ja, Typhus … Es gab 1564 Fälle von Cholera, 13 Prozent der Bewohner Kabuls litten an Trachoma (in den ländlichen Gebieten bis zu 75 Prozent); 30 000 Personen hatten Lepra; und die Säuglingssterblichkeit lag bei 50 Prozent – wie konnte man da die Lager für die Krankheiten verantwortlich machen? – Andererseits hatten sich die Bedingungen bei der Überfüllung der Lager sicher weiter verschlechtert. Um wie viel verschlechtert? Das hat er nie herausgefunden.* Sie machten ihn mit einem Flüchtling bekannt, der früher der Herausgeber einer bekannten Tageszeitung in Kabul gewesen war. Nun fuhr er Rikscha und verdingte sich als Lastenträger. Er war Mitte sechzig. – Der Junge Mann fragte ihn, warum er sich nicht als Lagerinsasse registrieren ließ, um das Flüchtlingsgeld zu kassieren. Der Mann starrte ihn an; der Iraner musste ihm erklären, dass dieser Junge Mann nur ein unwissender Ausländer war, der die Lager nicht kannte. «Im Lager leben sie wie die Tiere», sagte der Rikschafahrer auf Paschtu. «Sie haben kein Essen, kein Wasser.» – Der Junge Mann fragte Mark Ice, Kopf des Büros des International Rescue Committee in Peschawar, was er davon hielt. – «Das halte ich für übertrieben», sagte

---

* Zu jener Zeit hielt ich solche Unterschiede für sehr bedeutsam, denn wenn die Krankheiten in den Lagern nicht schlimmer waren als daheim, dann konnte ich die Sowjetunion nicht dafür verantwortlich machen, also zählten sie nicht. (Wenn es in diesem Buch allein um die Auswirkungen der Invasion auf Afghanistan ginge, dann wäre dies eine durchaus faire Betrachtungsweise. Zu meinem Seelenheil ist es das nicht.)

Ice. «Davon habe ich noch nie gehört. Allerdings stimmt es, dass die Aufsicht über die Lager auf sechzehn Wohltätigkeitsorganisationen verteilt ist – den Saudischen Roten Halbmond, das IRC und so weiter –; andere werden von den Pakistanis allein geführt und sind Ausländern nicht zugänglich. Die Bedingungen in den Lagern sind unterschiedlich.»

Der Junge Mann hatte noch immer kein Lager besucht. Jeden Tag fuhr er mit dem Bus nach Jabbar und unterhielt sich mit den beiden Studenten in ihrem kahlen Betonzimmer, das nur noch fleckenweise weiß war, der Ventilator surrte, sie gingen mit nacktem Oberkörper auf und ab, weil es so heiß war, und die Uhr tickte ganz laut. Eines Tages meinten die beiden, der alte Rikschafahrer würde dem Jungen Mann gern seinen Sohn vorstellen. Sie gingen in ein Restaurant, in dem die *pukkas* sinnlos gegen die Hitze anröhrten. Der Schweiß tropfte ihnen von der Stirn auf den Tisch. Sie bestellten jeder eine Sprite; zehn Minuten später hatte der Junge Mann zwei weitere geordert … Das Restaurant war sehr nobel: Zu jeder Limonade brachte der Kellner Salz und Zitrone.

Der Kellner war Mitte zwanzig. Er wirkte sehr reinlich und gewandt und wurde über das Klappern der Teetassen hinweg ständig beim Namen gerufen; alle Gäste schienen ihn zu kennen. – «*Abdul, tsalor Fanta!*»[*] Ja, es sah ganz so aus, als sei er sehr beliebt. Er wurde in die Küche gerufen und zu einem der vorderen Tische, dann zu einem der hinteren und wieder in die Küche. Er war sehr schwungvoll, wenn man ihn rief, eilte er herbei und lächelte stets. – Nach zwei Stunden legte sich der Trubel ein wenig, und er setzte sich zum Reden an den Tisch des Jungen Mannes.

---

[*]   Abdul, vier Fanta!

Die Banditen

«In Afghanistan besaß mein Vater etwas Geld», begann der Kellner ernst. «Bevor wir Afghanistan verließen, verkauften wir unsere Möbel und andere Sachen. Drei Tage sind wir ohne Pause marschiert. In unserer Wohnung leben jetzt russische Soldaten. Wir sind hierher gekommen, und jetzt arbeite ich hier. Ich erhalte achthundert Rupien im Monat.* Ich arbeite nur für die Miete, von sechs Uhr früh bis Mitternacht. Wir haben ein wenig Geld aus Afghanistan mitgebracht. Aber ich denke, das wird in zwei, drei Monaten alle sein. Und ich frage mich, was tun wir dann?» – Er lachte. – «Wir können nicht in den Lagern leben. Bei Gott, das geht nicht! Meine Mutter und meine Schwestern – wie sollen sie leben? Sie können nicht raus; alle schauen, wenn sie sich waschen … Mir ist das egal, aber für sie – die meisten Menschen von Afghanistan sind gläubig. Die armen Frauen, verstehen Sie; es ist nicht erwünscht, dass die Menschen oder die Fremden die Frauen anschauen. Deshalb können wir nicht ins Lager. In dem Zelt da gibt es kein Wasser; es gibt nichts, es ist sehr heiß, das ist sehr schwer. Es gibt keine Sicherheit.»

Man rief ihn in die Küche. Er lachte entschuldigend. Der Junge Mann schaltete den Kassettenrekorder aus und wartete. Er war nun beinahe allein in dem Restaurant. Die Studenten waren schon vor einer Weile gegangen, und an einem anderen Tisch saßen nur noch ein paar Männer, aßen Kebab und starrten ihn an. Sie schnippten mit den Fingern und riefen nach Abdul: *Noch eine Cola!* – Doch dann kehrte er

---

*   1982 lag der offizielle Umrechnungskurs bei elf Rupien pro Dollar. Der Schwarzmarktkurs lag acht bis zehn Rupien darüber.

mit einem strahlenden Lächeln zu dem Jungen Mann zurück.

«Wie gestaltet sich die Lage zur Zeit in Afghanistan?», fragte der Junge Mann. «Hat Karmal alles unter Kontrolle?» *

Abdul lachte. «Karmal ist ein Hund; ein russischer Hund, wissen Sie? Manchmal glaube ich, er will sich selbst umbringen. Wenn er schläft, muss immer ein russischer Soldat aufpassen. Sie haben keinen Schlips; vielleicht will er sich umbringen mit Schlips.» – Er lachte. – «In Afghanistan ist Russland alles, Afghanistan nichts.» (Wie oft sagten die Afghanen zu dem Jungen Mann: «Sie sind alles; ich bin nichts!») «Es gibt nur russischen Film und russischen Tanz im Fernsehen», sagte er. «In der Regierung mögen sie uns nicht. Aber die Soldaten haben keine Ahnung. Sie denken, sie kämpfen gegen Pakistan, denn als sie nach Afghanistan kamen, sagte der Offizier zu ihnen: ‹Es gibt Angriff von Russland und China.› Das waren russische Soldaten, aber sie haben keine Ahnung. Er sagt ihnen: ‹Da sind mehr als eine Million Chinesen in Afghanistan; sie sind gegen die Regierung. Sie sehen so aus: tragen Turban, tragen Bart, sie haben die Nase so.›» (Der Kellner griff sich an die eigene Nase.) «Der Offizier sagt ihnen: ‹Tötet sie! Tötet die Pakistanis, sie wollen Afghanistan angreifen.› Und sie haben jede Person, die schlecht ist, die religiös ist, getötet.»

Der Junge Mann beobachtete das rote Licht und das stete grüne Lämpchen am Kassettenrekorder.

«Also gehen sie ins Dorf», berichtete der Kellner. «Sie töten die Frauen. Ich sah eine Frau, der russische Soldat schießt, und sie stirbt … Ich war in dem Dorf mit meinem Großvater; ich war da, als die *Rus* angriffen. Mit Panzern griffen sie

---

* Babrak Karmal war die sowjetische Marionette in Kabul und wurde später durch Nadschibullah ersetzt.

unser Dorf an, und wir rannten weg in die Berge. Eine andere Frau machte Gegenangriff; sie kletterte auf Dach von Panzer, und endlich tötet ein Soldat sie mit Kalaschnikow, so» – er machte ein Maschinengewehr nach – «sie fällt herunter; sie war *jung*, und sie starb dabei. Sie war ein sehr mutiges Mädchen. Aber sie war nicht verheiratet. Sie starb. – Und da waren zwei alte Leute, wissen Sie, siebzig, sechzig Jahre alt; wir alle rannten weg zu den Bergen, und auch die Frauen, aber diese zwei, drei alten Leute denken, die Russen tun nichts mit ihnen; sie sind älter!» – Er lachte. – «Einer von ihnen transportiert etwas mit seinem Esel. Die russischen Soldaten kommen. Bevor sie ihn fragen: ‹Was machst du? Was transportierst du?› töten sie ihn, bei Gott, und den anderen auch.

Danach», fuhr der Kellner fort, «wir haben viel Probleme in dem Dorf, weil die Frauen nicht zwei, drei Stunden laufen können; sie sind sehr müde. Wir graben im Untergrund, und wir haben einen Soldaten in der ersten Straße, und wenn die Russen angreifen, läuft er zu uns und sagt uns Bescheid: ‹Die russischen Soldaten kommen!›; dann gehen all die Mädchen und Frauen unter Grund, und die Jungen schießen gegen die Russen, und die rennen weg; manchmal sterben viele russische Soldaten. Aber wir hatten nicht viele Gewehre oder andere Waffen.

Zu der Zeit war mein Vater in Kabul und auch mein Bruder und meine Schwestern, und ich beschloss, hierher zu kommen. Das Dorf war kaputt. Ich konnte nicht zurück in die Stadt: Die Polizeimänner waren da und stecken meinen Vater für zwei, drei Wochen ins Gefängnis wegen uns. Sie sagen zu ihm: ‹Wo sind deine Kinder; wo sind deine Söhne? Sie sind jung, sie müssen Soldat sein!›[*] Aber mein Vater sagte,

---

[*] Die Besatzungstruppen waren so trickreich, Afghanen zum Militärdienst

dass er nichts wissen kann, also ließen sie ihn frei; und ich kam hierher nach Pakistan, und mein Bruder und mein Vater und meine Mutter und meine Schwestern kamen auch; und das ist die Geschichte meines Lebens.»

Eine Zeit lang herrschte Schweigen, und der Kellner lehnte sich zurück und zerriss mit seinen Händen etwas Unsichtbares. «Einmal», sagte er, «redete ich mit russischen Soldaten, als sie gerade aus dem Flugzeug steigen. Sie sagten: ‹Wir sind hier zu helfen, aber ihr *bringt* uns *um*! Wir kämpfen gegen Chinesen und Pakistani.› – Ich sage: ‹Ihr seid nicht nach Afghanistan gekommen, um afghanischen Leuten zu helfen; ihr seid gekommen, um sie zu töten und Ärger zu machen. Geht zurück in euer Land. Kämpft nicht gegen Menschen.› – Sie fragen: ‹Bist du ein Bandit? Warum redest du anders wie dein Land?›»

«Abdul!», riefen die Männer vom anderen Tisch. «Fanta, Sprite, Sprite!»

«Ich habe einen Onkel, er war dreiundzwanzig Jahre», erzählte der Kellner. «Er hatte fertig studiert, aber nicht gearbeitet. Sie haben ihn erwischt, sie haben ihn zum Soldat gemacht. Nach zwei, drei Wochen war er tot; sie haben ihn umgebracht.» – Er lachte, stand auf und brachte den Männern am anderen Tisch eine Fanta und zwei Sprite in kühlen feuchten Flaschen. Die Ventilatoren lärmten.

heranzuziehen und gegen die Mudschaheddin kämpfen zu lassen. Die Wehrpflichtigen standen in vorderster Front; auf diese Weise töteten die Mudschaheddin häufig bloß andere Afghanen. Viele junge Männer wurden nach ihrem Schulabschluss oder noch früher zwangsrekrutiert.

Eine Frage

«Wenn ich mir vorstelle, daß Einer, der lacht, in Wirklichkeit Schmerzen hat, so stelle ich mir doch kein Schmerzbenehmen vor, denn ich sehe eben das Gegenteil. *Was* stelle ich mir also vor?»[*]

Hilflosigkeit [3]

Endlich kehrte der Kellner zurück und sah den Jungen Mann fragend an. So viele Menschen hatten den Jungen Mann mit flehendem Blick in den Augen angeschaut, so verzweifelt in ihrem Bemühen, gerettet zu werden, dass sie sich dazu zwangen, an ihn zu glauben; der Kellner jedoch erwartete nur eins: im Laufe der nächsten Monate mit seiner Familie ins Lager zu müssen. Sein fragender Blick sollte nur höflich signalisieren – »Was möchten Sie mich noch fragen?« –, aber dem Jungen Mann schien darin eine andere Frage verborgen, die ihn mit Angst und Traurigkeit erfüllte.

«Wie ist Ihr Leben hier?», fragte der Junge Mann mit instinktivem Bemühen, diese Seele zu besänftigen, der er noch kein Leid zugefügt hatte, die er aber nicht besänftigen konnte, die durch kein anstehendes Ereignis besänftigt werden konnte (denn sechs Jahre später, während ich dies niederschreibe, d. h. insgesamt neun Jahre nach dem Einmarsch, waren die Russen noch immer in Afghanistan, und im Jahr darauf herrschte nur noch Chaos).

«Flüchtling ist ein sehr schlechtes Leben», sagte der Kellner schulterzuckend.

---

[*] Wittgenstein, *Philosophische Untersuchungen*, I.393.

Glück [4]

«Wenn Sie eine Botschaft für die Amerikaner hätten, wie würde diese lauten?»

«Alle jungen Männer in den Lagern», sagte der Kellner, «kämpfen gegen die *Rus*. Egal ob Mudschahed oder Flüchtling; mein Vater und ich sind Flüchtling und Mudschahed ...[*] Wenn Amerikaner uns helfen, wollen wir Hilfe als Mudschaheds. Munition ist wichtiger; dann können wir mutig gegen die Russen kämpfen. Das Zweite ist Essen; Essen ist sehr wichtig, und Medizin.»

«Und keine besondere Hilfe für die Flüchtlinge?»

«Viele Flüchtlinge sind in Amerika, sie haben Fürsprecher und kennen reiche Leute», meinte der Kellner. «Auf der Botschaft in Islamabad fragten sie mich: ‹Haben Sie einen Fürsprecher?›, und ich sagte ihnen: ‹Nein.› – ‹Dann haben Sie keine Chance›, antworteten sie. Ich fragte sie: ‹Warum helfen Sie nur bestimmten Menschen?›»

Der Junge Mann hatte nicht den Eindruck, als habe der Kellner seine Frage beantwortet. Er saß da und wartete, bis der Kellner ihn ein zweites Mal direkt ansah und sagte: «Nichts wird uns Flüchtlingen helfen. Schickt einfach eine Atombombe, und wir sind für immer glücklich.» Er lachte.

---

[*] Einige Lagerinsassen machten allerdings schon einen Unterschied zwischen den Mudschaheddin (den heiligen Kriegern in einer vorrangig als religiösem Krieg verstandenen Auseinandersetzung) und Mudschahir (Menschen, die als Ergebnis religiöser Verfolgung zu Flüchtlingen wurden). Der religiöse Aspekt der Ereignisse kann für die afghanische Seite gar nicht stark genug betont werden. Was sie an den sowjetischen Invasoren besonders verachteten, war ihr Atheismus. Deswegen waren sie auch so verwirrt über die öffentliche Untätigkeit in den USA. Wir Amerikaner seien doch auch vom Volk des Buchs, oder nicht? Wäre es dann nicht unsere religiöse Pflicht, den Afghanen zu helfen? — Die Afghanen mussten erst noch viele Illusionen unseretwegen ablegen.

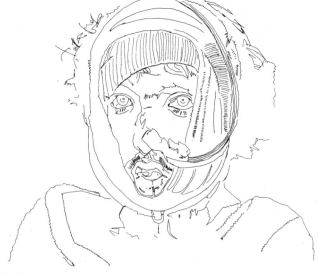

Schussverletzung

6. Die Glücklichen:
Flüchtlinge in Kalifornien (1983–87)

Eine Familie, darunter Frauen und Kinder, fand Zuflucht in einer Höhle, aber sowjetische Soldaten töteten sie mit Granaten, die sie in den Eingang zur Höhle schleuderten.

Afghanisches Informationszentrum,
Monatliche Verlautbarung, Nr. 11
(März 1982)

Die vielleicht wichtigste und am weitesten verbreitete Problemstellung hinsichtlich der Afghanen, die sich in den Vereinigten Staaten angesiedelt haben, besteht in dem psychologischen *Unwohlsein* oder der Depression, unter der viele leiden … Zwar sind sie dankbar dafür, dass sie in die Vereinigten Staaten kommen durften, aber noch immer fühlen sie sich wie Fremde in Amerika.

Allan K. Jones,
Amerikanisches Flüchtlingskomitee,
Afghanische Flüchtlinge: Fünf Jahre später
(Januar 1985)

Die Friseurin

«Also, Dauerwelle und Schnitt?», fragte Anjilla; Jenny nickte ernst mit übereinander geschlagenen Beinen. Während Anjilla ihre Kundenkarte holte, betrachtete sich Jenny im Spiegel und spielte an ihrem Haar herum. Sie hatte sich schon den Frisierumhang angelegt.

«Es ist ziemlich lang», sagte Jenny. «Wenn ich es abschneide, werde ich mir sowieso eine Dauerwelle machen lassen, also kann ich das genauso gut auch gleich tun.»

«Das Haar ist trocken», sagte Anjilla. «Ich würde gern eine Lotion auftragen, wenn Ihnen das recht ist.» Sie brachte Jenny nach hinten, um ihr die Haare zu waschen.

In der Friseur-Abteilung war es hell, sie war unterteilt in einen breiten Gang und eine Reihe von halb separaten Kabinen, die zum Fenster schauten. Anjillas Kabine befand sich in der Mitte des Raumes. Ihr Arbeitsplatz war makellos übersichtlich, sauber und ordentlich. Unter dem Spiegel standen Flaschen und Tuben. Die Ablage der Kommode war fleckenlos weiß. Das Licht, das sich darin spiegelte, blendete nicht.

Mit nassem Haar kehrte Jenny lächelnd zurück; sie hatte sich die Haare aus der Stirn gekämmt; Anjilla, eine gut aussehende braunhäutige Frau in einer blauen Seidenbluse, stand hinter ihr. Sie hatte dichtes schwarzes Haar, dichte schwarze Augenbrauen und große schwarze Augen. Jenny meinte, sie sehe wie eine Perserin aus. Anjilla drehte Lockenwickler in Jennys Haar und erzählte ganz beseelt von ihrem bevorstehenden Urlaub, den sie machen wollte, wenn nächsten Monat ihre Großmutter aus Indien zu Besuch käme. Jennys Kopf war mit Lockenwicklern zugepflastert und ähnelte dem Panzer eines Gürteltiers. Anjilla befestigte einen Streifen Watte rund um Jennys Kopf, trug die Dauerwellenlösung auf und zog eine Plastikhaube über die Wickler. «Und gefällt Ihnen die Arbeit?», fragte Jenny, etwas böswillig, wie ich fand. Anjillas Familie war mal sehr reich gewesen.

Anjilla erstarrte. «Ja», antwortete sie.

Anjilla und Jenny wollten beide Ärztinnen werden. Beide waren sie asiatische Immigrantinnen. Jenny wurde Ärztin. Als Anjilla in die USA kam, musste sie ihre Erwartungen herunterschrauben und hoffte darauf, Krankenschwester zu werden. Aber auch das klappte nicht. Ihr Bruder wollte Ingenieur werden. Er bekam eine Anstellung als Automechaniker. Ihre Schwester hatte eine Schule für Zahnarzthelferinnen besucht. Sie fand keine Anstellung. Und Anjilla war Friseurin.

Als die Dauerwelle fertig war, beugte sie sich über Jenny. «Wenn Sie Probleme haben, lassen Sie es mich wissen. Ich gebe Ihnen ein trockenes Handtuch.»

Wie wird man ganz einfach Friseurin?

Anjillas Vater hatte drei Häuser besessen. Sie lebten in Kabul. Sie hatten einen Gärtner, eine Hausangestellte zum Saubermachen und eine Hausangestellte für die Wäsche. Ihr Onkel wurde direkt vor seinem Haus erschossen. Daraufhin wanderten sie nach Amerika aus.

Ich erinnere mich noch, wie ich die Berge nach Afghanistan überquerte; es war zehn Uhr morgens, sehr heiß und sonnig, als wir die Felsen erklommen und schließlich den höchsten Punkt des Gebirgskamms erreicht hatten und in das grüne Tal unter uns schauten und auf den Schnee und das Eis am Hang des nächsten Berges, Berge um Berge erstreckten sich vor uns in alle Ewigkeit. Da erblickten wir eine Gruppe, die uns entgegenkam: – Eine wunderschöne, stolz wirkende junge Frau und ihre Familie kamen das Grenzgebirge hinauf und verließen Afghanistan; einer der Männer führte einen Esel, der mit all ihrer Habe auf dem Rücken müde dahinzockelte. Sie stiegen zu uns empor, gingen schweigend vorbei und begannen den Abstieg nach Pakistan, in ihre Flüchtlingsexistenz.

Sie würden über die kreidefarbenen Felsbrocken klettern, die Abhänge bis zur Baumgrenze hinunterkraxeln und viele Bäche überqueren müssen, bis sie nach Parachinar kämen. Dort könnten sie ihren Esel verkaufen und den Bus oder ein Taxi durch die Wüste nach Peschawar nehmen, wo man sie registrieren würde. Als Nächstes würden sie ein Visum beantragen und in ein überfülltes Hotel ziehen, das zwanzig Rupien die Nacht kostete (zwei Dollar für mich beim derzeitigen Umrechnungskurs, also zweihundert Dollar für sie). Dann hieß es warten. Die durchschnittliche Wartezeit für ein Visum in die Vereinigten Staaten betrug zwei Jahre. Nach ein paar Wochen wäre ihr Geld alle. Sie könnten versuchen, in Pakistan oder Indien Arbeit zu finden oder in ein Lager gehen, wo es so heiß war, dass den Kindern das Blut aus der Nase lief und sie hohes Fieber bekamen. Weil die Lager überfüllt und die islamischen Anstandsregeln sehr streng waren, müsste die junge Frau, die ich gesehen habe – wie auch ihre Mutter und Großmutter –, bis zur Dunkelheit warten, bevor sie aus dem Zelt treten und sich entleeren dürfte. Und das Kanalwasser, in dem sie ihre Töpfe wuschen, wäre dasselbe Wasser, von dem die Flüchtlinge tranken und das sie als Latrine benutzten. («Es gibt ein afghanisches Sprichwort», sagte mal ein Mann zu mir. «Wasser ist sauber, wenn man es dreimal benutzt hat.») – Sie würde der Frau in Braun und Rot ähneln, die am Ufer auf den scharfkantigen weißen Steinen hockte und auf den Fluss hinausschaute, der dieselbe Farbe hatte wie ihre Kleider und die Kleider der Familie, die sie gerade gewaschen hatte und die nun ausgewrungen neben ihr lagen, während sie sich wiegte und den Hinterkopf rieb; sie würde wie der Mann werden, der so geduldig für meine Afghanistan Picture Show posierte, dass er sich nicht mal eine Fliege vom Mund wischte; wie der lächelnde Junge mit dem Geschwulst unter dem Auge; wie der Mann, der ein Herzmedaillon um den Hals trug. – Anjilla allerdings gehörte zu denen, die Glück hatten. Ihre Familie floh in den Westen.

Zwei Erinnerungen

Als Anjilla noch klein war, wollte sie ein *pudschi* sein.[*] Ihr Vater ließ häufig während des Ramadan Nomaden ins Haus und bot ihnen zu trinken an. Als sie erfuhr, was ihnen nach dem Einmarsch der Russen widerfuhr, weinte sie.
Eines Tages sah Anjillas Vater Präsident Amin im Fernsehen. Amin sprach von Vaterlandsliebe; er deutete an, es wäre gut, wenn die Amerikaner kommen würden. Danach wurde er krank, und die Russen bombardierten sein Schloss.

Erklärungen [2]

«Warum», wollte der Junge Mann wissen, «sind die Sowjets in Afghanistan einmarschiert?»
«Andernfalls», sagte Breschnew, «hätte das bedeutet, Afghanistan dem Imperialismus auszuliefern und den aggressiven

---

[*] Nomadin

Kräften im Land freies Spiel zu lassen und zu wiederholen, was sie zum Beispiel in Chile so erfolgreich durchgeführt haben, wo die Freiheit des Volkes in Blut ertränkt wurde. Andernfalls hätte dies bedeutet, untätig zuzuschauen, wie sich an unserer südlichen Grenze ein Hort der ernsthaften Bedrohung der Sicherheit des Sowjetstaates herausgebildet hätte.»

Ein Freund von Freunden

Anjillas Familie hatte einen Freund, von dem sie wussten, dass er Kommunist war. Er brachte ihnen ein Lenin-Porträt ins Haus. In der Nacht, als die Russen kamen, wusste er, dass etwas im Busch war, aber sagte kein Wort. In jener Nacht war der Himmel voller Flugzeuge. Am Morgen sagte Anjillas Vater, es sei zu unsicher, irgendwohin zu gehen. Ihre Mutter wollte, dass der Freund das Haus verließ, weil er für die Familie eine Gefahr darstelle. Der Freund stand früh am Morgen auf. Er schien sehr aufgeregt. Er ging Zigaretten kaufen. Als er das Geschäft erreichte, war er schockiert. Er hatte damit gerechnet, dass etwas passieren würde, aber konnte nicht glauben, dass die *Rus* gekommen waren. Im Geschäft starrten ihn die russischen Soldaten an. Der Freund eilte zu Anjillas Haus zurück und rief: «Die *Rus* sind da, wir sind erledigt!»

An diesem und dem darauffolgenden Tag besetzten und kontrollierten die Russen alle strategisch wichtigen Plätze. Im Radio hieß es, man sei aufgrund der amerikanischen Einmischung gezwungen gewesen, die Hilfe unserer freundlichen Nachbarn, der Russen, in Anspruch zu nehmen. Alle in Anjillas Familie weinten. Anjillah betete zu Allah. Der Freund hatte einen Bruder, der Mudschahed war. Der

Bruder hatte gesagt: «Wenn er mir über den Weg läuft, ist er ein toter Mann.» Doch nach dem Einmarsch wurde auch der Freund ein Mudschahed …

Anjillas Familie besaß zwei Pistolen. Als die Russen kamen, versteckten sie diese im Mehl. Schließlich fingen die Russen an, die Häuser mit Metalldetektoren zu durchkämmen. Da mussten sie die Pistolen den Mudschaheddin überlassen.

Zurückhaltung

Einmal besuchte ich Anjillas Vater bei der Arbeit. Er weigerte sich, auch nur ein Wort über sich und seine Familie zu verlieren. Seine Worte und Gedanken waren eingemauert wie eines jener Dörfer an der Nordwestgrenze, in denen Bäume urplötzlich aus trockenen Terrassen wachsen und einem den Blick versperren, in denen die Häuser niedrig und hinter der Mauer versteckt sind, wo auf dem offenen Feld die Ochsen grasen, ohne jemals dem Dorf Beachtung zu schenken oder das Flüchtlingslager direkt neben ihnen eines Blickes zu würdigen, in dem Kinder mit frischen lächelnden Gesichtern zwischen den vielen weißen Zelten hinausschauen und alles offen und einsehbar ist. – Der Vater hatte Verwandte in Afghanistan. Er hatte Sorge, ich könnte seinen Namen veröffentlichen, und die *Rus* würden seine Angehörigen umbringen.

Ein amerikanisches Mädchen

Für Anjilla ging die Zeit weiter, sie verlobte sich und war immer weniger geneigt, über die Vergangenheit nachzudenken.

Ein altes Jahrbuch (1984)

Und Jahr um Jahr wurden es mehr Flüchtlinge.
«Ich gehörte zu einer Presseorganisation im Untergrund», sagte der Mann am Telefon. Er wollte sich nicht mit mir treffen; er wollte mir seinen Namen nicht nennen. – «Die Geheimpolizei bekam es heraus. Heutzutage gibt man sich viel Mühe mit der Geheimpolizei in Afghanistan. Sie zahlen ein Gehalt von 8000 Rupien, Lebensmittelmarken, es gibt kostenlose medizinische Versorgung und einen Ausweis, mit dem man jederzeit in jedes Haus darf. Man hat Anspruch auf einen militärischen Rang und Titel. Für viele Menschen ist das die einzige Möglichkeit, auf eigenen Füßen zu stehen. Die Inflation liegt bei 200 Prozent; Mehl, Zucker und Tee sind ziemlich teuer, und schließlich muss man ja leben. Deshalb sind die Aktivitäten von Freiheitskämpfern in Kabul – recht eingeschränkt, um es mal so zu sagen. – Jedenfalls flogen wir auf. Mehrere Freunde wurden gefangen genommen; die anderen entkamen. Ich bin aus diesem Grund weggegangen und auch, weil meine Frau einen Sitz in Dauds verfassunggebender Versammlung innehatte und an der Pennsylvania State University Wirtschaftswissenschaften studiert hat, weshalb sie als Unerwünschtes Element galt und angeblich zur CIA gehörte. Amin war 1965 Präsident der – – – *Association* in den Vereinigten Staaten. Meine Frau war die Schatzmeisterin. (Aber bitte ändern Sie diese Angaben; zu meiner Sicherheit müssen Sie diese Angaben ändern!) Kürzlich haben sie in Afghanistan ein altes Jahrbuch der *Association* gefunden und daraufhin gesagt: «Ha! Jetzt haben wir wieder einen! Wieder einen von der CIA!» Ein Freund von mir war bei der Sitzung anwesend, auf der die Verhaftung meiner Frau beschlossen wurde. Also

sind wir nach Pakistan gegangen. Meine Brüder befinden sich weiterhin in Afghanistan und kämpfen wie die Löwen. Meine Schwester kämpft im Pandschir. Es gibt viele Gruppen weiblicher Soldaten dort. Ich bin froh, hier zu sein. Ich liebe Ihr Volk, wirklich, weil ihr etwas tut. Flüchtlingshilfe ist keine Lösung. Die Lösung ist: Gebt uns eine Waffe, und wir erledigen den Rest. Gott segne Sie, und ich hoffe, wir können uns für die Unterstützung revanchieren.»

Die Kellnerin

«Während ich in Westdeutschland auf mein Visum wartete[*], war ich sehr deprimiert», erzählte mir Nahid und schenkte mir und sich Tee nach … «Ich mochte nicht aus dem Haus gehen, weil ich direkt im Anschluss an die Demonstrationen geflohen war und gesehen hatte, wie einige dabei ums Leben gekommen sind. Also zu Anfang war ich sehr deprimiert. Was in meinem Land geschah, so dachte ich, würde die ganze Welt aufmerken lassen, aber außerhalb meines Landes verlief alles ganz normal. Es ist nicht so, dass andere Menschen sich keine Gedanken machen, es ist nur – na ja, so ist das nun mal.»

Wir selbst spüren nichts: Wir spüren nicht, wie die Erde in Bewegung gerät, wenn ein Stein zu unseren Füßen landet. Was aber nicht heißt, dass da nichts zu spüren wäre. Die Erde *wird* von dem Stein bewegt. Und ich hoffe, dass das nicht nur eine Einbildung von mir ist, dass die Erde sich bewegt, wenn am anderen Ende der Welt eine Bombe fällt.

---

[*] Die Konsulate in Europa waren eher als die pakistanischen geneigt, Visa für die USA auszustellen. Die glückliche Nahid musste nur ein halbes Jahr warten!

Aber natürlich rührt sie sich nicht; sie rührt uns nicht; so ist das eben.»

«Warum sind Sie aus Afghanistan weggegangen?», fragte ich.

«Wegen fast allem», antwortete Nahid. «Wegen der allgemeinen Situation, wegen der Kämpfe, der Demonstrationen und – hu – wegen der getöteten Studenten …» Sie blickte zu Boden. «Wir konnten nicht studieren, verstehen Sie? Die Lehrer kamen in die Kurse und meinten, wir sollten uns schämen zu studieren, wo doch die anderen hinter den Bergen ihr Leben riskierten, weil Die Da alles bombardierten. Und in der Öffentlichkeit konnte man nicht mehr reden, ohne Angst zu haben. Man mochte uns nicht, weil Die Da sagten, wir gehörten zur Oberschicht oder seien Landbesitzer oder was auch immer, und wir hatten Angst vor Denen Da, weil jeder als Regierungsgegner galt, der Denen Da in den Sinn kam. Sie haben viele Menschen getötet. Niemand fragt warum. Niemand darf das fragen.»

«Haben Sie überlegt, statt zu fliehen sich dem Widerstand anzuschließen?»

«Es ist nicht einfach hier, wissen Sie? Wir verdienen gerade mal genug, um für unsere Ausgaben aufzukommen. Ich möchte meinem Volk schon helfen, und das habe ich auch, aber das ist leichter gesagt als getan, denn wenn ich jetzt nach Pakistan ginge, würden sie mich gar nicht kämpfen lassen, weil ich zu Hause bleiben und mein Gesicht verhüllen soll und solches Zeug. Jeder muss sich halt auch mit seinen eigenen Problemen auseinander setzen.»

Ein tröstlicher Gedanke

«Wie sieht Ihr Leben hier aus?»
«Das Schwierigste», antwortete Nahid, «ist der Gedanke, dass alles verloren ist, was man zurückgelassen hat. Nie weißt du, ob du zurückkehren kannst oder nicht. Auf der anderen Seite kann ich hier zur Schule gehen, ich kann meinen Lebensunterhalt verdienen, und die Menschen sind wirklich nett zu uns. Vielleicht liegt das in der Natur von Amerika, weil es ein Land für Flüchtlinge aller Art ist.»

Ein amerikanisches Mädchen

Einmal gab Nahid eine Party, auf der es Bier, Musik und Tanz gab. Einer der Gäste war betrunken und fing an, mir mit dem Finger vor dem Gesicht herumzufuchteln und zu brüllen: «Ihr Amerikaner, ihr kümmert euch nicht um uns; ihr seid ein *beschissenes* Volk!», und alle waren schockiert und zischten ihn aus, weil er nicht gastfreundlich mir gegenüber war; Nahid lächelte entschuldigend und nippte an ihrem Bier, und die Musiker spielten auf ihren afghanischen Instrumenten noch ein Lied und noch ein Lied, bis drei Uhr früh; dann boten sie mir ein Bett zum Schlafen an, und am Morgen machten sie mir Frühstück. Aber ich hatte trotzdem gesehen, dass Nahid Bier trank. Sie wurde zu einer Amerikanerin. – «Ich habe keine Ahnung, ob die Kämpfe bald aufhören oder wie lange es noch dauern wird», sagte sie heftig und abwehrend zugleich, «aber wenn man jung ist, muss man etwas zu *tun* haben, etwas *sein*, ganz gleich, wo man ist. Meine Großmutter und meine Mutter sind älter und werden sich nie damit abfinden, hier zu leben. Sie wollen zurück, weil es sehr schwer für sie ist: Sie sprechen die Sprache nicht, und meistens sind sie allein, weil alle anderen zur Arbeit oder in die Schule gehen. Aber ich glaube, wenn die Russen mein Land verlassen, wird alles wieder in Ordnung kommen. Ich glaube, die meisten von uns wollen wieder zurück. Ich auch.» – Sie hielt den Kopf gesenkt; ihre Stimme war sehr leise. – «Ich möchte gern zurückgehen und meinem Volk helfen. Andererseits weiß ich nicht, ob …» – Sie unterbrach sich. – «Ich möchte nicht zurückkommen und erleben, dass alles anders geworden ist und ich es nicht – *ertragen* kann.»

7. «… Offiziell als Flüchtlingslager bezeichnet …»: Frauen (1982)

Viele der offiziell als Flüchtlingslager bezeichneten Zentren wurden auf dem Gebiet Pakistans errichtet. Bewaffnete Gruppen werden dort für den Kampf in Afghanistan ausgebildet. In diesen Lagern warten sie auf ihren Einsatz oder werden neu formiert, wenn sie ihre Angriffe auf afghanische Wohngebiete, Kommunikationseinrichtungen und andere Ziele ausgeführt haben. Zu den Ausbildern dieser Gruppen gehören Mitglieder der US-amerikanischen Geheimdienste, chinesische Experten für so genannte «Guerillaeinsätze» und sogar ägyptische Spezialisten für subversive Operationen.

TASS-Meldung, 1979

«... Offiziell als Flüchtlingslager bezeichnet ...»

Der Junge Mann hatte eigentlich damit gerechnet, dass die
Flüchtlingslager so aussehen würden wie die Bilder von
Konzentrationslagern, bloß in Aufnahmen von der Wüste
Gobi hineinmontiert: Stacheldraht, gelbsüchtige Kinder, die
an Austrocknung starben, Arbeitseinsätze, Wachen und Leichen im Sand. Ich denke, man kann ihm die mangelnde
Kenntnis nachsehen. Damals, 1982, war es für einen Amerikaner am praktischsten, sich in Bezug auf Asien die schlimms-
ten Zustände auszumalen (heutzutage können wir die Asi-
aten fürchten und hassen, weil sie unsere Märkte übernehmen). Zu jener Zeit waren wir weit genug entfernt, dass uns
nur die allerwichtigsten Meldungen erreichten – und wann
waren das letzte Mal die wichtigen Nachrichten auch gute
Nachrichten? Vor der Abreise des Jungen Mannes aus den
Vereinigten Staaten hatte ein pakistanischer Arzt bei einem
AFAR-Meeting eine Rede gehalten. Der Arzt hatte in den
Lagern gearbeitet. Er berichtete, dass die Zustände in den
Lagern, die von Pakistanis allein geleitet wurden, schlimmer
seien als in jenen, die von der UNO und den Hilfsorganisationen geführt würden. Alle seien schlimm, aber in manchen sei es noch viel schlimmer. Als er dies hörte, wurde der
Junge Mann von schmerzlichem Mitgefühl erfasst. Es sollte
noch vier Monate dauern, bis er nach Pakistan abflog, und
wie viele Flüchtlinge würden in dieser Zeit noch sterben?
Wenn er doch nur am nächsten Tag abreisen könnte! Dann
könnte er schon viel früher etwas unternehmen.[*] – Natürlich hatte Marie Sardie Recht, die Ernährungsberaterin des

---

[*] Betrachten wir einmal den rein ökonomischen Aspekt des Unterfangens.
    Er gab tausende Dollar für die Reise und die Ausrüstung aus und sammelte
    ein paar hundert.

UNHCR in Peschawar, als sie ihm sagte: «Ich hasse diese typische westliche Propaganda über die Länder im Osten: Sie wissen schon, die Bettelschalen. Ich hasse das. Es ist diese ganze Haltung: Liegt jemand wirklich im Sterben, dann bekommt er Hilfe. Aber solange er noch ganz okay ausschaut, dann kannst du es vergessen, Schlitzauge. Das macht doch jede Form von Entwicklung zunichte.» – Und doch übersah sie den eigentlichen Punkt, denn Flüchtlinge waren, da sie Flüchtlinge waren, per definitionem nicht okay. – Können wir es da dem Gutmenschen vorhalten, dass er in seiner inneren Not die Lager vor seinem geistigen Auge mit Stacheldraht versah?

Nein, er hatte Recht.

Wenn ich heute mit dem Jungen Mann sprechen könnte, was würde ich ihm da sagen? Ich kann nicht leugnen, dass ich mir heute ziemlich beschränkt vorkomme. Der Junge Mann trug eine gewisse Erregung, einen Glauben in sich, den ich heute nicht mehr teile. Mein Leben ist flach, aber ich bin *zufrieden* mit dieser Flachheit. Ich habe Erfolg. Nur wenn ich manchmal die Worte des Jungen Mannes wieder lese, verspüre ich eine leichte Berührung, und ich fühle einen Stich … Was habe ich verloren? Wenn ich heute jemandem helfen wollte, dann wäre ich erheblich effektiver, das weiß ich, ich würde mehr erreichen, mehr geben, weniger nehmen. – Eine Zeit lang war mir der Junge Mann peinlich. Heute bewundere ich ihn ein wenig, trotz all seiner Unwissenheit. Ich wünschte, ich könnte mehr so sein wie er. Aber als ich er war, fühlte ich mich verletzt. – Was ist mit den Heiligen, mit Albert Schweitzer? Ihre Existenz beweist, dass es möglich ist, anderen eine Inspiration zu sein und dennoch effektiv zugleich zu arbeiten. Aber warum fühlten sie diese Inspiration? Ist Inspiration ein Luxus?

Zum größten Teil langweilen mich die detaillierten Aufzeichnungen des Jungen Mannes. Nie hat er nach den Geschichten dahinter gefragt: Er wollte nur Fakten. Diese Fakten sind heute weitestgehend ohne Belang. Was darüber hinaus geblieben ist, sind solche Dinge, die sein Faktenzerhäcksler nicht ganz verdauen konnte: Schutt und bunter Nippes, wie die alte tuberkulosekranke Frau mit dem roten Schal, der um ihr graues Haar loderte, einen Silberring am Finger, die sich von ihm anschauen ließ, wie sie auf dem harten Lehmboden neben ihrem Haus hockte; ihr Gesicht war unglaublich stark zerfurcht und faltig und zerschunden, und er konnte nicht erkennen, in welcher Stimmung sie war oder was sie dachte, oder sonst etwas, nur dass sie zurückschaute und den Mund in Falten legte – aber aus welchem Gefühl heraus? – oder war es vielleicht gar kein Gefühl? –, und die Männer standen hinter ihm in einer Reihe und starrten ihn wütend an, während er die Frau beobachtete. – Welche Bedeutung hat sie heute für mich, außer der Tatsache, eine weitere Person zu sein, die ich mit meinen guten Absichten verärgert oder gar gequält habe? Ich kann sie nicht vergessen, obwohl sie bestimmt nicht mehr lebt. Doch die Hand fasziniert mich, die damals solche Betrachtungen in das ramponierte Notizbuch schrieb, die Hand, deren gebräunte Finger nun vor meinen Augen über die Tastatur meines Computers hüpfen. Diese Hand hat sich auf eine Reise an einen Ort begeben, an dem ich selbst nie gewesen bin.

Doch ist daran zugleich auch etwas Verachtenswertes.

Der Gutmensch wollte Gutes tun; er wollte exotisches Leid lindern, doch als er weniger davon entdeckte, als er erwartet hatte, resignierte er. Seinem ungeschulten Auge fiel es nicht immer leicht, einen Unterschied in den Lebensbedingungen der Flüchtlinge und der Einheimischen zu erkennen: *Keiner* von ihnen hatte, was er hatte! (Wohingegen jene Flüchtlingslager in Thailand tatsächlich stacheldrahtumzäunt waren; der Junge Mann hatte es im Fernsehen gesehen.) Die Geschichten, ja, die waren traurig, und obwohl er glaubte, sie zu glauben, tat er es nicht; bis dahin mussten noch ein paar Jahre voller Albträume vergehen. Die Afghanen konnten ihre Lager ungehindert betreten und verlassen; Mangelernährung war zwar an der Tagesordnung, aber Hunger schien es nicht zu geben. Die Männer behielten ihre Waffen und schlichen häufig zurück über die Grenze, um sich dem Dschihad anzuschließen. In den Augen des Jungen Mannes wirkten die Lager überhaupt nicht wie Elendsquartiere, sondern eher festlich und «ethnisch», wie einer dieser großen Ford-Transporter, die von ihren pathanischen Fahrern geschmückt wurden, bis sie noch bunter waren als die Busse in Karatschi; wie doch der Wimpel großartig nach unten wies und auf dem schwarzen Stoff das vielfarbige Lebensrad zeigte, mit seinen Moscheebildern in Blau und Gold, flankiert von der wellen- oder schlangenförmigen weißen Paschtu-Schrift, die sich rings um die Kabine zog und von goldenen Mäandern umrahmt wurde; Sonne und Staub hatten die Farben zu einer milchigen Angelegenheit ausbleichen lassen, so dass der Laster sich in eine blecherne Teedose aus einem Traum-Persien verwandelt hatte; Bündel bunter Bänder wucherten über die Windschutzscheibe, und Vater und Sohn lehnten an der Motorhaube und beäugten den Jungen Mann; die winzige Tochter, die schon den langen Streifen blümchengemusterten Stoffs ums Haar trug, starrte den Jungen Mann offen an, fasste sich mit einer Hand an die Kehle, hielt einen Topf Reis in der anderen, und der Horizont war nichts weiter als ein staubiger Gebirgskamm. – So erging es ihm auch in den Lagern mit den jungen Mädchen in ihren bunt gemusterten Kleidern, den Lehmhütten, die von Sonnenblumen umsäumt waren; die ungeheure Körperkraft und Schönheit der Menschen, die Sonne und der wolkenlose Himmel. – Dieses eine Mal möchte ich den Jungen Mann nicht so streng kritisieren. Was, wenn der heilige Georg den ganzen Weg über die Berge des Schicksals gemacht hätte, nur um festzustellen, dass es keinen Drachen zu töten gab? Er wäre doch sicher froh darüber gewesen, dass alle noch am Leben waren – oder etwa nicht?

Dr. Levi Roque, der das Einsatzteam des International Rescue Committee in Pakistan leitete, wies darauf hin, dass die Zustände in Afghanistan eine massive Zunahme der Flüchtlingszahlen bewirken könnten (was auch eintraf). – Prima, sagte sich der Junge Mann; dann wird die Lage ja schlechter werden (was auch eintraf). Er machte sich mit großem Vergnügen an das Interview.

«Das kann lange, lange dauern»

«Keine noch so große Menge an Medikamenten wird sie gesund machen», sagte Levi. «Wir müssen sie erziehen. Aber wie? Das wird man sehen; das kann lange, lange dauern. Deshalb fangen wir erst mal mit ‹Hände waschen, Fingernägel schneiden› an. Und warum ist es wichtig, sich die Hände zu waschen und die Fingernägel zu schneiden? Das müssen sie jetzt lernen. Wir geben uns alle Mühe.»

«Bitten die Flüchtlinge häufiger um Medikamente, die sie nicht brauchen?»

«Sie bitten nicht um Dinge, die sie nicht brauchen», antwortete Levi ironisch. «Sie bitten einfach um *alles*, ob sie es brauchen oder nicht. ‹Gib mir die weiße Pille. Gib mir diese gelbe.› Gib mir dies, gib mir das. – Ich will Ihnen ein Beispiel nennen. Wir bieten auch Familienplanung an. Deswegen haben wir die Antibabypille. Einer der Männer riss sie sich unter den Nagel, weil sie so hübsch rosa ist. Und er *nimmt* sie, weil ihm die Farbe so gut gefällt!» – Er lachte. – «Ich hoffe nur, er wird nicht schwanger.»

Der Junge Mann erinnerte sich an einen Punkt, den Levi schon früher einmal erwähnt hatte. «Werden Ihre Ärzteteams immer noch mit der Waffe bedroht?»

«Nicht mehr», antwortete Levi. «Aber man kriegt ständig zu hören: ‹Die Medizin gehört uns sowieso; gebt uns doch alles!› Redet man vernünftig mit ihnen, zeigen sie sich einsichtig. Sie sind störrisch, aber sie hören zu … Die Afghanen hier im Lager, nun ja, sind faul. Sie wollen sich nicht selbst helfen. In Indochina schuften die Flüchtlinge richtig. Hier», kicherte Levi, «helfen sie einem nicht. Man muss sie *bezahlen*, damit sie einem helfen.»

«Was sollten die Amerikaner Ihrer Meinung nach für die Flüchtlinge tun?»

«Ich weiß es wirklich nicht», sagte Levi. «Die Amerikaner spenden eine Menge Nahrungsmittel, und ich finde, das sollten sie auch weiterhin tun.* Warum? Wir haben schon jetzt ziemlich viele Afghanen in Pakistan. Wenn sie gesund blieben, wäre das schon ein deutliches Signal; das wäre schon viel. Wir müssen davon ausgehen, dass die Afghanen in Afghanistan, wo es auf lange Sicht – wer weiß? – zu einer Notsituation kommen könnte, durchs Land ziehen, wie es schon die Kambodschaner getan haben, und Hungers sterben werden. Dann sähen wir uns nur diesem einem Problem gegenüber – weil die Flüchtlinge hier ja gesund wären. Deshalb hoffe ich, dass viele Menschen noch mehr spenden werden.»

---

* Haben sie aber nicht.

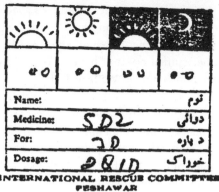

Rezept für leseunkundige Flüchtlinge, auf dem die Dosierung und Zeitangaben durch die Anzahl an geschwärzten Pillensymbolen und den Sonnenstand angegeben sind.

Der Gebende

Levi war die Art Mensch, wie der Junge Mann stets hatte sein wollen, aber nie sein würde. Levi war schnell, mutig, effektiv. Kaum war jene Krankheit namens Rote Khmer zum ersten Mal ausgebrochen, fuhr er regelmäßig nach Kambodscha, um Flüchtlinge außer Landes zu bringen (man erkannte sofort, dass man die Grenze überquert hatte, erzählte er, weil man plötzlich im Dschungel überall Leichen sah). Manchmal behandelte er die Verletzten an Ort und Stelle. Er war unter Beschuss nach Phnom Penh und wieder hinaus geflogen. Wenn irgendjemand den Menschen half, dann Levi. Er verordnete dem Jungen Mann Medikamente gegen den Durchfall, dunkles Bier und Steaks gegen das Heimweh und sogar Groschenromane auf Englisch gegen die allerschlimmsten heißen Nachmittage in Peschawar («Schundliteratur!», meinte der General). Alle kamen gut aus mit Levi, von den schönen Mädchen in der amerikanischen Botschaft bis zu den Flüchtlingen. Und er schien die Aktivitäten des IRC vor Ort sehr kompetent zu leiten, was hieß, dass er sich keinerlei Illusionen hingab.

Die Parabel von den Bierdosen

Eines Morgens gegen sieben Uhr kamen sie auf dem Weg zu einer Kontrolle des Lagers Hangu durch einen Basar. Es war schon recht heiß, und sie entdeckten einen Limonadenstand. – «Halt mal da an, Hassan», sagte Levi. «Was wollt ihr beide trinken? Sprite? Cola?» – Der Junge Mann und Hassan einigten sich auf Sprite. Levi stieg aus, um die Limonade zu kaufen. Der Junge Mann stieg ebenfalls aus. Sofort musste er einen Schuhputzer, einen Hut und ein lebendes Huhn zurückweisen. Dann kam ein Junge auf Levi zu und bat ihn um Geld. Er war dürr und wirkte kümmerlich, und seine Haare waren auf die pragmatische Art der Pakistanis fast kahl geschnitten. Er war Pathane und hätte ebenso afghanischer wie pakistanischer Herkunft sein können. Er wirkte wie eines jener hungernden Kinder auf den schwarzweißen Magazinfotos, mit denen die Hilfsorganisationen um Spenden bitten. – «Ich *kein* Mutter», sagte er. «Bitte Rupien, bitte.» – Levi lachte und ließ einen Strohhalm in seine Flasche tauchen. – «Du hast keine Mutter? Du bist ein Glückspilz. Du kannst tun, was du willst; niemand macht dir die Hölle heiß!» Binnen kürzester Zeit hatten die drei ihre Limonaden ausgetrunken, und Hassan startete den Wagen.
Der Junge Mann hatte mal auf einer Ranch in Kalifornien mit einem Typ namens Mike gearbeitet. Mike war ein großer Idealist gewesen. Er glaubte sogar an Jerry Rubin. Eines Ta-

ges blieb ihr Lastwagen sechs Meilen von der Ranch entfernt stehen, also machten sie sich zu Fuß auf den Weg, um ein anderes Fahrzeug zu holen. Nach ein paar Schritten entdeckte Mike eine Bierdose. Er hob sie auf. Ein paar Schritte weiter entdeckte er wieder eine Dose. Er hob sie auf. Der Junge Mann sah den Straßengraben des Highway entlang, dem sie folgten. So weit sein Auge reichte, lagen dort Dosen. Er wies Mike darauf hin. Mike schwieg. Schon bald trug er so viele Dosen, dass er keine mehr aufheben konnte. Bei der nächsten Dose legte Mike die Dosen ab und zertrat sie mit seinem Stiefel: dann sammelte er sie alle wieder auf. Die beiden setzten ihren Weg fort, und Mike hob weiter Dosen auf, bis er so viele zu tragen hatte, dass es nicht mehr ging. Der Junge Mann, der dies vorausgesehen hatte, wartete ab, was Mike tun würde. Mike blieb einen Augenblick stehen und dachte nach. Dann schichtete er die Dosen zu einem säuberlichen Haufen am Straßenrand, ging weiter und hob die nächste Dose auf. Als sie schließlich zur Ranch kamen, hatte Mike sechs Meilen lang kleine Dosenstapel errichtet. Der Vorarbeiter der Ranch brüllte sie an, wozu sie denn so lange gebraucht hätten, verdammt. Am Samstag lieh sich Mike einen Laster, sammelte seine Dosen ein und fuhr sie zur Müllkippe. Ein paar Tage lang waren sechs Meilen der einen Seite des Highway makellos sauber.

Als er an Mike und die Bierdosen, den Brigadier und die Unken, die Afghanen und die Russen, die Hilfsorganisationen und die Flüchtlinge dachte, zuckte der Junge Mann mit den Schultern. Der mutterlose Junge war wohl wie eine jener Dosen auf der anderen Seite des Highway, befand er. – Dann lachte Levi erneut. – «Als ich das letzte Mal hier war», sagte er, «hat er mir erzählt, er hätte keinen Vater. Ich fragte ihn: ‹Na gut, du hast keinen Vater; wo ist deine Mutter?› Er wies den Hügel hinauf und sagte: ‹Da oben.› Er hat dazugelernt. Ein helles Bürschchen.»

Grosse Schritte vorwärts [1]

Es kamen immer mehr Flüchtlinge. Jahr für Jahr flohen die Ameisen vor den Unken. «Vermutlich haben sie bereits 100 000 Afghanen umgebracht», meinte 1984 ein ehemaliger Professor zu mir. «Regierungsbeamte werden nicht sofort umgebracht; sie bekommen einen fairen Prozess und kommen ins Gefängnis, aber die Dörfler – Dörfler und Freiheitskämpfer – werden auf der Stelle liquidiert. Und zwar ohne Rücksicht auf ihr Alter. Wird ein Dorf bombardiert und man findet dort noch Überlebende, und sei es eine Frau, die gar nicht weiß, wie man ein Maschinengewehr bedient, wird sie auf der Stelle erschossen, weil sie angeblich den Mudschaheddin geholfen hat. Kinder werden auf der Stelle erschossen, Kinder! Selbst Pferde und dergleichen, damit die Freiheitskämpfer sie nicht benutzen können.»

Verschiedene Anblicke

In einigen Lagern saßen sie manchmal stundenlang vor folgenden Schildern: MALARIABEHANDLUNG, TUBERKULOSE-UNTERSUCHUNG. Es gab einfach nicht genügend Ärzte.
In den Lagern des IRC in der Nähe von Kohat sah er sehr häufig unterernährte Säuglinge, die trotz der Hitze fest gewickelt und zu schwach waren, die Fliegen zu verscheuchen, die ihnen übers Gesicht krabbelten.
Für seine Afghanistan Picture Show trat ein Junge vor, dessen Gesicht mit kleinen Leberflecken übersät war wie ein Pfannkuchen. Sein Mund und die grünlich schwarzen Augen des Jungen lächelten, und sein Freund setzte ihm eine Wassermelone auf den Kopf!

Die Alten hockten still da. Sie ahnten wohl, dass sie in Afghanistan sterben würden. Die kleinen Mädchen sahen ihn mit seitwärts geneigten Köpfen an und rannten dann kokett fort, wie es wohl kleine Mädchen fast überall tun. Die Männer führten ihn in ihre Lehmhütten und zeigten ihm Fotos der Märtyrer – große, grobkörnige Schwarzweißposter an den Wänden. Sie zeigten ihm ihre Waffen und erzählten, ihre Söhne, Onkel, Brüder befänden sich gerade in Afghanistan und töteten die Russen, und wenn die anderen zurückkehrten, würden sie selbst losziehen. Sie lächelten.

Manche Häuser in Kohat glichen grasbedeckten Burgen, deren Wälle aus Lehm und Schotter aufgeschüttet waren. Sie waren in der Sonne hart gebacken und sehr heiß. Decken und Bettzeug lagen zum Trocknen auf den Wällen.

An den Limonaden-, Obst- und Zigarettenständen saßen Verkäufer, die sich in nichts von denen in Peschawar unterschieden. Allerdings war es in den Lagern brütend heiß, und oft genug gab es für die Fantas und Orangenlimonaden kein Eis. – Der Junge Mann saß in der Stadt und trank zehn Sprite am Tag.

Die Menschen in den Lagern waren freundlich zu ihm. Sie baten ihn nie um etwas.

Hilflosigkeit [4]:
Bericht von Dr. Tariq (Lager Hangu, Kohat – IRC)

Levi brachte seinen Kombi vor einem medizinischen Versorgungszelt zum Halten. Es war erst neun Uhr früh und noch nicht allzu heiß; außerdem waren sie irgendwo in den Bergen. Die Zelte und Lehmhütten des Lagers standen weit auseinander, aber dafür ging es immer so weiter. Man konnte den Hang hinaufklettern, das hügelige Hochplateau überqueren, den nächsten Hang erklimmen und am Hügel entlang und wieder einen Kamm hochsteigen, und noch immer war kein Ende abzusehen.

Die Apotheke war überfüllt. Ein Baby weinte. Frauen im Tschador – rot, grün oder schwarz – warteten stumm. Sie wichen zurück, als der Junge Mann hereingebeten wurde. Levi und dem Jungen Mann zuliebe unterbrach Dr. Tariq seine Untersuchungen für einen Augenblick, und sein Assistent brachte den beiden Becher mit grünem *chai*. Das Baby weinte unaufhörlich.

«Wie viele Personen behandeln Sie pro Tag?», fragte der Junge Mann und schaltete seinen Kassettenrekorder ein. Die Afghanen schauten fasziniert zu.

«Ungefähr 300 bis 400 Patienten», antwortete Dr. Tariq.

«Was benötigen Sie am dringendsten?»

«Wir bräuchten Geld für Röntgengeräte, weil viele Patienten Tuberkulose haben. Es wäre sinnvoll, auch die Familie der Patienten zu röntgen. Ich meine, da leben zehn Leute in einem Zelt, und wenn die Mutter Tb hat, sage ich ganz offen, müssen es die Kinder auch haben. Sie leben auf engstem Raum.* Was noch dringend erforderlich ist, ist darauf zu-

---

* Wie schon erwähnt, hatte sich 1982 die Bevölkerung von Peschawar seit dem Einmarsch verdoppelt. Dasselbe galt für den Bezirk Kohat im Süden (178 000 Einwohner, 178 000 Flüchtlinge), wo die Einsatzteams des IRC mit ihren Ambulanzen agierten. Die Lager waren für Neuankömmlinge geschlossen, da sie bereits ihre Kapazitätsgrenze erreicht hatten. Problematisch war die Versorgung mit sauberem Trinkwasser: In Kohat gab es mindestens ein Lager, dessen einzige Wasserversorgung aus einem dreckigen Rinnsal bestand, das unterhalb der Hütten auf eine ebene Schotterfläche tröpfelte. Dies war zugleich die Latrine. Da dieser Ort für alle einsehbar wäre, meinte ein Flüchtling, könnten die Frauen sich dort den ganzen Tag über nicht erleichtern. Ständig trafen weitere Flüchtlinge ein, und es wurde mit weiteren gerechnet. In der Nordregion und in Belutschistan entstanden neue Lager, doch viele Afghanen blieben lieber hier, auch wenn sie sich nicht für die Lebensmittelzuteilungen registrieren lassen konnten: hier in der Nordwestlichen Grenzprovinz sprachen zumindest alle ihre Sprache, und die politischen Gruppierungen unterhielten in Peschawar

rückzuführen, dass diese Leute aus einem kalten Klima kommen. Sie sind das Klima von Pakistan nicht gewöhnt. Es ist sehr heiß hier. Und vor allem für die Damen mit ihren dicken Kleidern.» – Er wies auf eine Patientin im Tschador. – «Sehen Sie ihre Kleidung? Die ist sehr dick und wird Tag und Nacht getragen. Wir hatten schon Leute, die aus der Nase geblutet haben.»

«Kann große Hitze so etwas verursachen?»

«Ja», antwortete Dr. Tariq. «Manche Patienten kommen mit 40,5 oder 41 °C Fieber. Wir versuchen, sie mit einem Schwamm kalt abzureiben und was nicht alles, aber das dauert. Wir hoffen, dass sie Lehmhütten erhalten. In der Hitze ist es zu viel für sie, in Zelten zu leben, vor allem, weil die Zelte aus Nylon sind, manche davon, und dann ist die Hitze wirklich schlimm.»

«Leiden die Menschen unter Mangelernährung?»

Dr. Tariq wirkte überrascht. «O ja. Vor gerade fünf Minuten hatte ich eine schwer anämische Frau hier, und gäbe es ein Krankenhaus, hätte ich sie dorthin gebracht …»

Bericht des Krankenhausverwalters
vom Internationalen Komitee des Roten Kreuzes

«Wir kümmern uns 'auptsächlich um die chirurgischen Eingriffe in Peschawar», erläuterte der Mann. «Wir 'aben ein Krankenhaus mit ein'undert Betten, und wir be'andeln meistens Opfer des Krieges in Afghanistan. – Die meisten

ein Büro. Die kühlen Berge im Norden lagen nur einen Viehtrieb von einer Woche entfernt, und der Khyberpass war mit dem Bus in wenigen Stunden zu erreichen. Östlich, in der schwülen Agrarzone des Pandschab, lag Islamabad, die moderne Hauptstadt, wo es manchmal, wenn auch zu inflationären Preisen, importierte Raketenwerfer und Kisten mit Munition zu kaufen gab.

Verletzungen sind Schusswunden, Minenverletzungen und auch gebrochene Beine von normalen Unfällen in Afghanistan.»

Es war erfrischend, den klaren schweizerisch-französischen Akzent des Mannes zu hören. Er machte einen sehr sauberen Eindruck, und tatsächlich war das Krankenhaus erheblich sauberer, als man erwartet hätte.

In einem der Betten lag ein Mann, der mit glänzenden Augen zuschaute, wie die klare Flüssigkeit aus dem Schlauchbeutel in den ersten weißen Anschlussstopfen an dem Plastikschlauch tropfte, dann in den zweiten, ziemlich nah über seinem Gesicht, dann zu seinem Arm mit dem weißen Verband; seine Hände waren offen und ausgestreckt, und seine Brust sah aus wie eine Landkarte voller schwarzer Inseln in einem Meer rosiger Zartheit. Die *Rus* hatten Napalm auf ihn abgeworfen.

«Wie finden die Patienten zu Ihnen?»

«Die meisten kommen von allein ins Kranken'aus. Ich meine, sehr oft müssen sie zwei, drei Tage von Afghanistan aus bis zur Grenze laufen, und dann suchen sie sich ein Taxi oder ein Privatfahrzeug nach 'ier ins Krankenhaus. Die Schwächsten sterben unterwegs wegen der langen Reise. Es ist schwieriger, etwas zu be'andeln, das schon älter ist und manchmal schon entzündet, und sie 'aben im *Inland* nicht das richtige Mittel zu be'andeln, gleich an Ort und Stelle, wo der Unfall passiert.»

(«Unfall» hörte sich merkwürdig an, fand der Junge Mann und trat zu dem Mann, der von einer Kugel in den Unterkiefer getroffen worden war. Man hatte ihm den Verband wie eine Haube um den Kopf gewickelt, und ein Plastikteil zog seine Unterlippe nach unten, so dass der Speichel von seiner blutigen Zunge ablaufen konnte und sein Schnurrbart feucht war vor Schweiß und Blut; ein Schlauch verschwand in seiner Nase, und er starrte aus rot geränderten, weit aufgerissenen, stummen Augen geduldig vor sich hin.) «Es gibt viel Infektionen und viel Amputationen», fuhr der Mann fort, «und wir 'aben eine Werkstatt für künstliche Gliedmaßen für diese Leute, wenn sie be'andelt sind, und wir 'elfen ihnen wieder zu laufen danach. Und wir 'aben eine Abteilung für die Gelähmte ...»

Woran sich der Junge Mann später am deutlichsten erinnerte, war eine wunderschöne, fein geschnitzte Holztafel. Die Patienten, die sich noch ihrer Hände bedienen konnten und ja sonst nichts zu tun hatten, fertigten solche handwerklichen Erzeugnisse an und verkauften sie zu einem Spottpreis.

Hilflosigkeit [5]

In seiner Studentenzeit war der Junge Mann sehr beeindruckt gewesen von der Art, wie Wittgenstein wunderhübsche ontologische Gebäude mit kleinen Meißelschlägen zum Einsturz brachte, wobei jeder Schlag eine boshafte, lakonische, durchnummerierte These darstellte («298: Daß wir so gerne sagen möchten ‹Das Wichtige ist *das*› – indem wir für uns selbst auf die Empfindung deuten –, zeigt schon, wie sehr wir geneigt sind, etwas zu sagen, was keine Mitteilung ist.»). Als der Junge Mann sich daranmachte, den Afghanen auf die bestmögliche Weise zu helfen, schrieb er – mühelos – eine vergleichbare Folge von Eintragungen in sein Tagebuch der Selbstquälerei. Zu Beginn blieben sie noch ausdruckslos und abstrakt, wie ein durch irgendein undefinierbares körperliches Unbehagen ausgelöster Albtraum. Doch während es mit der Gesundheit des Jungen Mannes weiter bergab ging, nahmen sie anekdotischen Charakter an. Der Junge

Mann akzeptierte diese Eintragungen mit derselben passiven Höflichkeit, mit der er die vielen kostenlosen Sprites akzeptierte. Er wusste, dass sie ihm nichts anhaben konnten, da er nie ein Projekt aufgab, das er einmal begonnen hatte, selbst wenn ihn irgendetwas davon überzeugen sollte, dass es falsch war. Außerdem neigten die Eintragungen zur Widersprüchlichkeit:

(1) Als Bürger der Vereinigten Staaten kann ich einfach nicht begreifen, was überhaupt irgendjemand in Afghanistan will. Dieser Mangel an Vorstellungskraft ist zwar nicht direkt relevant, beeinträchtigt aber dennoch mein Handeln.

(2) Selbst wenn die Afghanen ihr Land zurückbekommen, wird es auf lange Sicht erneut erobert werden. Ob dies nun ein lächerliches Argument ist oder nicht, hängt ganz davon ab, wie lang auf lange Sicht ist. Es ergibt ja keinen Sinn, das Zähneputzen aufzugeben mit dem Argument, sie würden eines Tages sowieso ausfallen, aber es könnte durchaus klug sein, bei anhaltend starkem Wind das Kartenhaus nicht wieder aufzubauen. Ich nehme an, dass ich schon zufrieden wäre, wenn man Afghanistan für den Rest meines Lebens in Ruhe ließe. Doch das würde mich kaum dazu ermutigen, lange zu leben.

(3) Da ich entschieden habe, «zu Diensten» zu sein, sollten mich die Menschen ebenso fragen, wem und unter welchen Umständen ich zu Diensten sein möchte. – «Sähe ich eine Frau durch ihre Familie Hunger leiden, würde ich ihr helfen.» Das klingt zwar absurd, lässt sich aber ziemlich schnell auflösen. Afghanische Frauen und Mädchen sind chronisch unterernährt. Sie essen als Letzte. Manchmal, so sagte mir ein Arzt in den Lagern, lassen ihre Familien sie einfach sterben. Wäre das einzige Übel, das mir vis-à-vis Afghanistan aufgefallen ist, das Leid der Frauen in der Familie gewesen, dann hätte ich keinen Finger gerührt, weil ich weder Afghane noch eine Frau bin und ich also auf der Stelle WEISS, dass es nichts gibt, was ich tun könnte. Es könnte durchaus passieren, dass ich bei dem Versuch, die Rolle der Frau in der afghanischen Familie zu verän-

dern, die afghanische Familie zerstöre. (Vielleicht wäre es ja aus diesem Grunde besser, Afghanin statt Amerikanerin zu sein. Vielleicht wäre es mir lieber, als Letzte zu essen und zum Schutz vor den Blicken der Männer in meinen dichten schwarzen Schleier gehüllt in einem heißen Zelt zu hocken, statt in meinem modischen Rock in irgendeinem Restaurant sitzen und essen zu können, was ich will und mir blöde Kommentare über meine Titten anzuhören. Wer weiß? – Wie einfach ist im Vergleich dazu das Unrecht einer Napalmverletzung!) – Wäre ich Afghanin, hätte ich höchstwahrscheinlich keine Vorstellung davon, wie es wäre, keine Afghanin zu sein. So oder so habe ich nicht die geringste Vorstellung davon, wie ich einer oder allen Afghaninnen helfen könnte, Afghaninnen zu sein. Soll ich vier weibliche Flüchtlinge heiraten, wie es der Koran erlaubt, und versuchen, sie alle glücklich zu machen?

(4) «Wollte ich einer Frau helfen, dann würde ich sie nicht vergewaltigen.» – Auch dies verrät ein fundamentales Missverständnis. Ich muss Fotos von Afghaninnen machen. Sonst könnten die Amerikanerinnen glauben, die Afghanen seien Sexisten (und wäre *das* nicht falsch?) und würden ihnen nicht helfen wollen. Und die Amerikaner wären enttäuscht, die oben erwähnten exotischen Gesichter und Brüste nicht zu sehen zu bekommen. – Dagegen ist nichts einzuwenden. – Ich erläutere dem Lagerleiter, einem sehr zuvorkommenden pakistanischen Gentleman, meine Wünsche. «Ich verstehe, Sir», sagt er. «Ich besorge Ihnen ein paar Frauen.» – Er wendet sich an die Flüchtlinge und erklärt. Stimmen werden laut, aber er tut, was getan werden muss; er brüllt sie an; die Stimmen werden immer aufgeregter und wütender; er reckt seine Arme in die Höhe, brüllt die Afghanen nieder, streckt die Hand aus, schubst einen Jungen beiseite und zeigt auf eine Frau, die ein Baby an die Schulter drückt; das Baby dreht sich um, sieht mich und fängt an zu weinen. Die Frau kauert sich jämmerlich in den Sand, wie ein schwarzer Vogel. Ihr Mann tritt vor und reckt mir seine geballte Faust entgegen, aber der Lagerleiter legt ihm eine Hand auf die Brust und schubst ihn beiseite. Der Mann starrt mich an. Wir – die Frau, der Lagerleiter und ich – sind von Menschen umringt, und alle stehen da und starren mich an. Der Leiter spricht schnell und aggressiv auf die Frau ein. Alle murmeln und beobachten mein

Gesicht. Die Frau legt ihren Schleier ab. Sie schaut mich nicht an. Ich sehe ihre Wangen, ihren Mund. Ihr offenes Haar. Ich gehe zu einer Seite und greife nach meinem Fotoapparat. Ich mache gute Aufnahmen, glaube ich. – Hinterher spricht der Lagerleiter mit dem Ehemann, der schließlich auf mich zukommt. – «Dera mira-boni», sagt er zu mir. Vielen herzlichen Dank. – Wir geben uns die Hand.

(5) In der Absicht, den Afghanen zu helfen, muss ich davon ausgehen, dass ein Volk besser von seinen Nachbarn statt von Fremden ausgebeutet wird. Beweisen kann ich dies nicht.

(6) Es ist unfair zu behaupten, die gegenwärtig von den Sowjets begangenen Verbrechen würden nach Beseitigung der Widerstandsbewegung von Dauer sein. Die überlebenden Afghanen würden wahrscheinlich in ein gerechteres Verteilungssystem gezwungen als gegenwärtig existiert. Die Frauen, steht zu hoffen, würden ebenso viel (oder so wenig) Nahrungsmittel erhalten wie die Männer.

(7) «Aber das würde doch bedeuten, die traditionelle Kultur zu zerstören.» – Nach soundso viel Jahren sowjetischer Herrschaft wäre dies die traditionelle Kultur. Sicherlich ersetzt auch die gegenwärtige Kultur in Afghanistan eine frühere. Es besteht also gar kein Grund zum Handeln. Und außerdem: Was hat denn traditionell damit zu tun, ob eine Kultur «gut» oder «schlecht» ist?

(8) «Aber ist denn Untätigkeit angesichts menschlichen Leids nicht schlimmer, als möglicherweise falsche Entscheidungen zu treffen?» – Ich wäre mir da nicht so sicher.

(9) Im Fall, dass die Sowjets die Weltherrschaft errängen, würde die Menschheit homogener werden. Heterogenität scheint eine der Hauptursachen für Auseinandersetzungen zu sein: Daraus folgt der Schluss, dass jeder weitere Fischschwarm, der von Leviathan verschlungen wird, das Reich des Friedens vergrößert. Natürlich ist der Prozess des Zerkauens und Verdauens ein wenig schmerzhaft, aber danach, ah! Ein Kothaufen wird wie der andere sein; Afghanis-

tan, Bulgarien, die Tschechoslowakei und, wer weiß (wenn uns das Schicksal ein breites, zahnreiches Grinsen schenkt), auch wir werden alle eine Masse des Friedens und der Ruhe sein.

(10) Außerdem interessiert sich doch sonst niemand für Afghanistan.

Hilflosigkeit [6]

Am anderen Ende des Parks, den der General hatte anlegen lassen, lag ein Afghanenlager. Bei den abendlichen Spaziergängen des Jungen Mannes mit dem General und dem Brigadier sah er einen Mann, der sich vorbeugte und das Gras sorgfältig nach Zweigen und dicken Stengeln durchkämmte, die er verheizen konnte. In einiger Entfernung sammelten Frauen Dung ein, der ebenfalls als Brennstoff diente.
«Sie würden damit aufhören, wenn man sie darum bäte», sagte der General. «Aber sie führen ein so jämmerliches Leben, die armen Kerle – keiner wird das von ihnen verlangen.»
Über den Bergen lag entlang der Durand-Linie, die Pakistan von Afghanistan trennte, ein wunderschöner roter Sonnenuntergang.
Am nächsten Tag ging er hinüber, um sich das Lager anzuschauen. Es war ein heißer Vormittag, so heiß, dass ihm ungeheuer schlecht wurde. In dem breiten Kanal, in dem die Kinder planschten, trieben hin und wieder Exkremente vorbei. Die Frauen wuschen ihre Töpfe in dem Wasser. Der Junge Mann ging am Kanal entlang, und die Jungen winkten ihm zu und bettelten, er solle doch ein Foto von ihnen machen. Er nahm seine Kamera in die Hand. Sofort bildeten sie zwei Reihen, lächelten und streckten die Hände aus. Als der Verschluss klackte, verbeugten sie sich und umarmten sich gegenseitig vor Freude.

Das Lager war ziemlich groß. Ein Mann trat zu ihm und führte ihn herum. Und so wurde die personifizierte Hilflosigkeit in Gestalt dieses Mannes, der da vor ihm an der Kanalmauer entlangging, wobei sich seine braunen Hacken bei jedem Schritt aus den weißen Sandalen hoben, zu seinem Führer; auf dem Kopf trug er zum Schutz vor der Sonne ein Taschentuch, das einem rotweiß karierten Tischtuch ähnelte, und das weite Hemd und die Hose schlotterten ihm um den Körper; er ging auf die faltigen, verdreckten Zelte zu, zwischen denen kleine Kinder stumm im Sand herumliefen, weiter in Richtung der Maisfelder, die nicht ihm gehörten; im Kanal stand ein nacktes Mädchen von etwa drei oder vier Jahren, rieb sich den Bauch und lutschte an den Fingern; doch als sie den Jungen Mann kommen sah, kauerte sie sich schnell in das schmutzige Wasser, um sich zu bedecken. – Einige Familien lebten in Zelten, andere in kümmerlichen grasbewachsenen Lehmhütten. Sie alle verneigten sich vor ihm oder nickten ihm zu: Er konnte ihnen helfen.* Es war noch immer Ramadan, ihre Lippen waren vor Hitze und Trockenheit ganz aufgesprungen, aber sie boten ihm Tee an. Voller Scham und Schuldgefühl lehnte der Junge Mann ab. – Ein anderes Mädchen rannte nackt am Kanal entlang. Als sie den Fremdling sah, sprang sie ins Wasser. Etwas Graues, Blutiges trieb vorbei und verfing sich in ihren Haaren.

---

* Nach meiner Rückkehr ging ich zu einem halben Dutzend Rundfunk- und Fernsehanstalten, zeigte ihnen meine Fotos und hatte meine Kassetten dabei, doch die allgemein verbreitete Meinung lautete, dass die sich da drüben einfach vermehrten und gegenseitig massakrierten, na und? – «Die kleinen braunen Leute», nannte sie ein amerikanischer leitender Angestellter in der Ölbranche. Es hörte sich an, als redete er von Kobolden und Elfen. – «Die sind doch wie Kinder», sagte er traurig. «Ich muss es wissen, ich habe zwanzig Jahre in Asien verbracht. Die kleinen braunen Leute sind ja wirklich ungeheuer nett, aber sie können nicht weiter denken als bis heute.»

Als er an ein großes Maisfeld kam (das Pakistanis gehörte), versperrte ihm ein dösender Wasserbüffel den Weg. Er stand eine Weile da und überlegte sich, was er tun sollte. Kinder eilten herbei und patschten und knufften das Tier, bis es schließlich gähnte und sich erhob. Als der Junge Mann weiterging, folgten sie ihm. Nach einer Weile kamen sie zu einem Mullah mit himmelblauen Augen und einem weißen Bart. Die Kinder blieben ehrfürchtig stehen. Der Mullah nahm das Gesicht des Jungen Mannes in die Hände, betrachtete ihn eine Weile und machte dann einen Schritt zurück. – «Friede sei mit dir», sagte der Junge Mann. – «Und mit dir, Friede», entgegnete der Mullah. Er stand lächelnd da und nickte dem Jungen Mann hinterher …

Mit der für ihn charakteristischen Entschlossenheit

Den Flüchtlingen ging es also nicht gut. Zumindest nicht so gut wie ihm. Und was sollte er dagegen unternehmen? (Ob das auch unternommen werden *konnte* oder *würde*, kümmerte den Jungen Mann vorerst nicht, denn er ging methodisch vor. Erst musste er sich einen Idealen Plan zurechtlegen. Dann, so er die Zeit hatte, würde er ihn umsetzen.) Also wollte er analysieren; er wollte Daten sammeln und vor sich hin träumen; er würde frische Batterien aus ihrer Plastikverpackung in seiner Kameratasche ziehen; er würde sie richtig herum in seinen Kassettenrekorder stecken und sich vorbereiten auf

Die Interviews

Als Erstes muss man sich für seinen Idealen Plan einen Gesamtüberblick verschaffen, das Thema festlegen, die Konstellation der Eckdaten, eins, zwei, drei, wie die drei Kinder, deren Vater die *Rus* hingerichtet hatten, die nun in dem kühlen Raum zwischen den Lehmstrohwänden standen, ein großes Mädchen, ein kleines Mädchen und ein Junge dazwischen. Die Mädchen trugen rote Gewänder mit wunderschönen Mustern. Sie sahen den Jungen Mann mit leicht abgewandten Köpfen an. Das Gesicht des kleinen Mädchens war sehr schmutzig. Der Junge starrte den Jungen Mann unverwandt an und hielt die halb zu Fäusten geballten Hände vor sich. In der Dunkelheit hinter den Kindern kochte die Großmutter dem Jungen Mann zu Ehren grünen *chai*. Die Kinder sahen ihn schüchtern und neugierig zugleich an; in ihrem Blick lag aber noch etwas anderes, das er nie festmachen konnte. Es war keine Feindseligkeit oder so etwas. Es hatte nichts mit ihm zu tun. Es hatte mit dem zu tun, was geschehen war. – Dann muss man sich ein paar zufällige Punkte auswählen, die weit genug von der Kurve abweichen, um das menschliche Interesse am Außergewöhnlichen zu nähren, aber nicht weit genug, um sie völlig willkürlich erscheinen zu lassen. Danach wirkt dann die Geschichte wie ein organisches Ganzes, offen für vornehmes Untertreiben hinsichtlich des menschlichen Leids und für scharfsinnige Empfehlungen zur Besserung abnormer Zustände.

Bericht eines Flüchtlings im Lager (Kohat)

«Warum haben Sie Afghanistan verlassen?»
«Die Russen haben mich geschlagen, weil ich nicht loyal gegenüber dem Regime Karmal war», antwortete der Mann. «Und ich hatte nicht genug Waffen – nur ein Gewehr für fünf, sechs Männer in der Familie, nicht genug, um unsere Frauen und Kinder zu schützen.»
«Sind Sie hier glücklich?»
«Nein, wir sind nicht glücklich.»
«Haben Sie eine Bitte an die Amerikaner?»
«Sagen Sie ihnen, dass wir sehr dankbar sind für das, was die Amerikaner tun, und dass wir sagen, Gott sei mit ihnen.»

Rückblick (1987)

Wenn ich so zurückblicke, bin ich entsetzt über die Einfallslosigkeit meiner Fragen. Ich weiß noch, dass ich allen dieselben Fragen stellen *wollte* («Sind Sie glücklich hier im Lager?» – «Warum haben Sie Afghanistan verlassen?» – «Wie könnten Ihnen die Vereinigten Staaten am besten helfen?»), weil ich nach irgendeiner zugrunde liegenden Struktur suchte, die die Dinge erklärte. Dann hätte ich einen Plan zeichnen können, der genau zeigte, woher das Flüchtlingsgeld kam, bis auf den letzten Cent genau; ich hätte elegante Flussdiagramme zeichnen können, die nachverfolgten, wohin das Geld ging: zu einem Diamanten namens «HILFE» oder zu einem großen schmalen Rechteck namens «KORRUPTION» – und ich hätte daraus *logisch* schlussfolgern können, wieviel und was genau benötigt wurde. (Wenn 90 Prozent der Afghanen, die ich befragte, gesagt hätten, dass sie Waffen bräuchten, dann hätte ich versucht, ihnen Waffen zu schicken.*) Der nächste Schritt bestünde nun darin, zu berechnen, wie effektiv die Arbeit der verschiedenen Mudschaheddin-Parteien war und welche man am besten unterstützte; daraus und aus damit verbundenen Kalkulationen konnte ich dann größere Summen bilden, wer denn nun die Afghanen, Sowjets und Pakistanis überhaupt waren … und dabei waren sie alle doch nur Menschen.

Die Interviews (1982)

Will man sich einen Überblick verschaffen, redet man auch mit offiziellen Stellen. Über einen Freund des Generals, der beim Hochkommissariat für Flüchtlinge bei den Vereinten Nationen arbeitete, arrangierte der Junge Mann ein Interview mit Marie Sardie, der Ernährungsberaterin des UNHCR. – Den Jungen Mann fand sie allerdings etwas verwirrend. – «Also welches Ziel verfolgen Sie hier?», fragte sie im Verlauf des Interviews. «Wollen Sie die Hilfe für die Flüchtlinge ausweiten oder eher reduzieren, oder was?» – Der Junge Mann erwiderte, dass er nur herausfinden wolle, was genau die Flüchtlinge bräuchten, und ob sie mehr als das Notwendige bekämen oder weniger. Bekämen sie weniger, dann würde er in seiner Darstellung (die Sie gerade lesen)**

---

* Bei meinen Sammelaktionen stellte ich zwei Kaffeebüchsen auf. Auf der einen stand FLÜCHTLINGE, auf der anderen REBELLEN. Wie gut ich alles durchdacht hatte! Ich erinnere mich noch an das erste Mal, als ich am Ende des Abends feststellte, dass die Flüchtlinge nun dreißig Dollar reicher waren und die Rebellen neun Dollar ihr Eigen nennen konnten! Die Summen waren zwar bescheiden, aber zumindest hatte ich endlich etwas erreicht! Wie sich allerdings später herausstellte, berechnete mir die University of California in Berkeley vierzig Dollar Saalmiete.

** «Wir hatten nun Gelegenheit, uns Ihr Buch über Afghanistan genauer anzuschauen», schrieb der Verlag Houghton Mifflin 1983. «Ihre Reise war darauf hinweisen, dass mehr geschickt werden solle. Bekämen sie mehr, dann müsste er sich nicht mit *diesem* Problem herumschlagen. – Diese Art von Faktensuche ist für den Planer willkürlicher Kurven von entscheidender Bedeutung. – Ich für meinen Teil bin da wahrscheinlich noch verantwortungsloser, da ich in meinem Zögern, willkürliche Kurven zu ziehen, übersehe, dass manche Kurven gar nicht willkürlich sind, dass das tägliche Leben sein Recht verlangt, was es wohl kaum ernstlich bekam, als ich zum Beispiel mit meinem Freund Suleiman Aprikosen von einem Baum in Afghanistan pflückte und feststellte, dass ich auf einem menschlichen Unterkiefer stand, an dem noch Fleischfetzen hingen, das Fleisch eines Menschen, der von einem anderen Menschen umgebracht worden war, den seine eigenen Verpflichtungen dem Staat gegenüber dazu gebracht haben mussten; ich werde niemals vergessen, wie blau der Himmel war. Geben wir dem Jungen Mann also die keineswegs willkürliche Frage an die Hand, die er Marie Sardie in ihrem angenehmen Büro in Peschawar stellen kann: Erhalten die afghanischen Flüchtlinge in den Lagern genügend Nahrungsmittel, um sie – die Männer, Frauen und Kinder – am Leben und körperlich und geistig gesund zu erhalten? – Natürlich, erwidert der Junge Mann, wenn man deine scheinbar freimütige Frage in seine atomaren Bestandteile zerlegt, dann käme die Willkürlichkeit ans Licht; das siehst du doch wohl ein, oder nicht? Das ist wahrscheinlich der Grund, warum dein Spie-

gewiss bemerkenswert, ebenso wie ihr Mut, sie überhaupt anzutreten. Unsere Schwierigkeiten mit dem Manuskript resultieren weniger aus der Schärfe Ihrer Beobachtungen, sondern eher aus der Art und Weise Ihrer Darstellung … Unserer Meinung nach … dürfte es schwer fallen, selbst wenn das Buch von den Kritikern wohlmeinend aufgenommen würde, ein größeres Publikum zu finden, das eine für Sie oder uns befriedigende Form der Veröffentlichung rechtfertigen würde. Ich sende Ihnen daher mit unserem allergrößten Bedauern das Manuskript zurück …»

gelbild mich so traurig aus der Dunkelheit des Fensters heraus anstarrt. Jawohl, mein Herr, Heisenberg hatte Recht, denn nimm doch mal an: Ganz gleich, ob die Flüchtlinge genug *erhalten*, welcher Teil davon kommt denn bei ihnen an und welcher Teil wird von den Pakistanis in den Läden in Saddar feilgeboten? Wie viel von dem, was in die Lager geht, wird gerecht verteilt? – Solche Punkte unterliegen doch sicher irgendeiner ethischen Berechnung, doch welches der zugrunde liegende Maßstab ist, dürfte verteufelt schwer zu sagen sein. – Ist die Ausgabe von Essensrationen jahrein, jahraus eine befriedigende Methode, die Menschen zu ernähren? Wenn sie nicht ihre eigenen Nahrungsmittel essen, bleibt dann etwas in ihnen hungrig? – Wie viel davon wird von den Mudschaheddin nach Afghanistan mitgenommen? Und ist das gerecht? – Die Mudschaheddin sind ja ebenfalls Flüchtlinge, viele von ihnen sind in den Lagern gemeldet, und sie haben ein ebenso großes Anrecht auf Versorgung wie andere Flüchtlinge – vielleicht sogar ein Vorrecht, da die Vorstellung von Afghanen als ewige Flüchtlinge all jenen von uns zuwider ist, die glauben, dass der Einmarsch falsch gewesen ist, und zumindest versuchen die Mudschaheddin, diese Versorgungsmittel dazu zu verwenden, ihre Heimat zurückzuerobern und so ihre Abhängigkeit von unserer Unterstützung zu beenden. Man muss sie dafür respektieren; und dennoch: Ist es recht, wenn die Mudschaheddin die UNICEF-Tabletten aus kondensierter Milch essen, die eigentlich für ihre Kinder bestimmt sind? *Ich* finde schon, aber die UNICEF vielleicht nicht. – Solche Schmetterlinge schwirrten dem Jungen Mann durch den amöbengeplagten Magen; heute machen mich solche Fragen ungeduldig, denn nachdem ich entschieden habe, dass die Afghanen im Recht sind, und da ich weiß, dass Verschwendung und Korruption überall herrschen, ist es mir vollkommen gleichgültig, wie viele Tonnen an Versorgungsgütern in andere Kanäle fließen als für die Speisung der Flüchtlinge, solange die Flüchtlinge nur genug haben; ich kann mich nicht mit meinem Wunsch befassen, dass alles perfekt sein soll, wenn alles, was ich mir wünsche, doch nur darin besteht, dass ich niemals jenen Unterkiefer unter dem Aprikosenbaum gefunden hätte, auf dessen schwarzer Lippe die Fliegen saßen; wenn ich die Macht besäße, würde ich ihnen tonnenweise Nahrungsmittel schicken und Raketen und Panzer und Flugzeuge und mir keine Gedanken darüber machen, wohin das alles geht, weil hier der Zweck die Mittel heiligt. Das kann auch gar nicht anders sein. Und aus diesem Glauben heraus gebe ich jenen Aspekt der Unschuld namens Gutgläubigkeit auf, meine Träume sind nicht länger unbefleckt; das ist zweifellos der Grund, warum der Junge Mann im Spiegel mich so traurig ansieht (bis zu seiner Reise nach Afghanistan hatte er kaum jemals eine Waffe abgefeuert!).

Und so saß der Junge Mann bei Marie Sardie im Büro, trank ihren Tee und stellte zögerliche und uninformierte Fragen, auf die sie vollkommen vernünftige Antworten gab. Sie konnte ihn nicht zufrieden stellen, aber das konnte niemand, und da er diesen Glaubenswechsel nicht wagte, der eher einem Glaubensabfall gleichkommt, war er nicht in der Lage, jemandem zu helfen.

Bericht von Marie Sardie, Ernährungsberaterin des UNHCR

«Keiner kann beurteilen, wie ihr Gesundheitszustand subklinisch aussieht», sagte sie, «klinisch betrachtet ist er nicht allzu schlecht. Die medizinischen Leistungen, die sie erhalten, sind erheblich besser als die ortsüblichen und um ein Vielfaches besser als in Afghanistan. Sie erhalten Nahrungsmittel, schulische Ausbildung, Unterkunft und Wasser – wenigstens einige Lager – und mindestens einmal in der Woche medizinische Versorgung. In Afghanistan konnten sie sich glücklich schätzen, einmal in ihrem Leben einen richtigen Arzt zu Gesicht zu bekommen … Das sorgt für heftige Spannungen zwischen den Einheimischen und den Flüchtlingen. Das Budget des UNHCR ist bei weitem nicht umfangreich genug, um die örtlichen Einrichtungen in unser Programm mit einzubinden. In manchen Fällen jedoch haben wir versucht, die Arzneimittelversorgung den Einheimischen *und* den Flüchtlingen zugänglich zu machen. Den Flüchtlingen missfällt das; und meistens befindet sich die Apotheke ohnehin mitten im Lager.»

Was die Leute nicht auf Band sprechen [1]

Manche Pakistanis mochten die Flüchtlinge nicht besonders. Manchmal gaben sie ihnen nicht mal Wasser.

Bericht von Marie Sardie (Fortsetzung)

Der Junge Mann schob den Kassettenrekorder näher heran. – «Glauben Sie, dass der Gerechtigkeit halber diese Sonderleistungen auf das Niveau der einheimischen Bevölkerung zurückgefahren werden sollten?» Er hielt sich für sehr subtil.
«Nicht in allernächster Zukunft», erwiderte Marie Sardie, «auf lange Sicht vielleicht. Schauen Sie doch nur mal, was mit den Flüchtlingen aus Tibet geschehen ist. Sie bekommen erheblich weniger als die einheimische Bevölkerung, denn

wer interessiert sich schon für tibetische Flüchtlinge? Im Augenblick sind die Geberländer in Bezug auf die afghanischen Flüchtlinge äußerst generös. Aber wer weiß, wie es in fünf Jahren aussieht oder in zehn? Entlang der Grenze gibt es überall Gebiete mit Mangelernährung, und zwar nicht, weil sich dort Flüchtlinge aufhalten; es ist eine kulturelle Angewohnheit, den Kindern keine feste Nahrung zu geben, bis sie mindestens zwei Jahre alt sind*; es überleben also nur die Stärksten. Die Schwachen» – sie zuckte mit den Schultern – «sterben eben.» – Der Junge Mann nickte und trank seinen Tee. Der Ventilator in dem Büro war wirklich sehr, sehr angenehm. – «In manchen Gegenden versuchen wir durchzusetzen, dass die Kleinkinder schon mit sechs Monaten feste Nahrung erhalten; das ist sehr schwer», sagte Marie Sardie. «Die Frauen, zumindest einige von ihnen, sind schon aufgrund der zahlreichen Schwangerschaften unterernährt; zudem sind, wie Sie wissen, Frauen in diesem Teil der Welt absolut wertlos. Bringt eine Frau nur Mädchen zur Welt, ist es dem Ehemann zumeist vollkommen gleichgültig, ob sie oder die Frau sterben; man kann sich ja eine andere Frau nehmen, die dann hoffentlich männlichen Nachwuchs zur Welt bringt.»

Die Frauenfrage

Levi erzählte, dass die Männer ihre Frauen manchmal wie Autos abstellen, wenn sie irgendwo hingehen, und sie zwei Stunden lang mit dem Gesicht zur Wand stehen lassen.

---

*   Mehr dazu findet sich im Interview mit Mary McMorrow.

Endlich Erfolg

Marie Sardie besaß ihr eigenes Büro, einen Dienstwagen und einen Chauffeur, so dass allen klar sein musste, dass sie die offiziellen Funktionen eines Mannes erfüllte. Mary McMorrow dagegen nicht. Mary war eine Krankenschwester des IRC.

«In einem Lager wurde mir der Zutritt verboten, weil die Frauen mich sehen konnten», berichtete sie. «Sie konnten mich *sehen*, das war alles. Die meisten kommen vom Land und haben zuvor in den Bergen gelebt oder sind ihr Lebtag mit ihren Schafen umhergezogen, und das hier ist etwas Neues für sie: Eine Frau zu sehen, die mit einem Auto angefahren kommt, eine Frau zu sehen, die jemandem etwas sagt, was dann auch getan wird, das sorgt für ziemliche Unruhe.»

Gegen Mittag begleitete der Junge Mann Mary in ein medizinisches Versorgungszelt, durch dessen rechteckigen, von der Sonne stickigen Eingang kleine braune Jungen mit kurz geschorenen Haaren und dunklen Augen starrten und dabei die Stirn runzelten oder am Daumen lutschten; hinter ihnen hockten geduldig alte weiß gekleidete Männer; drinnen saß eine müde, hübsche Krankenschwester in Weiß, deren Schreibtisch aus einem mit weißen Laken bedeckten Untersuchungstisch bestand, auf dem ihre Schere in einem Stahlkästchen voller Desinfektionsmittel lag, daneben eine Sprühflasche Alkohol, ein Tablett voller Watte und Tabletten; dann trat ein hübscher, braun gebrannter, unrasierter Flüchtling vor sie hin, erhielt seine Medikamente gegen Tuberkulose, dann der Nächste, dann der Nächste. Am Vormittag waren erst 64 Kinder geimpft worden. Mary erzählte, ihr Team habe in Thailand 500 am Tag geimpft. Der pakistanische Lagerverwalter sprach zu seiner Verteidigung von «Motivation». Ein Fahrer wurde angebrüllt, weil er einen Laster zweckentfremdet hatte. Es gab einen Streit um Belege, der trotz der Hitze von 42 °C immer weiter tobte. Mary trat hinzu, packte sich wahllos zwei Kinder und besah sich deren Arme. Alle geimpft; alles in Ordnung. – Durchs Zeltfenster konnte man einen Brunnen sehen, eine Moschee (die einer blechgedeckten Scheune glich), eine dreckige Mutter mit ihrem dreckigen Kind und dreckige glotzende Kinder, von denen eines keine Hose trug.

«Die Vakzine werden nicht kühl genug gelagert», sagte Mary.

«Ist doch nicht meine Schuld», schimpfte der Immunologe, ein Pakistani. Er brüllte Befehle. «Alles hier ist nicht gut», sagte er. «Wir haben von allem nicht genug! Warum geben die Amerikaner nicht mehr Geld für die Flüchtlinge?»

«Pakistan hat die Hilfe schon einmal zurückgewiesen», entgegnete Mary. «Die Amerikaner sind eben woanders hingegangen und haben das Geld dort ausgegeben.»

«Dann sollte Amerika sein Geld eben besser verwalten», sagte der Immunologe triumphierend und starrte Mary an.

Bericht von Mary McMorrow,
Krankenschwester in Diensten des IRC

«Die Frauen werden am stärksten vernachlässigt, die Frauen sind am häufigsten anämisch, bei den Frauen findet sich die höchste Rate an Tuberkulosefällen; die Frauen sind ganz allgemein in einer ziemlich schlechten Verfassung», berichtete Mary. «Nach unseren Maßstäben werden sie ziemlich schlecht behandelt. Nach ihren Maßstäben werden sie so behandelt, wie sie es erwarten. Traditionell bekommen die afghanischen Männer das beste Essen, dann kommen die Kinder, und die Frauen sind als Letzte dran, wenn dann überhaupt noch etwas übrig ist. Es gibt gewisse lang tradierte Tabus: Bei manchen Stämmen essen die Frauen kein Fleisch und kein Gemüse, weil sie glauben, es bekäme ihnen schlecht. Sie ernähren sich also hauptsächlich von süßem Brot und grünem Tee.

Das Leben einer Frau zählt weniger als das eines Tieres. Ein Kamel oder ein Wasserbüffel werden in dieser Gesellschaft höher geachtet als eine Frau. Man wird keinen Ehemann dazu überreden können, für seine Frau Blut zu spenden, denn wenn man ihm das Blut nimmt, nimmt man ihm das Leben, und wenn die Frau stirbt, kann man sich ja eine andere nehmen.

Letzte Woche bekam eine Frau ein Kind, aber die Plazenta löste sich nicht, über 72 Stunden, und das ist eine sehr ernste – lebensbedrohliche – Komplikation. Es hört einfach nicht auf zu bluten. Sie war ganz allein, abgesehen von dieser alten Frau, die sich zufällig in der Nähe befand. Als wir sie fanden, war sie von dem Blutverlust schon im Schockzustand. Wir mussten sie rehydrieren; wir mussten ihr Medikamente geben, um ihren Blutdruck zu stabilisieren; wir gaben uns alle Mühe, sie am Leben zu halten. Ihr Zustand hatte sich stabilisiert und sie befand sich auf dem Weg der Besserung, als ihr Mann hereinkam (das war das erste Mal, dass wir ihn in den fünf Stunden im Zelt zu Gesicht bekamen). Und alles, was er zu sagen hatte, war: ‹Und woher soll ich jetzt Wasser bekommen, wenn *sie* es nicht holt?›»

Der entscheidende Punkt [1]

Im Gegensatz zu mir erreichte Mary allerdings etwas. Sie rettete die Frau. Sie zeigte den Müttern, wie man länger stillt, wie man Bananen zerdrückt und sie den kleinen Kindern füttert …

Das Gefühl, etwas erreicht zu haben

«Also sind die Versuche, ihr Selbstvertrauen zu stärken, doch nicht vollkommen gescheitert?», fragte der Junge Mann voller Hoffnung.

«Es hat gar keine ernsthaften Versuche gegeben, ihr Selbstvertrauen zu stärken», antwortete Marie Sardie. «All diese Anstrengungen sind von den Flüchtlingen selbst ausgegangen. Es ist sehr schwierig, denn anfangs versucht man nur, sein eigenes Pensum zu schaffen. Man gibt ihnen Waren, Almosen. Man zerstört ihren Stolz und ihre Integrität; man macht sie zu professionellen Bettlern und Parasiten. Wenn man ihnen etwas umsonst gibt, warum sollten sie dann dafür arbeiten? Aber solche Flüchtlinge, die aktiv sein wollen, werden dies auch. Sie helfen in der Apotheke aus und bei der Essensausgabe; sie helfen den Helfern. Eigentlich nur aus Langeweile. Sie sind satt, haben ihren Durst gestillt, haben etwas anzuziehen; was können sie schon mit ihrer Zeit anstellen, außer Löcher in die Luft zu starren? Deshalb haben sich viele von ihnen kleine Küchengärten angelegt und Geschäfte eröffnet, wo man Essen und Zigaretten kaufen kann, Waschmittel und Seife …»

Glück [5]

Nach seiner Rückkehr aus Hangu wurde der Junge Mann sehr krank. Mary und Levi luden ihn zu sich ein und päppelten ihn auf. Während des Essens musste er ein paar Mal im Bad verschwinden, und Mary sagte: «Du musst nichts essen, wenn du nicht möchtest.» Auf einmal überkam ihn ein wunderbares Gefühl von Leichtigkeit und Freiheit. Er musste niemanden zufrieden stellen, musste nichts tun, obwohl das Gerücht ging, die *Rus* hätten größere Bauvorhaben begonnen, in Kabul, Herat, Mazar-i-Sharif … Militärbasen und Häuser, behaupteten die Afghanen. In Hairaton errichteten sie eine Stadt für 100 000 Menschen. Die Mudschaheddin verloren die Kontrolle über viele der größeren Städte. In Herat kontrollierten sie noch Teile des Flughafens, aber Shindand war bereits vollständig in Händen der *Rus*. In Kailagai stellten die Russen Waffen und Munition her. Früher war das eine schlammige und staubige Gegend. Und jetzt sei die ganze Gegend mit Metall übersät!, erzählte mir ein Mann voller Staunen. Es gebe dort Flugzeuge und Panzer; die Region hatte sich in einen Stützpunkt der sowjetischen Truppen verwandelt. Die *Rus* hatten eine Fabrik errichtet; sie baggerten ganze Hügel ab für ihre Bauvorhaben, erzählten die Menschen. An alldem konnte der Junge Mann nichts ändern; er entspannte sich, aß einen Teller von Marys Suppe und trank eins von Levis Bieren und war unheimlich glücklich.

Der entscheidende Punkt [2]

«Wir betreiben 200 Schulen in unseren Lagern», sagte Marie Sardie. «30 000 Kinder gehen zur Schule, davon sind 2000 Mädchen.»

«Das kommt mir ein wenig unausgewogen vor.»

«Nein, die Teilnahme ist recht hoch; höher als bei den Einheimischen. Es gehen mehr Flüchtlinge zur Schule, auf die Gesamtzahl der Lagerbewohner gesehen, als bei der einheimischen Bevölkerung, erheblich mehr als in Afghanistan. Der Prozentsatz derer, die lesen und schreiben können, ist sehr hoch. Wir verändern also Strukturen. In den letzten zwei Jahren haben hier viele radikale Veränderungen stattgefunden, die in Afghanistan fünfzig Jahre gebraucht hätten. Der Einfluss der westlichen Kultur ist groß – zu groß. Wir haben die pathanische Tradition, sich Essbares zu suchen, vollkommen unterbunden; hier *geben* wir es ihnen einfach. Und wir haben die Tradition der rein männlichen Schulbildung unterbunden. Ob das gut oder schlecht ist, kann Ihnen niemand verbindlich sagen.»

Bericht des afghanischen Arztes (Lager Hangu)

«Es wird noch eine Weile dauern, bis wir den afghanischen Männern begreiflich machen können, dass die Afghaninnen ebenfalls menschliche Wesen sind», sagte er und sah zu den Frauen am Brunnen hinaus, der gleich hinter den niedrigen lehmgebackenen Mauern lag und wo ein großer blassblättriger Baum ihnen ein wenig Schatten spendete, während sie Wasser in alte Benzin- und Milchdosen pumpten; ihre Gewänder waren blau mit orangefarbenen Blumen oder rot mit gelben Blüten oder orange oder beige, aber alle trugen sie Schleier. «Sie haben das Recht, überall dorthin zu gehen, wo sie Hilfe erwarten können, außerdem brauchen sie Unterricht. Das wird die Männer einige Zeit kosten. Aber ein plötzlicher Wandel in ihrer Kultur gäbe eine Katastrophe, und sie würden mit ihren Gewehren dagegen ankämpfen.»

8. «... Offiziell als Flüchtlingslager bezeichnet ...»: Korruption (1982)

AFGHANIN: Sind Sie ein Tourist?
JUNGER MANN: Nein, ich sammle Spenden.
AFGHANIN: Sammeln Sie viel Geld
    oder nur ein paar tausend Dollar?
JUNGER MANN: Wahrscheinlich
    nur ein paar tausend Dollar.
AFGHANIN: Ich finde, Sie sollten uns
    entweder wirklich helfen oder es bleiben lassen.
    So helfen Sie uns nicht.

Afghanistan Picture Show [1]

Mittlerweile flimmerte es vor seinen Augen, und seine Afghanistan Picture Show, mit der er die Welt in Bann schlagen wollte, starrte ihn an wie die beiden kleinen Mädchen, die zwischen den Zelten hervorschauten. Das eine hatte gekämmtes Haar und trug ein sauberes weißes Kleid. Das andere war ungekämmt, hatte ein dreckiges Gesicht und trug ein ausgebleichtes verknittertes Kleid; sie kratzte sich an einem Insektenstich am Knie. Beide waren schön; beide waren schüchtern. Sie starrten ihn unverwandt an; sie bekamen gar nicht genug davon. Wie fremdartig er war! Was wollte er? Warum war er zu ihnen gekommen? Warum war er so dünn und blass und schwitzte? Mit ihm stimmte doch etwas nicht. Die beiden Mädchen beobachteten ihn und hofften, dass er nicht weggehen, aber auch nicht näher kommen würde. Seine Afghanistan Picture Show starrte ihn an wie die beiden kleinen Jungen, die sich neben das Zelt und die Lehmschachtel hockten, worin sie lebten; sie umklammerten ihre Knie mit den Händen; sie lächelten, und zwischen ihnen stand eine leere Blechdose, auf der stand: BUTTERÖL 99,8 % MILCHFETT GESCHENK DER EUROPÄISCHEN WIRTSCHAFTSGEMEINSCHAFT; auf dem Haus stand eine andere leere Dose, die zu einem Eimer umfunktioniert worden war, und der Boden bestand aus festgetretenem, verbackenem, rissigem Lehm. Die Afghanistan Picture Show starrte ihn an wie die Lehmhäuser mit ihren viereckigen Augenlöchern, die ihn beobachteten, wobei ihnen das Stroh über die Stirnseiten hing wie die Locken bei den Flüchtlingsjungen, und in einem der Lehmhäuser saß der Junge mit dem offenen Gesicht, der seinen Vater an die *Rus* verloren hatte und nun den Jungen Mann aus bräunlich grünen Augen anstarrte, wobei er eine Hand an die Schläfe drückte, als ob ihm das dabei helfen würde, besser zu sehen, und der Junge Mann dachte: Vielleicht kann ich ja doch etwas Gutes tun; vielleicht diene ich zur Ablenkung; hinter dem Jungen warf eine gemusterte Decke einen Regenbogen.

Aber noch immer konnte er nicht erkennen, was diese Dinge zu bedeuten hatten. Er war zu sehr mit der Analyse beschäftigt, um das Problem (so wie er dies bei allen anderen Problemen auch getan hatte) ein für alle Mal zu klären, das Problem der

Korruption

Marie Sardie lieferte zwei Argumente für die «Sonderleistungen» – erstens das zweckmäßige Argument, dass sich die Lage in Zukunft ja verändern könne, wie bei den tibetischen Flüchtlingen, und in diesem Falle könne man die gehorteten «Extras» gut brauchen; zweitens, dass es selbst *mit* den «Extras» noch immer Mangelerscheinungen gebe, so dass man eine willkürliche Kurve zeichnen könne, ohne überhaupt willkürlich zu sein, und die heftigen Zweifel des Jungen Mannes hinsichtlich einer allumfassenden Erkenntnis und Gerechtigkeit sich auf diese Weise erledigt hatten; entweder litten die Menschen an Mangelernährung oder sie taten es nicht.

«Ganz gleich, ob ein einmonatiges Baby oder ein vierzigjähriger Mann, alle kriegen dieselbe Ration», erläuterte Marie Sardie. «Es gibt also mehr als genug für jeden, was ihnen auch ohne den Schwindel mit erfundenen, aber registrierten Familien erlaubt, überschüssige Nahrungsmittel auf dem Markt zu verkaufen, um sich andere Nahrungsmittel und Dinge zu leisten, die sie benötigen.»

«Sie glauben also», fragte der Junge Mann, «dass die meisten Familien mit den zusätzlichen Nahrungsmitteln und der finanziellen Zuwendung von fünfzig Rupien im Monat ganz gut über die Runden kommen?»

Marie Sardie lehnte sich in ihrem Sessel zurück. «Was diese fünfzig Rupien im Monat angeht, bin ich mir nicht sicher», sagte sie. «Die meisten sind froh, wenn sie das Geld ein oder zwei Mal im Jahr zu Gesicht bekommen. Auf dem Papier erhalten die Flüchtlinge zwar das Geld, aber die Erfahrung lehrt, dass sie es meistens nicht bekommen.»

«Und wohin verschwindet es?»

Sie lachte. «Wie die meisten Dinge hier: In anderer Leute Hände und Taschen!»

Was die Leute nicht auf Band sprechen [2]

Die Flüchtlinge verkauften ihre Medikamente auf den Basaren (ich war ja *so* schockiert, als ich das erste Mal davon hörte!).

Bericht des afghanischen Kellners (Fortsetzung)

«Ja, das stimmt, manche verkaufen ihr Essen und Medikamente. Ich weiß nicht, ob es Afghanen sind. Ich habe einmal in einem Geschäft Medizin gekauft, und auf der Medizin stand: *Nur für afghanische Flüchtlinge.*»

Hilflosigkeit [7]

Das Thema Korruption beschäftigte den Jungen Mann ungemein. Seine Gedanken kreisten um die Vorstellung von geheimen Verschwörungen. Wenn er nur beweisen könnte, dass die Flüchtlinge (wie der lächelnde Junge, dessen Haut ein klein wenig röter als Kakao war und der seinen kleinen Bruder in den Armen hielt, damit der Junge Mann ihn sehen konnte; der Kleine hielt etwas in einem Bündel weißen Baumwollstoffs, das er nicht auspacken wollte; er hielt die Falte mit drei braunen Fingern fest zusammen, und sein braunes Gesicht strahlte den Jungen Mann so verzückt an, dass er beinahe lächelte, wobei sich sein Mund zu einer schüchternen, süßen Kurve verzog), wenn er nur beweisen könnte, dass die Flüchtlinge betrogen oder die Mudschaheddin *systematisch* behindert würden, dann würde er sich viel besser fühlen. Das wäre ein Problem, bei der die Lösung rein theoretisch klar auf der Hand lag. Er verweigerte sich der Parabel von den Bierdosen. Er wollte sich nicht eingestehen, dass die Seitenstreifen aller Straßen mit Müll und Wracks übersät sind. Wie nett wäre es doch, wenn man einfach ein Schild aufstellen könnte, auf dem stünde: MÜLL ABLADEN VERBOTEN, STRAFE 500 RUPIEN. Ich lese diese Interviews nun Jahre später, und noch immer komme ich mir so hilflos vor.

Bericht des afghanischen Arztes (Fortsetzung)

«Sagen wir mal, ein medizinischer Sektionsleiter würde Nahrungsmittelrationen verteilen. Er zweigt vier oder fünf davon für sich ab, obwohl er nur eine braucht; das ist eine Form der Korruption, von der ich Ihnen berichten kann.»

Bericht von Mary McMorrow (Fortsetzung)

«Wenn wir einer Mutter Getreideflocken für ein Kind mitgeben», berichtete Mary, «wissen wir genau, dass die anderen sieben Kinder und der Ehemann auch davon essen werden.»

«Also sollte man ihr mehr geben», entgegnete der Junge Mann.

«Nun, je mehr man ihr gibt, umso mehr wird davon verteilt. Wir haben hier Großfamilien, alles wird geteilt. Sagen wir mal, ein unterernährtes Kind erhält zwei Kilo Nahrung die Woche und nimmt ein halbes Kilo zu. Da weiß man einfach, dass ein Teil der Nahrung woanders hingewandert ist; damit muss man einfach rechnen.»

Bericht des alten Mannes (Lager Kachagari)

Also lautete die Frage, wie schlimm diese Mangelernährung war. Wenn er das herausbekam, konnte er seine *Wenn-dann*-Schlüsse ziehen und sich auf den Weg nach Afghanistan machen (ich erinnere mich noch sehr gut an den langen, heißen Sommer, als ich ständig an die Grenze dachte). Bevor er mit Marie Sardie sprach, hatte der Junge Mann mit B., einem der unbedeutenderen Guerillakommandeure der Jamiat-i-Islami, verabredet, das Lager Kachagari an der Khyber Road aufzusuchen. – Kachagari, so ließ man ihn wissen, werde vom Roten Halbmond und der pakistanischen Regierung gemeinsam betrieben. Man werde ihn dort offiziell nicht willkommen heißen; Commissioner Abdullah, der oberste Verwaltungsbeamte im Flüchtlingsbüro, werde ihm wohl kaum die Genehmigung für einen Besuch erteilen.

Nachdem der Junge Mann einen Brief von Dr. Nadschibula, dem Leiter des örtlichen Büros der Jamiat-i-Islami, in den Händen hielt, reichte er diese Notiz an B. weiter – worin B. versichert wurde, dass man den Jungen Mann nicht für einen Agenten des KGB halte –, und dann machten sie sich illegal in einem Taxi auf den Weg, einem großen alten Packard. Die Fahrt kostete den Jungen Mann 250 Rupien.

Es war ein Feiertag. Wenig wahrscheinlich, dass sie irgendeinem der Lagerverwalter oder Mitarbeiter begegnen würden, und der Junge Mann hatte versprochen, alles auf sich zu nehmen, wenn sie erwischt würden, und die Strafe mit allem Anstand über sich ergehen zu lassen. Sie fuhren fröhlich die Khyber Road entlang und zogen eine hartnäckige, schmale Staubwolke hinter sich her, so weit das Auge reichte. Sie passierten die Siedlung Jabbar und die Universitätsstadt, dann kamen all die traurigen Verkaufsstände und dann, gleich rechts, viele Hektar sonnengeblichener Zelte und bräunlich gelber Mauern, Straßen und Häuser aus irgendeiner Lehmmasse. Es war ziemlich heiß an dem Tag; der Junge Mann versprach sich selbst, gleich nach seiner Rückkehr ins Hotel, aus der frisch erworbenen Sirupflasche viele, viele Mangodrinks zu mixen. – Als sie ins Lager fuhren, kam es ihm unendlich groß vor. Das Ausmaß und die scheinbare Abwesenheit von Menschen wie auch die Abgelegenheit erinnerten ihn an jene Friedhöfe in New England, die sich an der Straße entlangziehen. Man hielt den Atem an, wenn man an einem solchen Friedhof vorbeifuhr. Der Wagen rollte langsam die hart gebrannte Staubpiste entlang. – Sie hielten in einer Sackgasse zwischen rissigen Mauern, und sofort stürzten die Flüchtlinge aus ihren Unterkünften; die Frauen hielten sich mit ihren Wassergefäßen ein wenig im Hintergrund und starrten über die Ränder tiefer Gruben im festgetrampelten Staub (Brunnen? Er sollte es nie herausfinden), während alle anderen herbeieilten und den Wagen umringten, allen voran die Kinder, die ihre Gesichter an die Scheiben pressten, dennoch aber eine gewisse schüchterne Distanz beibehielten. Sie machten Platz, als der Junge Mann, B. und der Taxifahrer ausstiegen, sich in der Hitze reckten und dann umschauten: Alles war ausgedörrt, die Zeltleinwände waren von einem ausgebleichten Braun, und auf dem Boden lagen glänzende leere Dosen, in denen sich Speiseöl befunden hatte (ein weiteres Geschenk der Europäischen Wirtschaftsgemeinschaft); die Menschen standen da und starrten stumm den Jungen Mann an. Nach einer Weile rückten die Männer näher, und die Frauen verschwanden wieder.

B. führte ihn zu einem Zelt, in dem ein alter Mann saß. – «*Asalamu alaykum*», sagte der Junge Mann auf seine übliche tollpatschige Art. – «*Walaykum asalam*», erwiderte der alte Mann. Er nahm die Hände des Gastes in die seinen. Sie setzten sich hin, und der alte Mann goss ihnen Wasser ein. Die anderen gingen hinaus.

Da der alte Mann und der Junge Mann die Sprache des anderen nicht verstehen konnten, fungierte B. als Dolmetscher.

«Haben Sie genug zu essen?», fragte der Junge Mann.

«Ja, genug.»

«Was essen Sie?»

Der alte Mann zuckte mit den Schultern. «Manchmal geben Sie uns und manchmal nicht. Wir bekommen *chai* und *ghee**, Zucker und Milch. Manchmal bekommen wir zwei, drei Monate nichts. Dann versorgen wir uns selbst. Schon zwei Monate haben wir unser Flüchtlingsgeld nicht bekommen.»

---

*   Tee und Speiseöl

Die Essensfrage

Natürlich hatte der Alte ein Interesse daran zu sagen, dass sie nicht genügend zu essen bekämen, ob das nun stimmte oder nicht. So bekam er vielleicht weitere «Extras». Der Junge Mann konnte es sich leisten, vollkommen ehrlich zu antworten, weil es bei ihm ja um nichts ging. Aber können jene, bei denen es um nichts geht, jemals wirklich die Wahrheit *fühlen*? In den Jahren, die seit meinem Gespräch mit dem alten Mann vergangen sind, habe ich mit vielen Schnorrern und Bettlern gesprochen. Sie alle sagen stets dasselbe. – Aber bedeutet das, dass man nur auf das hören sollte, was man ihnen nicht in den Mund legt?

Der Junge Mann hätte in das Lager Kachagari ziehen müssen. Dann hätte er es GEWUSST. – Aber nein, er wäre niemals so tief in das Leben dort eingedrungen, um es wirklich kennen zu lernen. Er wäre ihnen nur zur Last gefallen. Und Abdullah hätte ihn geschnappt. – In Wahrheit hatten die Hitze, die Krankheit und, noch schlimmer, seine Absicht, die einen vollkommen geraden und makellosen Pfad verlangte, so dass jedes noch so kleine bisschen ihn aus der Bahn warf, seinen eigenen Anspruch erschöpft. Er konnte nichts anderes mehr tun. Die Ironie wollte es, dass er immer mehr jenem Bild von den Menschen ähnelte, denen er helfen wollte. Er war es, der verloren war, alles in Frage stellte, Durst hatte und so fern der eigenen Heimat war …

Bericht des Alten Mannes (Fortsetzung)

«Was tun Sie den ganzen Tag?», fragte der Junge Mann. «Wie verbringen Sie Ihre Zeit?»

Es dauerte einen Augenblick, bis der alte Mann seine Frage verstanden hatte. – Was tat er? Was glaubte denn dieser Amerikaner, was er tat? – «Wir haben nichts, keine Arbeit zu tun! Nur sitzen und lesen und die Zeit verlieren.»

«Was möchten Sie denn gern mit Ihrer Zeit tun?»

«Ich bin *Mechaniker*. Die ganze Zeit ich schweiße. Wenn diese Arbeit hier möglich ist, werde ich schweißen. Ich kann alles tun. Ich bin bereit.»

«Haben Sie Familie?»

«Vierzehn, Herr.»

«Viele Kinder?»

«Zehn.»

«Und erhalten die Kinder eine Ausbildung?»

«Es gibt Unterricht, nur für Kinder, in Religion.»

Der Junge Mann zögerte. «Sind Sie … *glücklich* hier im Lager?»

B. und der alte Mann lachten leise. «Wir müssen hier sein.»

«Wie sollten Ihnen die Amerikaner helfen? Was fehlt?»

Der alte Mann antwortete sofort. «Was wir brauchen, sie geben uns nicht! Wir brauchen nicht Essen; wir brauchen nicht Geld; wir brauchen nur Waffen, um mit den Russen zu kämpfen, verstehen Sie?»

Die Waffenfrage [1]

Es schien so einfach. Es war so einfach.

Die Waffenfrage [2]

«Pakistan gibt uns nicht alles weiter», hatte B. in dem Hotelzimmer gesagt, als sie auf das Taxi warteten. «Ich kenne mich mit Gewehren aus. Wir hatten ein Maschinengewehr, und als das Maschinengewehr hierher kam, nahmen sie uns das Maschinengewehr weg und gaben uns alte Gewehre von 1861, 1875, so alt. Das ist zu schlecht, das ist traurig für uns.»

Die Tür knarrte. B. unterbrach sich sofort. «Aber wir haben gute Beziehung zu Pakistan!», rief er. «Sie *helfen* uns; sie behalten uns hier; wir sind sehr zufrieden mit Pakistan!» (Die Türklinke bewegte sich langsam.) «Es ist sehr schwer für Pakistan, uns hier zu behalten», sagte B. «Und die Menschen, die die Vorräte verkaufen, das ist nicht wichtig – jedes Land hat gute Leute und schlechte Leute!»

Ein anderer Mudschaheddin kam herein. B. floss der Schweiß in Strömen übers Gesicht.

Dr. Nadschibula hatte den Jungen Mann gewarnt, dass B. als unzuverlässiger Kommandeur gelte.

Schlangen und Frösche

Es war sehr heiß, und ständig war er von Menschen umringt. Es war unmöglich, nach einer Checkliste vorzugehen. Levi hatte erzählt, dass die Vereinigten Staaten eine Zeit lang ziemliche Mengen an kalorienreduziertem Diätsirup geschickt hatten – also so ungefähr das Letzte, was ein Flüchtling braucht. Die Afghanen machten den Sirup dann zu Geld. – Wie nutzlos das alles war! Wie nutzlos er selbst war hier in Pakistan, wo er nur herumsaß, schwitzte, Durchfall hatte und die Zeit damit verplemperte, sich blöde Gedichte wie das folgende auszudenken:

Das is ne Geschichte für nen Wandergesell
und nich für nen Dieb oder Notar:
Wärst DU ein Mann, würdste deine Oma
verkaufen im guten alten Peschawar.

was er schon für einen guten Anfang hielt, es fehlte nur noch
der

CHOR DER HOLZKÖPFE
Pukka isses, *pukka* bleibt es
und 7-Up is, was Bubble-Up mal war;
Also los, Kumpels, holt noch Eis
Im guten alten heißen Peschawar!

Von da an war eigentlich klar, dass es sich um ein span-
nendes Erzählgedicht von R. Kipling und R. W. Service handelte, die zehn Jahre lang gemeinsam in einer – nun, nicht
gerade einer Bar hockten, sagen wir in dem Haus des jungen
Jordaniers mit der Klimaanlage nicht weit von Jabbar (er
war *reich*, das lag auf der Hand: Klimaanlage! Das muss man
sich mal vorstellen!). Und der junge Jordanier, der sehr dick
war, gab dem Jungen Mann eine eiskalte Orange Crush und
spielte auf seinem Kassettenrekorder Songs wie «Seasons in
the Sun», lächelte ihn an, schmatzte mit den Lippen und
fragte: «Sind Sie KGB?» Und der Junge Mann dachte: O nein,
nicht schon wieder, und sagte: «Ich muss gehen», und er trat
hinaus in die nachmittägliche Treibhausatmosphäre und
nahm sich eine Rikscha zurück zum Haus des Generals und
setzte sich mit dem Brigadier in den Garten; der Brigadier
las ihm unentwegt aus dem Koran vor; und es sollte noch
zehn Tage und neun Nächte dauern, bevor er nach Afghanistan gehen konnte, also ging er wieder zur Jamiat-i-Islami
und kam sich beinahe wieder gesund vor, während ihn der
Luftzug auf der Rikscha kühlte; der Wachmann war ein junger Bursche, der sein Gewehr putzte; auf dem Plakat über

seinem Kopf war ein diabolisches russisches Gesicht über einer Blutlache zu sehen, und alle waren in einer Besprechung oder schliefen oder waren fort, also fuhr der Junge Mann zurück zum Haus des Generals und schrieb weiter an seinem Epos; mal sehen:

Ich nahm ne Rikscha nach – pah! –
nach dem lieben alten P-Peschawar,
Bekriegte die Russkis mit aller Macht
um das gute alte P-Peschawar,
Doch dann musste ich fliehn
Setz mich mit Reis und *ghee* hin,
Ein Mädchen im Lager, den Koran auf den Knien
Im guten alten P-Peschawar.

Nahm ne Waffe und zielte hin
Auf nen anderen Mudschaheddin
Aus einer rivalisierenden Gruppe
Geführt von einer Kommunistenpuppe
Im guten alten P-Peschawar.

Der war bestimmt beim KGB.
Bevor er mich kriegte, war er scho hee.
Im Dschihad ist das aber gar nicht mies,
Denn da gehts stante pede ins Paradies,
Und das ist sicher nicht das gute P-Peschawar.

Am nächsten Tag fuhr er nach Mardan. Es war dort so heiß wie in den Lagern des IRC in Kohat, und die Leute vom Austrian Relief Committee arbeiteten vom frühen Morgen bis gegen Mittag. Der Junge Mann begleitete Hassan Ghulam und seine energische norwegische Assistentin auf eine Inspektionsreise, die über Islamabad führte. Das ARC beaufsichtigte zwei Lager; die Mitarbeiterschaft in beiden bestand ausschließlich aus Afghanen. Es hieß, das IRC stünde unter Druck von Commissioner Abdullah, nur Pakistanis anzuheuern; der Junge Mann wunderte sich, wie Herr Ghulam darum herumgekommen war, aber nicht allzu sehr, weil sein Durchfall wiedergekommen war und die Übelkeit von Tag zu Tag schlimmer wurde. Die Norwegerin war beseelt von Tatendrang und Kameradschaftlichkeit, und sie spielte mit allen Mitarbeitern im Mannschaftshaus von Mardan Ball. Er schaffte es gerade mal mit Mühe, einen Happen vom Essen (fettige Kartoffeln mit Reis) hinunterzuwürgen, denn nach dem ersten Bissen peinigte ihn sein Magen mit einem stechenden Schmerz, als ob er ihn dafür strafen wollte, dass er ihm weiterhin dieses ölige, fliegenverseuchte Zeug zumutete; dann grummelten seine Gedärme, und es brach ihm vor Übelkeit der Schweiß aus, der fast schon wieder erfrischend war. Er war also mit seinem Einfühlungsvermögen in das Andersartige gescheitert; die kümmerliche Schnecke zog ihre Fühler ein. Ich kann mich nicht mehr genau daran erinnern, was der Junge Mann fühlte, denn meine Fähigkeit, mich an meine eigene Demütigung zu erinnern, ist gnädigerweise beschränkt, aber vielleicht könnte man ihn so sehen wie mein Freund Jake ein paar Jahre später, mit dem ich an einem heißen Tag am Busbahnhof von Long Beach verabredet war, wo ich mit einem schweren Tequilakater aus Tijuana eintraf; ich saß schwitzend und mit gesenktem Kopf in meinem Militärhemd auf dem heißen Parkplatz, rang mit der Übelkeit, und Jake spazierte vorbei, suchte nach mir und dachte: Ich wette, der traurige alte Soldat hat bestimmt ein paar *interessante* Geschichten auf Lager. – Der Durchfall des Jungen Mannes hatte sich zu einer dünnen, kreidig braunen Flüssigkeit entwickelt. Die Lebenserwartung in Afghanistan betrug 35 bis 40 Jahre, so hatte er gehört; die Todesursache lautete in vielen Fällen Durchfall. – Selbst Tee oder Wasser musste er erbrechen: Der Held und Eroberer hatte ein Jahr voller Pillen und Proktoskope vor sich.

Anders gesagt, der Junge Mann gammelte in Mardan nur herum und schluckte Rehydrierungssalze. Der Brunnen des Mannschaftshauses war voller Frösche und Schlangen. Mit makabrer Neugier hielt er sein Trinkglas ins Licht und sah etwas Grünliches im Wasser. Es ließ sich langsam nicht mehr leugnen, dass er immer dürrer und blasser wurde.

«Er wird nächste Woche *rübergehen*», sagte Herr Ghulam zu der Norwegerin, die ihn fröhlich, aber ohne jede Sympathie betrachtete.

«Mit welcher Gruppe?», fragte sie.

«Mit der NLF», antwortete der Junge Mann.

«Amerika hat in Afghanistan eine falsche Politik betrieben», sagte Herr Ghulam. «Hätten sich Amerika und Russland nicht eingemischt, dann würden die Afghanen noch in ihrer Heimat leben! Und nun versuchen Sie deren Probleme mit einer Vergnügungsreise nach *drüben* zu lösen!»

«Mr. Austrian Relief Committee», entgegnete der Junge Mann, «lecken Sie mich mal am *Anschluss*.» – Nein, gar nichts entgegnete er. Er rieb sich nur den schmerzenden Bauch.

Es war wirklich keine besonders kluge Idee von ihm, nach Afghanistan zu reisen. Das musste er zugeben. Der General behauptete, der Weg sei kurz und unbeschwerlich. Sie müssten nur über einen Hügel steigen, und schon seien sie da. Das hörte sich nicht allzu schlimm an. Wenn er nur bei Kräften gewesen wäre. Die Norwegerin lachte, rief, spielte Volleyball … Sie bekamen keine Dorfbewohner zu Gesicht. Am Morgen machten sie sich auf den Weg in die Lager. Als sie durch das Dorf fuhren, hatte er das Gefühl, die Leute zeigten auf ihn und versuchten, seine Aufmerksamkeit auf sie zu lenken.

Afghanistan Picture Show [2]

Ein Flüchtlingslager ließ sich als ein Ort beschreiben, an dem die Bewohner scheinbar zwei Möglichkeiten hatten: krank werden oder nichts tun. Manche Kinder erhielten rudimentären Schulunterricht; einige Männer verkauften Limonade und Obst; aber grundsätzlich herrschte Trägheit unter der Sonne, die er schon deshalb nicht vergessen konnte, weil sein Hals ganz staubig und seine Zunge trocken wurde und die Hitze ihm Schwindel und Übelkeit bereitete und ihn von einem Dutzend Sprites träumen ließ (konnte es sein, dass er für diese Art von Arbeit nicht geschaffen war?). In diesem Fall hockten die Männer in Reihen vor dem Malariazelt: heute war Männertag, morgen dann Frauen- und Kindertag. In diesem Fall spielten zwei kleine Mädchen lustlos in einer Wildnis voller großer blauer Fässer; die Zelte hinter ihnen erstreckten sich bis zu den roten Bergen. Braune Nachschubzelte, die unangenehm heiß waren, schnitten lange Rechtecke trockenen Schattens aus, die reglos hinter dem Geflecht aus Spannseilen lagen. Schmale Wege (knöcheltiefe Gräben, von Steinen gesäumt) führten zwischen den Zelten entlang. Der Himmel war von einem staubigen, wolkenlosen Blau. Doch einen kühlen Ort gab es: Dort hielten sich die kranken Flüchtlinge auf. Die breiten, dunklen Blätter des Baumes hinter ihnen fingen das Sonnenlicht wie Staub ein. Männer und Jungen lehnten sich an das viereckige, hüfthohe Wasserreservoir (das wurmverseucht war), in dem Wasser spiegelten sich ihre Gesichter und der Baum, und alle starrten den Jungen Mann unverwandt an (nur ein weiß gewandeter Mullah wendete den Blick ab und lächelte gelassen den Boden an, als der Junge Mann seine Kamera auspackte). Ein dunkeläugiger junger Mann schob seine

breiten Schultern vor, um sich den Fremdling genauer anzuschauen; hinter einem mit Karos verzierten Wasserkrug lins-
ten ein paar Jungen hervor. Ein Junge mit einem silbernen
Käppi auf dem kahlen Kopf stand dem Jungen Mann am
nächsten. Sein Mund stand auf; seine Augen waren groß und
traurig. Er hielt einen Fetzen bedrucktes Papier zwischen
zwei Fingern – aber was dort auf Paschtu stand, würde der
Junge Mann nie erfahren. Das Papier war mitten durch die
Wörter entzweigerissen. Wie die Botschaft auch gelautet
hatte, nun blieb sie auf immer unvollständig.
Eine ähnliche Situation ergab sich in Afghanistan: Ein Mann
stand vor ihm, groß, traurig, eine imposante Erscheinung
durch seine Weste und den Patronengürtel, und der klare
Bach, der zwischen den Häusern floss, plätscherte ganz leise
(es war früh am Morgen), weit ausladende Bäume warfen
ihre Schatten über die Lehmpiste, und der Mann stand
da und ging nicht fort, weil er ihm etwas zeigen wollte; er
hatte dunkle Augen und Brauen, einen dichten schwarzen
Schnurrbart, und er trug ein schwarzes Käppi. In der Hand
hielt er eine Medaille an einer dünnen Kette. Er hob die
Medaille vor die Brust und blieb so stehen, damit der Junge
Mann sie sehen konnte. Neben dem Mann stand ein Junge,
der ebenfalls ein schwarzes Käppi trug. Sein Sohn? Der Junge schaute die Medaille nicht an. Er sah dem Jungen Mann
direkt in die Augen, genau wie sein Vater, und die Arme des
Jungen hingen herab, so als wolle er mit den Schultern zu-
cken, aber sein Gesicht wirkte so ernst. Dies war eines der
vielen Dias in der Afghanistan Picture Show, die der Junge
Mann nie verstand: Sie bildeten ein Rätsel von vielen, wie
zum Beispiel, wer der Brigadier eigentlich war, welche Gruppierung die Beste war, warum die *Rus* überhaupt in Afghanistan einmarschiert waren und warum der Junge Mann in
Afghanistan einmarschiert war – doch es war merkwürdig

und traurig; der Mann mit der Medaille wollte ihm etwas verständlich machen und der Junge Mann sollte es niemals verstehen.

Bericht von Hassan Ghulam, ARC

«Können Sie mir ein wenig von Ihren Aufgaben erzählen?», fragte der Junge Mann, diese Ein-Mann-Monstrositäten-schau, und schaltete den Kassettenrekorder ein. Das Interview wurde auf Deutsch geführt.
«Wir arbeiten in zwei Flüchtlingslagern», antwortete Herr Ghulam, «die Gesamtzahl der Bewohner beträgt ca. 50 000. In jedem Lager unterhalten wir ein Ärzteteam, bestehend aus einer Ärztin und einem Arzt und mit je einem Kranken-bett für Männer und Frauen.» (Die Ärztin hatte er bei der Arbeit gesehen, sie trug weiche, weiße Tücher um den Kopf, beugte sich vor und schürzte die Lippen, als sie das kühle Stethoskop gegen die Brust des kleinen Jungen drückte, und der Junge drehte sein Gesicht zur Schulter des Vaters, der ein Käppi trug, das wie vergoldete Fischschuppen glänzte, und sich noch stärker zu konzentrieren schien als die Ärztin; abgesehen von einem Tisch und den beiden Stühlen, auf denen die Erwachsenen saßen, war das Zelt leer, und drau-ßen herrschte blendendes Weiß und Hitze.) «Wir verteilen Milchkekse», sagte Ghulam, «und wir bieten in den Schulen eine grundlegende Einführung in Pflege und Hygiene sowie Säuglingskurse an. Wir reden sehr viel mit den Flüchtlingen und erklären ihnen, dass sie nicht sauber sind, dass sie ihre Kleidung nicht waschen, dass sie ihre Kinder nicht waschen, und sie fragen uns: ‹Warum sollen wir waschen und wie sollen wir waschen?› Wir bringen ihnen Hygiene bei. Es gibt viele kranke Menschen und besonders viele soziale Pro-

bleme, und sie kommen zu uns und wir reden mit ihnen. Die Dynamischeren von ihnen kommen als Erste dran. So sieht unsere Arbeit aus.»

Der Junge Mann konnte sich nicht eingestehen, dass diese Interviews nicht von Bedeutung waren. Vielleicht *waren* sie es ja zu jenem Zeitpunkt tatsächlich. Vielleicht waren diese Checklisten der bereits erledigten und noch zu erledigenden Dinge das Einzige, was zählte, gute Taten ohne jede Romantik. Wie viele Kranke gibt es? Haben wir genug Unterkünfte? So lauten tatsächlich die wichtigsten Fragen, doch inzwischen gibt es neue Checklisten, und die Menge an Milchkeksen, die das ARC 1982 verteilt hat, ist heute von nicht mehr oder weniger Bedeutung als all die Hoffnungen und Ziele des Jungen Mannes, die davonstieben wie die Frauen, die sich ganz schnell die Tücher vor das Gesicht schoben, wenn sie den Jungen Mann näher kommen sahen; stets entdeckten sie ihn vor den Männern.

«Wie können die Amerikaner den Flüchtlingen am besten helfen?», fragte er.

«Es ist schwer, ganz genau zu sagen, was wirklich gut ist», antwortete Ghulam. «Aber ganz allgemein könnte man den Amerikanern sagen, und das ist sicher nachvollziehbar, dass sie alles tun sollten, was in ihrer Macht steht, zu helfen. Die Hilfe sollte entweder direkt an unsere Bevölkerung weitergeleitet werden oder über einen Vermittler, aber je direkter umso besser. Und Amerika sollte natürlich keine falsche Politik gegenüber Russland, der hiesigen Region oder Lateinamerika betreiben; es sollte an die Solidarität aller Völker denken und nichts tun, was einen Krieg auslösen könnte.»

Bericht von Commissioner Abdullah, Verwaltungsbeamter
für afghanische Flüchtlingsangelegenheiten (Peschawar)

Der Junge Mann hatte mit den Behörden in Pakistan die
Erfahrung gemacht, dass ihr Arbeitstempo nicht gerade als
hastig zu bezeichnen war. Als er zur Sonderabteilung der
Polizeistation in Peschawar ging, um sich dort das Dokument ausstellen zu lassen, das er als Ausländer bei sich führen musste, ließen der Polizeichef und seine Untergebenen
die Arbeit fallen und bedrängten ihn, sie immer und immer
wieder zu fotografieren. Dann nahmen sie ihm das Versprechen ab, die Bilder auch zu schicken. – «Wir lassen uns von
allen fotografieren», beklagte sich der Polizeichef, «aber keiner schickt uns die Bilder.» – Auch der Junge Mann schickte
ihnen seine Schnappschüsse nicht, denn auf allen wirkte der
Polizeichef mit seiner dunklen Sonnenbrille doch recht
finster. – Auf den Postämtern von Karatschi und Peschawar
schickten sie einen, wann irgend möglich, von Schalter zu
Schalter, öffneten spät und schlossen früh und machten lange Mittagspausen. Hatte man im Büro des staatlichen Reise-
büros etwas zu erledigen, dann musste man ziemlich lange
an die Tür hämmern, weil der Beamte, ein freundlicher,
jungenhaft wirkender Mann mit dunklen Haaren, die Tür
abschloss, die Klimaanlage einschaltete und sich auf den
Teppich legte, um den lieben langen Tag zu verschlafen.
Beim Amt für Afghanische Flüchtlingsangelegenheiten war
das anders. Das Amt befand sich in einem riesigen Gebäude,
das voller Wachen, Wartezimmer und verschiedenster Be-
sucherausweise war. Stimmt schon, Abdullah ließ den Jungen Mann drei Stunden warten, obwohl sie einen Termin
vereinbart hatten – aber das lag weniger an seiner nachläs-
sigen Haltung als vielmehr an den drängenden Aufgaben.

Abdullah war ein eindrucksvoller, energischer Mann, der sich von seinem Gast nicht im mindesten einschüchtern ließ; der Junge Mann kam sich schon fast vor wie zu Hause in Amerika! – Man sagte Abdullah nach, Anhänger der Gulbaddin-Gruppe zu sein und ihnen einen Teil seiner Mittel zukommen zu lassen (denn es war in der Tat unmöglich, die Flüchtlinge von den Mudschaheddin zu trennen). – Der Junge Mann hoffte, Abdullah mit seinen klugen und subtilen Fragen darauf ansprechen zu können. Er scheiterte aber damit kläglich.

In dem Büro stand ein breiter hölzerner Schreibtisch, der von Papieren übersät war. Mehrmals klingelte das Telefon. Viele Leute mussten dringend den Commissioner sprechen. Im Wartezimmer gab es Zeitschriftenständer mit Broschüren über die verschiedenen Lager, so als handele es sich bei ihnen um Ferienlager.

«Bekommen Sie von den Hilfsorganisationen alles, was Sie brauchen?», fragte der Junge Mann.

«Nicht *alles*», antwortete Abdullah stirnrunzelnd, «aber wir erhalten auf vielen Gebieten umfangreiche Unterstützung. Unser grundsätzliches Problem besteht darin, dass unsere Bevölkerung stets mehr Unterstützung benötigt als wir von außen erhalten, vom UNHCR oder den Freiwilligenorganisationen. Sechzehn davon arbeiten in unserer Provinz, darunter auch das IRC, von dem Sie sprachen. Das erschwert das Problem der Verteilung; wir müssen immer mehr Menschen durchfüttern, und hat man es mit solchen Mengen zu tun wie im Falle Afghanistans, fällt die Planung besonders schwer. Glücklicherweise haben wir es in den vergangenen zwei Jahren geschafft, ein praktikables Schema für die Verteilung zu entwickeln, mit dem sich die Bedürfnisse der Flüchtlinge, vor allem im medizinischen Bereich, im voraus ermitteln lassen. Wir erhalten also Unterstützung und hoffen, dass das auch so bleibt, aber es wäre nicht ganz korrekt zu behaupten, dass wir *alles* bekommen, was wir brauchen. Wir haben es hier mit einer chronischen Unterversorgung zu tun, und die Welt da draußen sollte das erkennen.»

«Sollte die Hilfe in gleichem Umfang weiterfließen oder wäre eine Erhöhung wünschenswert?»

«Eine Erhöhung ist dringend notwendig … Wir haben immer mehr Menschen zu ernähren, wir haben immer mehr Menschen medizinisch zu versorgen, wir haben immer mehr Menschen einzukleiden und mit Wasser zu versorgen; wir haben mehr Vieh zu versorgen – und wie Sie sich denken können, sind die dabei auftretenden logistischen Probleme immens. Wir haben 1979 mit nur 300 000 Personen angefangen, das war unsere Bezugsgröße. In den letzten anderthalb Jahren sind daraus 2,2 Millionen Menschen geworden …»[*]

«Macht Ihnen Unehrlichkeit zu schaffen – zum Beispiel Flüchtlinge, die größere Familien melden, als sie tatsächlich haben, und solche Dinge?»

«Nein!», rief Abdullah verärgert, «das ist ein *menschlicher* Faktor; so etwas finden Sie in allen Flüchtlingslagern auf der ganzen Welt. Ich finde nicht, dass unsere Planung davon berührt oder die grundsätzliche Richtigkeit unserer Aktivitäten infrage gestellt werden sollte. Wir sind uns der Situation von Anfang an bewusst gewesen, und seit der letzten durchgeführten Schätzung, die sich über fünf Monate erstreckte (und in manchen Gegenden noch immer im Gange ist), sind wir uns der Gesamtzahlen doch recht sicher. Familien, die sich nicht belegen lassen, werden nicht mitgerechnet.»

---

[*] 1987 gab es allein in Pakistan dreieinhalb Millionen registrierter Flüchtlinge aus Afghanistan. Nach dem Abzug der russischen Truppen im Jahr 1989 lag die Zahl bei knapp vier Millionen.

Commissioner Abdullah schien von einer solch hohen Warte aus zu sprechen, dass der Junge Mann dessen Aussagen mit keiner seiner eigenen Erfahrungen in Einklang bringen konnte. Beim besten Willen schaffte er es nicht, sich von dem, was der Mann sagte, ein konkretes Bild zu machen.
«Halten Sie es für möglich, die humanitäre von der politischen Hilfe für die Afghanen zu trennen?», fragte er in der Hoffnung, irgendeinen Hinweis auf Gulbaddin zu hören.
«Diese Frage tut hier nichts zur Sache, da wir es grundsätzlich mit Flüchtlingen und nicht mit Politikern zu tun haben. Doch wenn man den Flüchtlingen hilft, hilft man auf direktem oder indirektem Wege auch ihrer Sache. Am meisten würde man den Flüchtlingen helfen, indem man Bedingungen schafft, unter denen sie in ihr Land zurückkehren und dort friedlich und ehrbar leben könnten.»
«Ich hatte den Eindruck, dass gewisse politische Gruppierungen ... selbst eine Menge für die Flüchtlinge tun ...»
«... Ja, das tun sie ...», erwiderte Abdullah. «Wir behandeln sie alle gleich ...»*
Nach Beendigung des Interviews ließ sich Abdullah noch einmal das Band vorspielen, hörte sehr genau zu, segnete es ab und entließ ihn.
Als der Junge Mann das Büro verließ, verlief er sich und kam an einer Reihe nichtsnutziger Angestellter vorbei, auf deren Schreibtischen nichts lag außer ihren bloßen Füßen. Sie rollten sich auf den Knien Zigaretten.

Abdullahs Stempel auf dem Zuteilungsheft
des entführten Arztes

* Die Sprechpausen stammen von Abdullah selbst.

Schulunterricht (Lager Hangu)

«Die Schule ist heute also geschlossen?», fragte der Junge Mann.

Der Verwalter nickte. «Sie ist heute geschlossen. Sie haben alle frei bekommen.»

«Wegen der Hitze?»

«Wegen der Hitze, ja. Es gab so viele, ähm, Krankmeldungen in dieser Schule, verstehen Sie? Aber die andere Schule ist geöffnet. Die Schüler lernen. Wir bringen Sie dorthin.»

«Wie oft bekommen die Schüler frei?»

Der Verwalter seufzte. «Nur wenn es so außerordentlich heiß ist wie heute. Eine furchtbare Hitze.» – Er fächelte sich zu. – «Für uns ist sie furchtbar; für die Flüchtlinge ist sie, ähm, mörderisch.»

Sie gingen zu der anderen Schule. Die Kinder lasen laut im Chor. In seiner Nähe stand ein winzig kleiner, blau gekleideter Junge, der sich über die Stoffseiten seines Buches beugte, das fast genauso groß war wie er selbst, er hielt seine Hände gefaltet, während er die Abbildung von einem Zelt studierte, unter der sich drei Zeilen in Paschtu befanden, dann die Abbildung eines Sonnenschirms, und er musste sich dicht über das Buch beugen, denn in dem Schulzelt war es dunkel. Der Junge Mann dachte voller Qual: Jetzt habe ich zwar ihn gesehen, habe ich ihn erkannt; aber was ist mit all den anderen? – Er kam einfach nicht über seine sporadisch wiederkehrenden Schwierigkeiten hinweg. – Als der Verwalter und der Junge Mann eintrafen, unterbrach der Lehrer augenblicklich den Unterricht, um nicht die kostbare Zeit des Jungen Mannes zu vergeuden.

«Was wird ihnen hier beigebracht?», fragte er.

Der Verwalter dolmetschte.

Der Lehrer stand stramm. «Paschtu, Urdu, Englisch, das Alphabet und so weiter.»

«Aber Religion ist doch Hauptfach?», wagte der Junge Mann sich vor.

«Ja, das ist Pflicht.»[*]

«Wie viele Schüler haben Sie?»

«Insgesamt 290. Aber die Kleineren haben heute hitzefrei bekommen.»

«Was benötigen Sie am dringendsten?»

«Bücher», sagte der Lehrer. Er war ein junger, ernsthafter Mann. «Diese hier sind von der Hezb-i-Islami. Das Bildungsministerium hat dieser Schule keine Bücher zur Verfügung gestellt.»

Die Kinder starrten ihn von ihren Matten aus an.

«Und außerdem», fügte der Verwalter hinzu, «verspüre ich gerade großen Durst, und ich frage mich, was denn mit all diesen Menschen hier passiert, wenn sie Durst haben und es kein Wasser gibt? Ich habe einen ihrer Wachleute gebeten, einen großen Krug zu holen und ihn zu füllen.»

«Ich verstehe», sagte der Junge Mann. – Merkwürdig, dass bis jetzt noch niemand auf diesen Gedanken gekommen war! Vielleicht hatten ja die Kinder durch irgendeinen Zufall bis heute noch nie Durst gehabt. Das wird es wohl gewesen sein.

«Dieses Wasserproblem gilt allgemein», vertraute ihm der Verwalter an. «In allen Lagern ist das Wasser knapp.»

«Wie schaffen Sie es, Schüler verschiedenen Alters gleichzeitig zu unterrichten?»

Der Verwalter machte sich nicht die Mühe des Übersetzens. «Aber sie sind doch alle in *einer* Klasse!»

---

[*] Man berichtete mir, das Gastland würde eine Berufsausbildung nicht zulassen, aus Angst, noch mehr Pakistanis könnten auf dem Arbeitsmarkt von Afghanen verdrängt werden.

«Können Sie ihm bitte sagen, dass mir die Unterrichtsstörung sehr Leid tut?»
«Ach, das macht doch nichts, es ist zu heiß!», lachte der Verwalter. «Sie wollen Ablenkung. Es gibt so wenig Ablenkung in ihrem Leben, verstehen Sie?»

Ein Gedanke (1987)

So seltsam es auch scheinen mag, aber ich begriff nicht, welchen Albtraum ich da sah. Zum einen, weil ich so krank war, dass ich zu kaum mehr taugte als zum Faktensammeln; und zum anderen war ich noch so jung, dass das Exotische dieser Erfahrung überwog, außerdem war ich dank meiner Herkunft nur wenig mit körperlichem Leid in Berührung

gekommen. Wenn ich heute über diese Schule ohne Bücher nachdenke, die an einem Tag Unterricht abhielt, an dem die andere Schule wegen Hitze geschlossen war – eine Schule ohne Wasser, eine Schulklasse für alle Schüler gleich welchen Alters (ich sah dort Sechsjährige, ich sah Zehnjährige, die immer wieder die gleichen Sätze aufsagen mussten) –, dann möchte ich weinen – nein, etwas unternehmen – aber ich weiß nicht, was. Ich weiß nicht mehr genau, was der Junge Mann dachte, aber die Höhenlandschaft seiner Spekulationen hatte sich in einen flachen, sandigen Untergrund verwandelt, der den ovalen Schatten eines einzelnen Baumes hergab, wo Tag und Nacht dürres Vieh weidete und entlang der Hügelkämme Zelte und kleine Steinhäuser standen. Es war sehr heiß.

Große Schritte vorwärts [2]

«An den Schulen», teilte mir mein Informant 1985 mit, «war früher Englisch die erste Fremdsprache. Nun ist es Russisch. Aber sie sagen nicht Fremdsprache dazu; sie nennen es ‹die Sprache unseres großen Nachbarn im Norden›. Sie merzen Englisch in Afghanistan nach und nach aus. Die Marionettenregierung steht auf gutem Fuß mit der kubanischen Regierung, also wird jetzt auch Spanisch unterrichtet. Das ist ein völlig neues Phänomen in unserer kulturellen Landschaft», sagte er voller Sarkasmus. «Es gibt noch immer eine Deutsche Fakultät, aber nun ist es eine Ostdeutsche Fakultät.»

Dein Herr [2]

Sie wurden in jedem Lager, das sie besuchten, gastfreundlich empfangen (außer in dem Fall, als er, wie erwähnt, die Fotos von den Frauen machte). Man kochte ihm Tee und servierte ihm Brot und Fleisch, und stets warteten sie, bis er fertig war, bevor sie selber aßen. Manche von ihnen hatten mit ihren Lastern und Traktoren Sachen hin und her zu schleppen. Ein Mann lachte und zeigte ihm, wie man aus Gras ein Seil flocht. Die Jungen spielten Ball. Niemals vergaß er, wie herzhaft der Mann lachte, Ha-Ha!, und ihm all seine weißen Zähne zeigte, während er das Gras flocht und dem Jungen Mann vorführte, wie man das machte; sein älterer Sohn beobachtete den Jungen Mann mit höflich nach oben gezogenen Mundwinkeln, und der jüngere Sohn stand ein wenig im Hintergrund und ließ seinen Kopf verträumt auf der Schulter seines Bruders ruhen …

Beinahe, aber nur beinahe, wäre er mit dem Höhepunkt seines Scheiterns konfrontiert worden – wie bei dem Mann im Turban, der seinen Esel heimwärts zu der Hütte aus Lehm und Stroh ritt, wo er den Jungen Mann erblickte und ihn anstarrte; seine beiden kleinen Söhne, die sich gegenseitig einen Arm über die Schultern gelegt hatten, starrten den Jungen Mann ebenfalls an, und weit im Hintergrund, jenseits der Steinmauer, wandte sich eine rot verschleierte Frau ab.

9. Alaska (1979)

Um dies zu verstehen, müssen wir uns auch folgendes
überlegen: Angenommen, B sagt, er wisse weiter –
wenn er aber nun fortsetzen will, stockt er und kann
es nicht: Sollen wir dann sagen, er habe mit Unrecht
gesagt, er könne fortsetzen, oder aber: er hätte damals
fortsetzen können, nur jetzt könne er es nicht? –
Es ist klar, daß wir in verschiedenen Fällen Verschiedenes
sagen werden. (Überlege dir beide Arten von Fällen.)

Wittgenstein, *Philosophische Untersuchungen*, I.181

Alaska

Es war Juli, als ein zunehmend verzweifelter Hafisullah Amin in allen Provinzen Befriedungsaktionen durchführte und für seinen Vorgesetzten Nur Mohammed Taraki die letzten sechs Wochen seiner Amtszeit (und zugleich seines Lebens) begannen, während Babrak Karmal in Moskau saß und wartete und die Sowjetunion zu alledem schwieg (denn noch waren es fünf Monate, bevor uns der Einmarsch in Afghanistan in Angst und Schrecken versetzte); in jenem Juli also besuchte ich zum ersten Mal Alaska. Zu diesem Zeitpunkt hatte ich noch keine Ahnung, dass ich jemals nach Afghanistan reisen würde. Meine Freundin Erica und ich befanden uns auf der Fähre von Seattle nach Haines. Erica war älter als ich. Die Durchfahrt des Admiralty Inlet verengte sich, zu beiden Seiten überwucherten immergrüne Wälder die Berghänge bis zur Schneegrenze, weiße Nebel wallten in den Einbuchtungen, und wir kamen an felsigen, grasbewachsenen Buchten vorbei; der Wind roch salzig. – Als die beiden Küsten sich wieder voneinander entfernten und der Himmel sich zu weiten begann, standen wir an Deck, und die Haare peitschten uns ums Gesicht. Wir konnten sehr weit schauen. Die Windjacken der Passagiere, die an der Reling standen, flatterten ungestüm.

Erica wies hinaus. «Wenn dein Kind über Bord fallen würde, würdest du hinterherspringen und es retten?»

«Wenn es ein Wunschkind ist», sagte ich leichthin.

«Und wenn nicht, würdest du es einfach ertrinken lassen?»

«Klar», sagte ich, ohne eine Miene zu verziehen.

Als ich noch klein war, ertrank meine kleine Schwester, weil ich nicht aufgepasst hatte.

Meine Anführerin

«Das ist das wahre Leben!», rief Erica lachend; sie hatte bei *Outward Bound* Kurse gegeben. Ihr Schopf war eine wilde Wolke aus Locken. Sie hatte ein gesundes, glückliches Gesicht; ihre Haut, meinte sie, sei so dick, dass keine Mücke sie stechen könne. Sie war stark wie ein Bär. Wie viele Schwächlinge hatte sie wohl gerettet?

Zeichnung, angefertigt von einem zehnjährigen afghanischen Mädchen in meinem Notizbuch – ihre Eltern waren von den Sowjets hingerichtet worden

Oberhalb des Flusses

Bei Regen mit Erica zu zelten war immer das Schönste. Zu meiner Erleichterung hatten wir bereits alles aufgebaut und verstaut, denn darin war ich, wie auch in vielem anderen, nicht besonders gut; wir ruhten uns aus, und ich konnte mir einbilden, ich befände mich in *1001 Nacht*, das Zelt mit Wandteppichen und Fellen behangen, zwischen unseren Schlafsäcken vielleicht ein Weihrauchbecken und eine Silberschale voller Datteln (die wir tatsächlich aus einem von Ericas Zip-Lock-Plastikbeuteln aßen), und wenn sie schlief, lächelte sie weiter, was mich ebenfalls glücklich machte – das Land der Tagesdecke war also überhaupt nicht gefährlich –, und es verblieben noch einige Stunden, bis ich mich wieder beweisen musste; eine gute Gelegenheit also, sich gegenseitig phantastische Geschichten zu erzählen (hinsichtlich seiner Dauer war der Regen durchaus zuverlässig). Erica erzählte mir also, dass sie verheiratet war und in Südamerika einen Berg bestiegen hatte, der daraufhin ihren Namen erhielt, Pico Erica; dass sie im Peace Corps mitgearbeitet und Heroin geschnupft hatte und in anderer Leute Häuser eingebrochen war, nur um Eiscreme zu stehlen, und bei den Navajos gelebt hatte, und all die anderen Dinge, die sie schon getan hatte; ich riss die Augen auf und beschloss, selbst solche Sachen zu unternehmen (und am Ende jenes Jahres, als ich in der Schweiz die Weihnachtsausgaben der Zeitungen las, in denen schwarz auf weiß und in Französisch stand: *Einmarsch in Afghanistan!*, dachte ich plötzlich: Da möchte ich eines Tages mal hin, und nicht, weil Afghanistan Afghanistan war, sondern weil es besetzt worden war); meine Zeltkameradin kuschelte sich in ihrem Schlafsack an mich und bat mich, ihr den Rücken zu rubbeln, und ich sagte Okay, und Erica legte ihren Kopf auf mein Knie und sagte: «Na los, kratz mich! Lang und fest, den ganzen Rücken hinunter! Fester!» – sie stammte aus einer Militärfamilie.

«Ich soll dir tatsächlich den Rücken *kratzen*?», fragte ich sie.

«Genau!»

«Na gut», sagte ich zögernd.

«Was meinst du mit ‹na gut›? Mein Körper ist anders als deiner.»

«Muss wohl.»

«… Nicht immer dieselbe Stelle.»

«Sorry.»

«…Uh, das tut gut.»

«Danke schön.»

«So ist es schön. Noch ein wenig tiefer, bitte. Und fester. Uh, das ist gut. Mach weiter.»

Der Regen prasselte donnernd aufs Zelt.

«Ist das nicht aufregend?», fragte Erica schläfrig.

Das war es wirklich. Die Zeltplanen schlugen und flatterten im Wind. Wasser drang ein. Wir hatten keine Ahnung, ob das Zelt dem Unwetter standhalten würde oder nicht – ein Dessert aus Ungewissheit, wie es Erica mochte; sie liebte das Bergsteigen, weil sie dort oben dem Tode so nahe kam. Sie hatte miterlebt, wie ein anderer Bergsteiger dreihundert Meter tief abgestürzt war; sie hatte in den Schweizer Alpen ein erfrorenes deutsches Pärchen entdeckt. Weil Erica so von Gefahr erfüllt war, erfüllte sie auch mich – zumindest der Gedanke daran. Zumindest dachte ich, es sei der Gedanke daran. Ich war in Erica verknallt.

Wir befanden uns auf dem McGonagall-Pass. Im Osten lagen die steinernen Kuppen des Ostler Mountain und der Pfad, den wir vom Fluss herauf genommen hatten. Im Westen, unter uns, verlief eine Ebene, auf der es von schwarzen Gletscherflüssen und eis- und schneebedeckten Gipfeln wimmelte, so weit das Auge reichte (jedenfalls behaupteten unsere Landkarten, es handele sich um Gipfel; wir konnten nur massive Säulen erkennen, manche blau, manche weiß, manche schotterbraun, die in den Wolken verschwanden). Diese Ebene bestand aus Schotterhaufen und blanker Erde, die so von Gletscherwasser vollgesogen war, dass sie unsere Stiefel bis an die Knöchel verschluckte. Überall gab es Haufen loser Steine: weißer, schwarz gefleckter Granit, rostfarbener Schiefer oder gelb gefärbte Kristalle, die Erica für Schwefel hielt. Wir waren beide sehr still geworden; mir machte das alles Angst. Steine kullerten in merkwürdig blassgrüne Teiche. Das Wasser schmeckte süß und schlammig. Zwischen dem Schotterland («Niemandsland», wie Erica es nannte) und den titanischen schwarzerdigen Hügeln der Gletscher lag ein Fluss in demselben Blassgrün, der zu breit war, um ihn zu überqueren; er fraß sich immer tiefer und tiefer in einen ausgemeißelten Eiskanal hinein. Selbst Erica traute sich nicht allzu nah heran. Woran ich mich heute am meisten erinnere, ist das leise stetige Tröpfeln überall, ein Geräusch, das mir unheimlich vorkam, weil doch an jenem riesigen, von der Natur erfüllten Ort alles hätte krachen und dröhnen sollen, und ich wartete darauf, dass irgendetwas geschah, dass die schwarzen Berge explodierten, das Eis brach, dass es blitzte und donnerte …

Glück [6]*

Im Zelt war es dunkel und stickig. Drinnen wie draußen summten Fliegen herum. Der Junge Mann hatte das Gefühl, kaum Luft zu bekommen. Die Flüchtlinge hockten in der heißen Dunkelheit. Das Weiße in ihren Augen glänzte. – «Sind Sie hier glücklich?», fragte er das Familienoberhaupt. «Ach wissen Sie», erläuterte der pakistanische Lagerverwalter, «wir versuchen sie glücklich zu machen, aber sie haben ihre Heimat verlassen, deshalb ist es so *schwer* für sie, glücklich zu sein! Wir möchten ihnen den Aufenthalt hier so angenehm wie möglich machen. Sie sind zufrieden und dankbar für die Hilfe, die wir und die Vereinten Nationen ihnen geben.»
«Ob sie wohl für den Rest ihres Lebens hier bleiben werden?»

* Lager Hangu, 1982.

Der Junge Mann hatte offensichtlich ein Händchen dafür, wie er den Verwalter kalt erwischen konnte. «Warum sollten sie?»

«Weil die Russen Afghanistan nicht hergeben werden.»

«Nein, das ist unmöglich», brauste der Verwalter auf. «Die ganze Welt ist gegen sie, verstehen Sie?»

«Ich hoffe, Sie haben Recht.» – Der Junge Mann wandte sich an die Flüchtlinge. – «Warum haben Sie Afghanistan verlassen?», fragte er.

«Russen … uns angreifen», antwortete der Mann stockend. «Mit … Flugzeuge und Panzer. Russen kommen, und sie … ärgern unsere Frauen, tun ihnen weh … und wir sind in große Schwierigkeit. Ihre … Flugzeuge kommen, und … Bomben machen unsere Haus *kaputt* …»

«Sind Sie glücklich hier?»

«Nein, Herr. Wir sind nicht glücklich. Wir sind zufrieden, aber im Sommer wir … haben schwer.»

«Haben Sie genug zu essen?»

«Ja, Herr. Genug Essen.»

«Und genug Wasser?»

«Es ist schwer. Nicht genug Trinkwasser. Und das Essen ist nicht so gut, Herr. Danach wir fühlen uns krank. Und es gibt riesige Insekten, die uns Angst machen …»

Glück [7]

«Sei nicht so ängstlich», hatte Erica gesagt.

«Ich werde mein Bestes tun.»

«Es ist wirklich ganz einfach, den Fluss zu überqueren.»

«Prima», entgegnete ich höflich.

Wir setzten uns ins Moos und sammelten Blaubeeren in meine Wollmütze. Ich musste ständig daran denken, was im

Fluss vorher geschehen war. Erica pflückte etwa viermal so viel Blaubeeren wie ich. Die Sonne brannte angenehm auf unseren Gesichtern.

«Also los», sagte Erica schließlich. Wir setzten unsere Rucksäcke wieder auf, und ich zog die durchgeschwitzten Riemen und den Hüftgurt fest, und wir machten uns auf den Weg den Hang hinab. Je näher ich dem Flussufer kam, umso weniger gefiel mir die Szenerie. Es gab zwei Seitenarme. Der erste war leicht zu überwinden: Ich konnte die Felsen am Grund erkennen. Der zweite war allerdings heimtückisch, ein breiter, ruhiger Wasserlauf, der oberschenkeltief und langsam sein mochte oder aber brusttief und mit einer schnellen Unterströmung, der Grund war womöglich schlüpfrig, und ich würde in dem zweiten Wasserarm an diesem sonnigen Nachmittag ertrinken.

Erica sah mich an, dann den Fluss, dann wieder mich. Sie durchwatete den ersten Arm, trat auf die Sandbank dazwischen, spähte erneut ins Wasser und kam zu mir zurück. – «Gute Neuigkeiten», sagte sie. «Wir waten erst morgen hinüber.»

Ich war fürchterlich deprimiert und beschämt.

«Heute ist dein Geburtstag», sagte sie. «Du baust das Zelt auf, und ich mach dir ein ganz besonderes Geburtstagsessen. Ich will nicht, dass du mir hilfst. Leg dich einfach in deinen Schlafsack und entspann dich.»

«Du bist so lieb zu mir, Erica», sagte ich.

Erica saß am Kocher und sang Lieder auf Navajo und Französisch. Der Abend war wunderschön. «Bei einem Weihnachtsfest», erzählte sie, «hatten wir Geschwister uns einmal alle in der Wolle. Mein Vater war Brigadegeneral. Plötzlich verlor er die Nerven und brüllte: ‹Ich befehle euch, glücklich zu sein!› Wir Kinder mussten schallend lachen.»

Ich grinste.

«Also», sagte Erica, «ich befehle dir, glücklich zu sein!»

Erica Bright und Erica Green-Eyes

Zu dem Zeitpunkt hatte ich Erica bereits in zwei Persönlichkeiten aufgespalten: Erica Bright, süß, verspielt und mädchenhaft (sie mochte mich), und Erica Green-Eyes, die man am besten mit den Begriffen *auf der Lauer liegend* und *kompetent* charakterisieren konnte. Green-Eyes war diejenige, die ich ständig beleidigte; und Green-Eyes war es auch, die mich schon in meinen ersten Gedanken mit Schrecken erfüllte, während ich früh an einem sonnigen Morgen neben ihr lag: Ich wusste, sie würde in ein paar Minuten aufwachen und mich zu einer weiteren Flussüberquerung anspornen, mich anschnauzen und wütend anstarren, weil ich so langsam war und wir hinüber mussten, bevor die Gletscher mit ihrer Morgenschmelze begannen. Es machte Green-Eyes verrückt, dass ich andauernd Zeltheringe verlor, dass ich keinerlei Gleichgewichtssinn besaß, dass ich nur schlecht Karten lesen konnte. – «Komm schon!», sagte Erica zu mir, als wir in einem Kanu den Moose River hinaufpaddelten. «Feste, *tiefe* Züge! Tauch tiefer ins Wasser! Na los; ein Stamm feindlicher Indianer ist hinter uns her, und wir müssen um unser Leben *paddeln*! *Zieh*! Fest und *tief*! Sie kommen näher; sie spannen ihre Bögen; jetzt häng dich mal *rein*! Tiefer! An der Hüfte einknicken; beweg deine *Schultern*; FESTER!» – Als wir weiter flußaufwärts kamen, wurde mein Paddelzug tatsächlich glatter und besser. Erica war glücklich, weil sie glaubte, ich hätte tatsächlich etwas gelernt. Ich paddelte uns eine Weile umher, und sie lehnte sich zurück und beobachtete die Wolken. Schließlich war uns nach Piratentum zumute, also machten wir an einem privaten Steg fest, schlichen uns auf Zehenspitzen in den Garten und klauten eine Hand voll Erdbeeren. – «Und jetzt paddle …», sagte Erica müde, lachte und gähnte in der Sonne, die Sonnenstrahlen tanzten übers Wasser, und eine sanfte Brise verwehte ihr Haar. – Auch als wir wieder flussabwärts fuhren, paddelte ich ganz annehmbar. Wir hatten viel Spaß … bis wir an Land wollten. Ich sprang hinaus, um das Kanu ans Ufer zu ziehen. Erica saß noch im schwankenden Boot und kicherte, sie nahm wohl an, dass ich nur herumspielte, und als ich all meine Kraft zusammennahm, um zurückzulächeln, stolperte ich und kippte das Kanu und sie ins Wasser … «Verdammt», sagte sie … – Ganz gleich, ob ich nun etwas von Green-Eyes lernte oder nicht (und ich erinnere mich an einige Male, wo sie mir zufrieden zunickte, und einmal schenkte sie mir sogar die topographische Karte vom McGonagall-Pass, weil ich unsere Position so akkurat bestimmt hatte), jedenfalls waren die Lektionen weder leicht noch angenehm. Ich sah immer zu Boden, entschuldigte mich für meine Dummheit und spürte eine merkwürdige Enge in der Brust, die ich damals für blanken Selbsthass hielt (die aber auch Wut gewesen sein mag, wie ich heute annehme); in solchen Momenten warf Erica ihren Kopf verzweifelt nach hinten, streckte die Hand nach mir aus und rief: *«Denk nach!»* Dann wieder überkam sie Mitleid und sie wollte mich aufmuntern, setzte ein Lächeln auf und sagte: «Deine Flussüberquerungen sind hundertmal besser geworden.»

«Danke», erwiderte ich.

Der Knoten, der Roboter und das Messer

Einmal trampten wir, und Erica Bright, die sich bereit machte, die Rolle der Hübschen zu übernehmen (obwohl es kalt war, zog sie ihren Pullover nicht an, damit die Fahrer ihre Brüste sehen konnten), stand auf der leeren Straße. Sie sang ein Lied von Jacques Brel. Ihr Gesicht war jung und strahlend. Sie kämmte sich die Haare, sang ein Lied auf Spanisch (sie konnte acht Sprachen), wurde ungeduldig, sprang auf die Hände und marschierte so auf dem Highway herum, lächelte und sang. Dann beschloss Green-Eyes, ich müsste meine Übungen machen, und sie schnauzte mich an, weil ich meinen Hals und meine Arme nicht so verrenken konnte, wie sie es wollte. – «Du bewegst dich wie ein Roboter!», tobte sie nach einer halben Stunde. «Es hat überhaupt keinen Sinn, dich irgendetwas machen zu lassen, oder? Du kannst dich genauso gut wieder hinsetzen.» – Als ich einen Augenblick später einen perfekten Knoten schlug (ständig ließ sie mich irgendetwas üben), bekam sie wieder bessere Laune. – «Gut», meinte sie. «Sehr gut.»

«Danke», sagte ich.

«Sei nicht so sarkastisch», fauchte Bright. Ich hatte ihre Gefühle verletzt.

«Bin ich doch gar nicht.»

«Bist du doch», sagte Green-Eyes. «Und das ärgert mich an dir, dass du nie zugeben kannst, wenn du sarkastisch bist.»

«Was machst du mit dem Messer?», fragte sie.

«Nichts Besonderes.»

Ich stand auf und ging los. Ich hatte in diesem Augenblick den Entschluss gefasst, einfach in den Wald hineinzugehen und zu sterben. Erica rief mir zögernd hinterher. Ich ging weiter.

«Komm zurück!», rief Bright.

Ich blieb stehen.

«Lass uns doch einfach versuchen, Spaß miteinander zu haben», sagte sie. «Okay?»

Ich erwiderte nichts.

«Was denkst du gerade?»

«Ich denke gar nichts.»

Mein Pullover

Zehn Tage später erklommen wir die Flanke eines steilen Anstiegs in den Bergen, unter uns ein zugefrorener Fluss, über uns die dämmrig blaue Wand eines Gletschers; es schneite, aber uns beiden war heiß.

«Komm, ich trag deinen Pullover», sagte Erica.

«Nein danke, geht schon.»

«Na komm, wir kommen schneller voran, wenn ich ihn trage. Gib ihn mir.»

«Na gut. Danke.»

«Keine Ursache», sagte Erica und lächelte mich an.

Ein Gedanke (1989)

Erica trug meinen Pullover. Was habe ich jemals für andere in Afghanistan getan? Einmal habe ich ein paar Arme voll Holz für ein Feuer zusammengetragen. Das sollte doch in etwa so viel wert sein wie Erica, die meinen Pullover trägt, zumindest was die Menge angeht, die man aus reinem Altruismus über eine gewisse Strecke trägt; doch irgendwie kommt es mir so vor, als hätte ich in Afghanistan nicht eine einzige gottverdammte Sache getan.

Himbeeren (1979)

Eines Nachts campierten wir an einer leicht sumpfigen, grasbewachsenen Stelle neben dem Highway in der Nähe von Anchorage. Spät in der Nacht wurde es endlich wieder dunkel, denn es war August geworden, und das Zelt, das in dem weichen Gras schlaff an seinen Stangen hing, sah in dem Dämmerlicht irgendwie urzeitlich aus, die Zeltwände wirkten wie struppige, faltige Tierhäute, und das dichte Gras unter unseren Körpern fühlte sich auch so an; vom letzten Licht rot eingefärbtes Schilfrohr, das wir durch das hintere Fenster des Zeltes sehen konnten, wisperte rings um uns herum. Erica lag neben mir, und ihre kräftigen, kontrastreichen Gesichtszüge zeichneten sich deutlich ab. Ihr Pullover wirkte wie ein Panzer. Sie lag still da und hatte die Augen geschlossen. Wir schliefen lange; es gab keine weiteren Flussüberquerungen. Am nächsten Morgen war es schön, und Green-Eyes' Verachtung für mich übte sich in Zurückhaltung. Sie plauderte mit mir und lächelte mich sogar an. Sie versprach, neben den Eisenbahnschienen auf der anderen Seite des Highway Frühstück zu machen. Als sie verschwunden war, stand ich auf, baute das Zelt ab, schüttelte die Schnecken von der Eingangsplane, setzte meinen Rucksack auf und ging zu ihr hinüber. Erica bereitete gerade mein Frühstück vor: eine große Schüssel Müsli mit Rohrzucker und Himbeeren, die sie für mich gepflückt hatte.

Der Fluss

Es war halb fünf morgens, als wir das Zelt abbauten und die bewaldete Sandbank verließen. Green-Eyes scheuchte mich. Es war sehr warm und sonnig; das Wasser stieg schnell. Unsere Stiefel füllten sich schon im ersten Seitenarm mit kaltem Wasser und Schotter. Nach wenigen Minuten waren meine Füße vollkommen taub. – «Hör mal», sagte Green-Eyes, während wir durch zehentiefe Bäche und Schotterbetten rannten. «Nein, nicht langsamer werden, nur hinhören. Hörst du den Lärm aus Osten, der sich wie Donner anhört? Das ist das Eis, das über Tag aufbricht. Schau, das Wasser steigt! Hörst du, dass es anders klingt?»

Wir hatten den ersten der schwierigen Arme erreicht. Green-Eyes knüpfte mir einen Palstek um die Taille und zeigte mir, wie man in das Seil stieg, um es mir um die Hüfte zu ziehen. – «Gib *acht*, wenn ich den Fluss überquere!», sagte sie. «Halt dich bereit; du musst mich rausziehen, wenn ich reinfalle. Wenn du das nicht schaffst, dann wirf deinen Rucksack weg und renn mir hinterher. Gib Seil nach, wenn ich rufe.»

«Alles klar.»

«Aber denk dran, gib acht!»

«Mach ich.»

Sie löste ihren Hüftgurt und watete hinüber. Das graue Wasser stieg sehr schnell. Der Baumstumpf auf der Sandbank hinter uns, der vor einer Viertelstunde noch trocken gelegen hatte, war nun fast vollständig unter Wasser.

«*Gib nach!*», schrie Erica, als sie mitten im Wasser stand. Ich konnte sie kaum verstehen. Das Wasser tobte.

«Na gut», sagte ich und zog am Seil.

Erica stolperte in der Strömung. – «Nein! Locker lassen, verdammt; Seil geben! Ich sag, *gib nach*, und du ziehst!»

«Sorry», sagte ich. Sie konnte mich nicht hören.

Ich gab Leine, und Erica durchquerte den Seitenarm. – «Komm schon!», rief sie. «Schnell!» Ich stieg ins Wasser, dachte noch daran, meinen Hüftgurt zu lockern, und watete langsam und vorsichtig hinüber. Ich dachte nur *linker Fuß*, *rechter Fuß*, *linker Fuß*, um nicht darüber nachzudenken, wo ich war, und ich sah mich nicht weiter um als unbedingt nötig. Green-Eyes holte das Seil von ihrer Seite aus ein. Das Wasser war hüfttief. Es drückte gegen mich und drohte mich umzuwerfen. Ich verlor einen Augenblick den Halt, brach den nächsten Schritt ab und tastete mich mit dem anderen Fuß so weit vor, bis ich gegen einen Felsbrocken stieß. Vorsichtig und mit korrekt nach *Outward Bound*-Vorgabe ausgestreckten Armen durchquerte ich das Wasser und zog mich auf Ericas Schotterbank hoch. Von der Hüfte abwärts war ich taub.

«Das muss schneller gehen», sagte Erica.

«Stimmt», sagte ich. «Finde ich auch.» – Wir rannten zum nächsten Seitenarm. Ich war entsetzt. Das Wasser wirkte um einiges tiefer, und Erica schaffte es nur mit Mühe hinüber. Ich konnte aus der Entfernung sehen, wie sehr sie sich konzentrierte.

«Okay – komm!», rief sie kaum hörbar.

Ich stieg ins Wasser, und der offene Hüftgurt schlug mir gegen die Oberschenkel. Mein Rucksack schien nicht richtig ausbalanciert. Die Strömung war sehr stark. Ich machte einen Schritt, dann noch einen. Plötzlich war der Boden weg, und das Wasser stieg mir über den Bauch. Der Rucksack auf meinem Rücken verdrehte sich, und der Fluss schleuderte mich hin und her. – «*Erica*», rief ich aus dem Wasser. Ich rutschte aus; ich fiel; die Strömung zog mich nach unten; mein schwerer Rucksack drückte mich unter Wasser und sperrte mir den Hinterkopf mit dem harten Rahmen ein, so dass ich nicht wieder hochkam. Die Welt sang mir in den Ohren. Ich kam nicht hoch, und das kalte, kalte Wasser lähmte mich. Ich strampelte wie wild. Dann zog Erica das Seil stramm und rief mir mit bestimmter Stimme etwas zu. Ich konnte sie nicht verstehen, aber ich wusste, ich musste mich hinstellen. Das Wasser war sehr kalt. Meine Arme und Beine reagierten noch, und ich kroch auf Knien voran, krallte mich am Seil fest, bis das Wasser nur noch knietief war, und richtete mich dann wieder auf.

«Gut gemacht!», rief Erica ermunternd.

«Danke», sagte ich.

Ich watete mit schlotternden Gliedern auf die Sandbank und

sah zum nächsten Seitenarm hinüber. Das Wasser war grau und schwoll an; es war schnell, ruhig und tief. Kaum sah ich es, wusste ich, dass ich hineinfallen würde.

«Also los», sagte Erica. «Wir müssen so bald wie möglich hinüber. Das Wasser steigt schnell.»

«In Ordnung.»

«Beobachte mich! Im Zweifelsfall musst du mir nach! Gib Acht!»

«In Ordnung.»

Das Wasser reichte ihr schon bis zu den Hüften. Ich schaute zu, sie stolperte und richtete sich wieder auf. Vorsichtig gab ich Leine nach. Dann war sie drüben und sah mich besorgt an. – «Okay!», rief sie. «Komm schon!»

«Sieht gar nicht so schlimm aus», sagte ich über das Gewässer in ihre Richtung, in dem Wissen, dass sie mich nicht hören konnte. Dann stieg ich ins Wasser. Zum ersten Mal an diesem Tag wagte ich nach vorne zu schauen und entdeckte, dass das andere Flussufer noch in weiter Ferne lag. Wir hatten noch nicht mal die Hälfte geschafft. Das Ufer ging in einen grünen Streifen Tundra über, die bis zum Horizont reichte und von der gedrungenen weißen Form des Mount McKinley überragt wurde, der sich in den blauen Himmel erhob.

«Komm schon!», rief Erica durch ihre zu einem Trichter geformten Hände.

Ich hatte keine Angst mehr. Ich war verloren. Ich stolperte, obwohl das Wasser erst wadentief war. Mit weit ausgestreckten Armen ging ich weiter. Bei jedem Schritt drückte die Strömung rhythmisch gegen mich. Das kalte Wasser reichte mir bis zu den Knien. Alles, was ich hörte, war das Mahlen des Schotters im Wasser. Meine Beine waren taub. Ich beschloss, mich zu beeilen, um das Ganze so schnell wie möglich hinter mich zu bringen. Ich achtete nicht mehr darauf, wohin ich trat, und hastete in Ericas Richtung. Ich sah sie auf der weit entfernten Sandbank stehen und zufrieden das Seil einholen. Sie freute sich offensichtlich, dass ich den Bogen heraushatte, wie man Flüsse durchquerte und dabei Eile an den Tag legte – stattdessen schob ich mich nur voller Panik durchs Wasser. Mein Rucksack schlug mir gegen den Rücken; ich war erleichtert, als ich schließlich stürzte. Der Fluss prügelte mich kalt, stark und hasserfüllt und drückte mich gegen die Felsen. Ich trieb stromabwärts und schürfte dabei über Steine. Ich atmete Wasser ein. Ich versuchte nicht mal den Kopf zu heben. Ich hielt mich für tot.

Dann hörte meine Bewegung mit einem Ruck auf. Erica hatte sich auf den Boden geworfen und zog die Leine ein. Ich spürte, wie etwas an mir zerrte, aber ich konnte ihr nicht helfen. Langsam, ganz langsam zog sie mich aus dem Fluss. Ich konnte sie vor Anstrengung stöhnen hören. Schließlich landete ich in acht bis zehn Zentimeter tiefem Wasser. Ich versuchte aufzustehen, aber es ging nicht. Mein Körper war völlig taub, und mein Rucksack war vollgesogen und schwer. Ich löste einen Schulterriemen, zog mich langsam aus dem anderen und schleppte mich und den Rucksack im Schneckentempo über die feuchten Steine.

«Komm schon!», rief Erica. «Steh auf!»

Ich versuchte weiterzukriechen.

«Du schaffst es! Du musst es schaffen! Los, steh auf!»

Wieder rief Erica atemlos meinen Namen.

… Wir befanden uns auf einer weiteren großen Sandbank. Erica Bright zog mir die Schuhe und die zerrissene, blutige Jeans aus; sie rollte meinen Schlafsack aus, der in der doppelten Umhüllung trocken geblieben war; sie hielt mich ganz fest. Meine Beine und mein Gesicht waren blutig. – «Beeil dich, steig in den Schlafsack», sagte Erica Green-Eyes.

«Du bist unterkühlt.»

«Erica …», sagte ich. Es kostete mich alle Kraft, ihren Namen zu sagen.

«Ich war auch mit meinem ganzem Herzen bei dir», sagte sie. «Und jetzt steig in den Schlafsack.»

Noch lange zitterte ich in der Sonne. Erica saß den ganzen Nachmittag neben mir. – «Weißt du», sagte sie schließlich, «langsam fang ich an, dich zu mögen.»

Ich lächelte zu ihr hinauf.

Am folgenden Tag überquerten wir den McKinley vollständig. Im letzten Seitenarm stürzte Erica. Wir standen nebeneinander im Wasser und hielten uns an meinem Gürtel gegenseitig fest. Es tat einen schweren Schlag, als Erica mit dem Rucksack auf die Steine fiel, dann gab es ein schürfendes Geräusch. Ich wurde nach unten gezogen.

«Steh auf!», rief ich in allerbester Green-Eyes-Manier. Ich zog sie hoch; sie setzte den Rucksack ab. Wir standen in ruhigem, flachem Wasser. Ich half ihr auf, und zu zweit schleiften wir ihren Rucksack auf die letzte Sandbank. Sie sah mich nass und lächelnd an, warf ihre Arme um mich und küsste mich.

Sie hatte meine Hilfe natürlich gar nicht nötig gehabt.

Die andere Seite

Ich werde diesen sonnigen, freudigen Morgen niemals vergessen; hinter uns der Fluss und vor uns ein von wogender Tundra überzogener Gebirgskamm, der vor taufeuchten Blaubeeren glitzerte[*]; dahinter lag (auch wenn wir es noch nicht sahen) ein Tal voller wunderschöner kleiner Seen, die

---

[*] Als ich das erste Mal das *Purgatorio*, den 1. Canto, las, überkam mich dasselbe Gefühl.

zum Baden einluden, dahinter knöcheltiefes rotes und grünes Moos; es folgten weitere ekstatische und anstrengende Tage, bis wir eines Morgens in einem fremden Schlafzimmer erwachten; Erica im Doppelbett, ich im Schlafsack auf dem Boden (denn wir schliefen nie zusammen); die Jalousien waren heruntergelassen, und im Zimmer war es so dunkel, dass wir uns kaum sehen konnten; wir waren im selben Augenblick wach geworden; Erica streckte die Hand aus dem Bett nach mir aus, ich streckte ihr meine Hand entgegen, und wir umklammerten das Handgelenk des anderen mit jenem festen Griff, der bei Flussdurchquerungen Halt gibt; ich habe Erica seitdem nie wieder gesehen, aber ich bin immer wieder in die Arktis gereist und habe allein Flüsse durchquert, weil die liebe Erica mir gezeigt hat, wie das geht. Als Erica und ich an jenem Morgen im späten Juli aus dem Fluss stiegen, ahnte ich das alles irgendwie schon, und ich war sehr glücklich, während wir Blaubeeren aus Ericas Emailbecher aßen; natürlich erreichten wir Stunden später den Rand dieses Moosplateaus, und unterhalb davon erwartete uns der nächste Fluss; ich konnte den schweren Schlag des Wassers hören, und der Fluss war genauso furchteinflößend wie die anderen zuvor; doch als wir die Blaubeeren aßen, lag der Fluss noch in weiter Ferne; und der Ort war so schön, so wunderschön, und ich war ganz hingerissen von dem Sonnenlicht und dem Rauschen des Flusses hinter mir und der unbekannten Weite vor mir; ich war von alldem einfach hingerissen. – Heute glaube ich, wenn meine Absicht, nach Afghanistan zu reisen, überhaupt einen Sinn ergab, dann, um festzustellen, ob es eine Möglichkeit gibt, Menschen dabei zu helfen, Flüsse zu durchqueren – wie ich schon sagte, nicht ich half ihnen, sie halfen mir. In Afghanistan trug mich mein Freund Suleiman huckepack durch die Flüsse.

III. DIE REBELLEN

10. Eine Frage der Politik: Das Spiel (1982)

Wir kümmern uns ausschließlich um den Empfänger der Munition und um weitere verschiedene Mittel, unseren Dschihad fortzusetzen. Wir machen uns *keinerlei* theoretische Gedanken darüber, woher die Sachen stammen, und wir machen uns in der gegenwärtigen Situation keine Gedanken über die Absichten des Spenders.

Richter Dr. Nadschib Said

Eine Frage der Politik

Solange sie in der Wildnis wuchern, geht es den Lebensprinzipien und den sinnvollen Tätigkeiten recht gut, doch pflückt man sie und trägt sie in unsere trostlose Welt voller mangelhafter Resultate, verwelken sie. Glücklicherweise sind unsere Riechorgane derart an den Gestank der verrottenden Ideen unserer Feinde gewöhnt, dass wir unsere eigenen Vorstellungen ruhig umsetzen können, auch wenn sie schon verwelken und langsam zu verfaulen beginnen.[*]

Davon wusste der Junge Mann allerdings noch nichts. Bisher hatte er erst folgende Theorien aufgestellt:

1. Das Leid, von dem er umgeben war, ließ sich durch nichts rechtfertigen. Das stellte ihn ganz deutlich auf die Seite der Afghanen.
2. Seine Vorstellung, er könne irgendwie von Nutzen sein, ließ sich nicht aufrechterhalten.
3. Die Tatsache, dass sie Opfer waren, machte die Afghanen nicht zu besseren oder schlechteren Menschen.

Es blieb ihm damals also nicht viel anderes übrig, als analytisch vorzugehen, während er darauf wartete, dass die Gruppierung des Brigadiers ihre Vorbereitungen zu Ende brachte, um *hinüber*zugehen. Das war auch das einzige, worin er wirklich gut war. Alles zerschmolz ihm in den Händen. Doch zumindest Folgendes musste wahr sein: Ich stehe auf der Seite der Afghanen; also *muss* der Widerstand wunderbar sein (in seinen Vorstellungen waren die Mudscha-

---

[*] Der Koran drückt sich da sehr hübsch aus, wenn er bemerkt, es stelle ein göttliches Wunder dar, dass der Ort, an dem die Milch fließt, zwischen Blut und Dung liegt.

heddin alles mustergültige de Gaulles; allzu intensive Lektüre hatte ihn weit jenseits des Nullpunkts einfacher Ignoranz zurückgeworfen).

«Sie wollen wirklich etwas über die Gruppen wissen?», fragte General N. lachend. «Ich kann Sie herumführen, Junger Mann. Das könnte recht lehrreich für Sie sein.»

Zu viele Marionetten, zu viele Fäden

Da ich dem Mann, den ich die Zuverlässige Quelle nennen möchte, das Versprechen gegeben habe, dass man ihn unter gar keinen Umständen identifizieren kann, werde ich mich jeder Beschreibung seiner Person oder seiner Umgebung enthalten. Er war so gastfreundlich wie alle anderen auch und spendierte dem Jungen Mann eine Sprite. – Die Schwierigkeiten jenseits der Grenze, so sagte er, hätten 1973 begonnen. – Ja, es muss wohl 1973 gewesen sein, dass die Sowjetunion ihr Augenmerk auf das Land richtete, spekulierte der Junge Mann, denn in diesem Jahr hatte Daud die Monarchie in Afghanistan gestürzt.[*] Und als sich die Sowjetunion für Afghanistan zu interessieren begann, war Pakistan gut beraten, dies ebenfalls zu tun. – Der Junge Mann stellte seinen Kassettenrekorder an. «Sie verfolgen das Problem also schon seit 1973?», fragte er.

«Ja», sagte die Zuverlässige Quelle, «1973 erkannte unsere Regierung, dass sich Veränderungen andeuteten – nicht nur in Afghanistan, sondern in der gesamten Region. So kam zum Beispiel die chinesische Führung langsam ins fortgeschrittene Alter; man musste also in Betracht ziehen, dass sie

---

[*] Siehe den Jahreseintrag in der Chronologie.

im Laufe der Zeit abtreten würde.» – Er zählte die sturzge-
fährdeten Giganten an seinen Fingern ab. – «Auch die russische Führung alterte. Niemand konnte mit Gewissheit
sagen, wer in *ihre* Fußstapfen treten würde.» – Wieder
knickte ein Finger weg. – «Hier bei uns in der Nähe regierte
der Schah im Iran. Schon möglich, dass er in unbestimmter
Zukunft einer Volksbewegung weichen müsste. Es gab keine
gut organisierte, einheitliche Formierung, die einen Regie-
rungswechsel hätte bewerkstelligen können, weil es nur
Hofschranzen und so etwas gab.» – Ein weiterer Finger. – «In
direkter Nachbarschaft lag Afghanistan. Nach der Vertrei-
bung von Zahir Schah bekamen wir echte Albträume – aus
folgendem Grund: Solange Daud regierte, herrschte eine
gewisse Stabilität im Lande, doch nach Dauds Tod würden
Unbekannte das Ruder übernehmen. Deshalb stellten wir
eine Art Aktionsplan auf – schließlich haben wir unsere eigenen nationalen Zwänge, Junger Mann! – Außerdem sind
die Afghanen seit 1947, das heißt, seit der Staatsgründung,
nicht besonders freundlich mit uns umgegangen. Sie haben
sogar Aktionen hier in dieser Provinz, im Pandschab und in
anderen Gegenden ausgeführt.»

«War das wegen Paschtunistan?», fragte der Junge Mann.[*]

---

[*] Das Ideal oder Schreckgespenst (je nach Standpunkt) eines eigenen Staates
für die pakistanischen und afghanischen Paschtunen auf pakistanischem
Gebiet. Die Bewohner der nordwestlichen Grenzprovinz waren hauptsächlich Pathanen, wie mein Freund General N., wie sein Gast der Brigadier, wie die Flüchtlinge, mit denen ich sprach. Sie hatten mehr mit
ihren Stammesbrüdern im östlichen Afghanistan gemeinsam, mit denen
sie seit Tausenden von Jahren Handel trieben und ihre Sippen untereinander verheirateten, als mit jemandem aus Sind oder Belutschistan. Für
einen Außenstehenden war es unmöglich, auch nur im Ansatz zu begreifen, was sie dachten und als wichtig erachteten. Die Stammesangehörigen
an der Grenze passierten problemlos die sowjetischen Kontrollpunkte
entlang der Durand-Linie und trieben Handel mit ihrem Gegenüber. In
jener Zeit verkauften Pathanen an Pathanen, das war noch bevor die Vereinigten Staaten und die Araber begonnen hatten, einen Großteil ihrer so

«Ja, das war diese Nummer», lachte die Zuverlässige Quelle, «aber ich glaube, dass das Ganze durch die Interessen der anderen Supermächte ausgelöst worden ist. Natürlich wurde das Spiel von Stellvertretern gespielt, aber ob das nun auf Geheiß der Inder, der Russen oder auf ihr eigenes Geheiß hin geschah …» – Er zuckte mit den Schultern. Dem Jungen Mann kam er ziemlich einsam vor. – «Doch vom ersten Augenblick an, als wir den Vereinten Nationen beitraten, sind die Afghanen gegen unsere Aufnahme gewesen. Sie waren die Einzigen, die sich gegen unsere Aufnahme ausgesprochen haben. – Danach entwickelten sich dann doch *Beziehungen*. Beide Regierungen in Afghanistan und Pakistan wussten, falls morgen die eine oder die andere abtreten müsste …» – Die Zuverlässige Quelle hatte die Angewohnheit, Sätze nicht zu Ende zu sprechen. Zum einen wohl, weil Englisch nicht seine Muttersprache war, obwohl er es fast fließend sprach; zum anderen weil alles, was man zur Zeit über Afghanistan sagen konnte, so vorbehaltlich, verloren, wehmütig erschien. *Für den Fall, dass die eine oder die andere abtreten müsste …* – Und nun waren natürlich beide abgetreten. – «Als uns Daud 1976 einen Besuch abstattete», sagte die Zuverlässige Quelle, «meinte er zu Bhutto: ‹Wenn sie aus dem Norden kommen, sind erst wir dran und dann Ihr Land. Wenn sie aus dem Süden kommen› (er meinte Indien), ‹ist erst Ihr Land dran und dann wir.› Sie konnten die Lage also realistisch einschätzen. Aber sie waren nun mal

genannten verdeckten Unterstützung an die Mudschaheddin zu leisten. Ihr Hauptgeschäft machte die Stadt Darra, wo ich mit einem Fahrzeug des IRC durchfuhr (es war Stammesgebiet, und wir durften nicht anhalten) mit der Herstellung von Waffen, von 38mm-Pistolen, die wie Kugelschreiber aussahen, bis hin zu Luftabwehrgeschützen, alles in Handarbeit. Der General meinte, die Bewohner von Darra könnten jede beliebige Waffe derart gut kopieren, dass bei einer Inspektion das Original nicht mehr erkennbar sei. Er erzählte auch, dass diese Duplikate manchmal beim Abfeuern explodierten. 1982 waren die Afghanen treue Kunden in Darra.

Teil eines ganz bestimmten Schachspiels, das gerade gespielt wurde» (und vor seinem geistigen Ohr konnte der
Junge Mann hören, wie Daud erneut ein Plebiszit für die
Nordwestliche Grenzprovinz forderte; er konnte die Rufe
und Gewehrsalven der berittenen Stammesangehörigen der
Afridi hören, die über die Grenze gekommen waren, um den
unabhängigen Staat Paschtunistan zu gründen, ganz gleich,
was die Pakistanis dazu sagen mochten, er konnte hören,
wie die Grenze geschlossen wurde, zuschlug wie eine Tür, so
dass die Nomaden nicht länger die Durand-Linie überqueren konnten, um ihr Vieh im Sommer auf den schneereichen
grasbewachsenen Bergen weiden zu lassen, wie sie dies seit
Hunderten oder Tausenden von Jahren getan hatten) – «aber
die Afghanen haben unseren ureigenen Interessen *niemals*
im Wege gestanden», sagte die Zuverlässige Quelle, «in dem
Sinne, dass sie niemals in unsere Gespräche eingegriffen
haben oder unsere …» – Erneut versiegte die Stimme. – «Im
Krieg von 1965[*] und im Krieg von 1971[**] unterstützten sie uns
zwar nicht, aber zumindest hielten sie sich raus. Nach dem
Abgang von Zahir Schah fürchteten wir, darauf in Zukunft
verzichten zu müssen! Denn der König verlieh dem System
in Afghanistan zumindest Kontinuität: Heute regierte Zahir
Schah, morgen sein Sohn oder jemand anderer, das verlieh
der Regierung Afghanistans Kontinuität und das Land blieb
stabil. Zahirs Rauswurf durch Daud bedeutete, dass ein ge-
wisses Element der Unsicherheit ins Land eingekehrt war.
Und da hieß es Vorsorge treffen.
Hinzu kamen, wie gesagt, die kleineren Bombenattentate
und Streitigkeiten hier in der Gegend. Zum selben Zeitpunkt wollten diese Gruppen – und bis am 5. Juli 1977 bildeten sie eine Gruppe …» – Der Zuverlässigen Quelle war

---

[*]   Ein unwichtiges Scharmützel zwischen Pakistan und Indien.
[**]   Der Krieg zwischen Pakistan und Indien, den Pakistan verlor.

gerade etwas anderes eingefallen. – «Also, zuerst kam ein Herr namens Habib Raman. Er wurde 1975 von den Afghanen inhaftiert; er wurde» – hier trommelte die Zuverlässige Quelle mit den Fingern – «im Gefängnis von Kabul brutal gefoltert und schließlich ermordet. Dann gab es natürlich Gulbaddin und solche Leute. Rabbani tauchte erst später auf; man hielt ihn im Hintergrund, weil er seine Identität nicht preisgeben wollte. Wir fragten eine ganze Weile nach, ob sie denn über eine Führung verfügten, die den Anforderungen Afghanistans gewachsen sei, und sie beharrten darauf, dafür einen Mann zu haben, verrieten aber nicht, wen. 1974 kamen sie endlich mit ihm an und sagte. ‹Dies ist Rabbani, und er ist unser wahrer Anführer.›

Also, diese Leute waren davongekommen – trotz des Regimes von Daud. Außerdem wollten wir Dauds Regierung klar machen, dass es zum Tangotanzen zwei braucht, und wenn es hier Bombenanschläge und all das gab, konnte man das Tänzchen auch auf der anderen Seite der Grenze wagen. Das haben *wir* dann 1975 im Pandschir umgesetzt[*], und wir konnten Daud eine Lektion hinsichtlich der Beendigung des Paschtunistan-Problems, Anerkennung der Durand-Linie und so weiter erteilen. Das war eines unserer Hauptanliegen.»

«Gulbaddin, Rabbani und die anderen halfen Ihnen also bei diesen Bombenanschlägen?», stellte der Junge Mann fest und versuchte, seine Bestürzung zu verbergen. Aus irgendeinem Grund hatte er sie für Freiheitskämpfer gehalten.

«Nein, sie organisierten, nennen wir es, einen Aufstand; es ging um mehr als Bombenanschläge; es handelte sich im Pandschir-Tal um einen *nationalen Aufstand* gegen das Daud-Regime.»

---

[*]   Einen Putschversuch gegen Daud. Siehe Chronologie, Eintrag für 1975.

«Mit welchem Ziel? Wollten sie Zahir Schah zurückhaben?»
«Ja, das wollten sie, darin waren sich zu diesem Zeitpunkt
alle einig, genau wie unsere Regierung – weil wir glaubten,
dass jede Revolution, die zu diesem Zeitpunkt in Afghanistan stattfand, nicht im Interesse des Volkes war, weil das
Volk politisch und gesellschaftlich noch nicht reif genug sei,
die Verantwortung für eine Revolution zu tragen, gleich ob
links- oder rechtsgerichtet. Wir waren der Meinung», sagte
die Zuverlässige Quelle, «dass die Afghanen noch Zeit
bräuchten. Und dass sie diese Zeit nur hätten, wenn Zahir
Schah zurückkäme und ihnen noch ein paar Jahre die Chance gäbe, das Bildungsniveau zu verbessern. Infolge des gesellschaftlichen Aufbruchs waren mittlerweile Gruppierungen wie Parcham und Khalq entstanden.[*] Auch solche
Erscheinungen wie die Mudschaheddin gab es ebenfalls bereits. Aber sie brauchten noch Zeit.»
Die Zuverlässige Quelle genoss offensichtlich die Rolle des
Mentors. Der Junge Mann kam sich vor wie ein kleiner Junge, der eigentlich im Bett sein sollte, aber dieses eine Mal
länger aufbleiben durfte und sich nun auf die Zehenspitzen
stellte, damit er sehen konnte, welche Kugeln auf dem internationalen Pooltisch herumrollten – und als die Zuverlässige Quelle in den Tagen vor Bhuttos Sturz noch über Einfluss
verfügte, hatte er die Afghanen ebenfalls lange aufbleiben
lassen und ihnen ein paar Tricks beigebracht. Er erzählte
dem Jungen Mann zum Beispiel davon, wie beschlossen
wurde, das Wahlrecht in den Stammesgebieten auf alle
männlichen Erwachsenen auszudehnen; zuvor hatte es nur
für die Stammesältesten gegolten. – «Und wenn man die
Lage der Menschen *diesseits* der Durand-Linie verbessert»,

---

[*] Die beiden rivalisierenden linken Gruppierungen in Afghanistan, die die
   Russen in ihrem Schachspiel einsetzten. Siehe Chronologie, Eintrag für
   1965.

sagte er, «dann beginnen die Afghanen auch, in Richtung Pakistan zu schauen. Wir wollten dafür sorgen, dass die Elemente, die an unseren Grenzen lauerten, in *unsere* Richtung schauten, sich nach *uns* richteten, wenn es um Veränderungen ging. Die meisten Stämme waren so auseinandergerissen, dass die Hälfte der Elemente auf der anderen Seite der Durand-Linie lebte, also *cis-* und *trans-*Durand-Linie; sie bildeten eine ethnische Einheit …»

Der Junge Mann wollte seine nächste Frage in taktvolle Worte kleiden. – «Und was dachten Gulbaddin, Rabbani und die anderen über die Tatsache, dass der, ähm, der Hauptantrieb zu diesen Veränderungen aus Pakistan kam?»

«Sie pflichteten uns bei», sagte die Zuverlässige Quelle nüchtern, «denn zu der Zeit waren sie noch nicht so militant. Sie wussten, dass unsere Entwicklungspolitik in Bezug auf die Stammesgebiete erfolgreich war und die Afghanen nach denselben gesellschaftlichen Reformen schielten. Wie ich schon sagte, damals waren sie noch keine Revolutionäre. Aber mit zwei Dingen waren sie nicht einverstanden: erstens mit der Diktatur Dauds; zweitens misstrauten sie natürlich dem ideologischen Einfluss, den sie über die Grenzen hereinströmen sahen.»

«Die Tyrannei Dauds» (1959)

«Im Jahr 1959 ereignete sich ein wichtiger Augenblick in der modernen Geschichte Afghanistans», schreibt der Historiker Louis Dupree. «Ohne vorherige öffentliche Ankündigung oder offizielle Verlautbarung erschienen der Premierminister Mohammed Daud, der Außenminister und Stellvertretende Premierminister Mohammed Naim[*], weitere Angehörige der kö-

[*]   Dauds Bruder. Daud war unter Zahir Schah von 1953 bis 1963 Premierminister, bis er in einem Streit über die Paschtunistan-Frage zurücktrat. Daud

niglichen Familie, das Kabinett und hochrangige Offiziere gemeinsam mit ihren Frauen und Töchtern am zweiten Tag der *jeshn* [der Unabhängigkeitswoche] auf der Ehrentribüne… Die Frauen waren unverschleiert. Nur dreißig Jahre zuvor war die Regierung des Königs Amanullah gestürzt worden, weil sie (neben anderen Reformversuchen) die Pardah und den Tschador abschaffen wollte und in Kabul die Koedukation einführte. … die große Menge der Zuschauer starrte völlig ungläubig. … das Unvermeidliche geschah. Eine Abordnung der religiösen Führer forderte eine Audienz beim Premierminister und bekam sie auch. Die Mullahs beschuldigten ihn des Antiislamismus, weil er zuließe, dass atheistische Kommunisten und christliche Westler die Nation verdürben … Kaum hatten die religiösen Führer das Büro des Premierministers verlassen, predigten sie gegen das Regime. Sardar Dauds effiziente Geheimpolizei verhaftete und sperrte etwa fünfzig der Anführer ein … Regierungssprecher klärten die eingesperrten Religionsführer darüber auf, dass das Abnehmen des Schleiers auf freiwilliger Basis erfolge, was nur zum Teil stimmte, denn die Regierung zwang ihre Beamten, mit ihren unverschleierten Frauen an öffentlichen Veranstaltungen teilzunehmen, um ein Vorbild zu geben … Das Gewicht dieses Arguments (und die Tatsache, dass afghanische Gefängnisse der Bestrafung und nicht der Rehabilitierung dienten) überzeugte die Mullahs von dem Irrtum ihrer Haltung; nach etwa einer Woche Haft befahl der Premierminister ihre Freilassung. Nicht alle religiösen Anführer jedoch nahmen das freiwillige Ablegen des Schleiers und andere Reformen hin, weil jede Einmischung in ihre angestammten Machtpositionen ja ihren weltlichen Einfluss einschränkte.»[*]

und Naim waren Mitglieder der königlichen Familie. Die Verfassung von 1964 verbot es den Mitgliedern der königlichen Familie, politische Ämter zu bekleiden. Daud ergriff am 17. Juli 1973 die Macht, als Zahir Schah auf Staatsbesuch in Italien war. Während seiner fünfjährigen Amtszeit war Naim einer seiner Berater. Beide Männer und ihre Familien wurden bei einem linksgerichteten Putsch am 27. April 1978 hingerichtet (siehe Chronologie).

[*] Louis Dupree, Afghanistan, S. 530–533.

Die Formierung der Mudschaheddin (1959–79)

In seinem Pamphlet *Welche Art des Kampfs?* (auf dessen Umschlag ein glänzender Koran neben Schwertern und Kränzen abgebildet ist) schreibt Professor B. Rabbani, Anführer der Jamiat-i-Islami Afghanistan (September 1981):

«… Auftreten und Verhaltensweisen sollten sehr sorgfältig bedacht werden. Ein Beispiel: Wo das Gebet eine Einladung sein kann (dem Weg Allahs zu folgen), steht der Gebrauch von Waffen nicht im Einklang mit der Weisheit der islamischen Lehre. Sind sprachliche Äußerung und Überredungskunst andererseits nicht ausreichend, durch die verschlossenen Türen des Starrsinns und der Abweichlerei zu dringen, und können Argumente und Vernunftgründe diese stolze Haltung nicht beeinflussen, und wird einer Einladung mit Feindseligkeit und Ignoranz begegnet, dann wäre der Nichtgebrauch von Waffen (Durchführung bewaffneten Kampfes) idiotisch und dumm.»[*]

Idiotie und Dummheit (1987)

Ach, wie schön es doch gewesen wäre, wenn die Mudschaheddin nach dem Einmarsch der Russen spontan auf der Bildfläche erschienen wären! Nahezu perfekt wäre es noch immer gewesen, wenn sie sich nach Tarakis Putsch 1978 formiert hätten; aber wenn Rabbani und Gulbaddin und die anderen als Marionetten der Pakistanis begonnen hatten, dann waren sie tatsächlich Banditen, wie die Sowjets sie nannten; dann waren sie Terroristen. – Es fiel mir ausgesprochen schwer, die politisch nicht sauberen Anfänge dieser Gruppen zu akzeptieren.

---

[*] S. 31

«Es ging um mehr als Bombenanschläge;
es handelte sich um einen nationalen Aufstand!» (1975)

Der nationale Aufstand, dem die Zuverlässige Quelle seine
Reverenz erwies, ereignete sich im Juli 1975. Bekannt wurde
er als Pandschir-Aufstand. Alle sind sich darin einig, dass
die Rebellen von den Mullahs angeführt wurden. Aber wer
bildete die Rebellen aus? Pakistan leugnete natürlich, irgendetwas damit zu tun gehabt zu haben. Die afghanische Bevölkerung schloss sich dem Aufstand nicht an, und recht
schnell tauchten Regierungshelikopter auf und schossen die
Rebellen zusammen; 93 von ihnen wurden gefangen genommen und bis auf 16 alle für schuldig befunden, anschließend fuhr Daud mit dem Tagesgeschäft fort.

Recht (1987)

Aber zählt denn heute noch, was einige dieser Gruppen
früher einmal *waren*? Hatte der Junge Mann Recht, wenn er
meinte, der afghanische Widerstand sei schon von seinen
Anfängen her belastet? – Das glaube ich nicht – zumindest
nicht im Augenblick. Ich glaube, dass die sowjetische Anwesenheit in Afghanistan schreckliche Auswirkungen hatte.
Widerstand ist gerechtfertigt, ganz gleich, von welcher Seite.
Aber wenn wir dem Bericht der Zuverlässigen Quelle Glauben schenken wollen, können wir dann sagen, Daud hatte
Recht mit seinen Bemühungen, das Land zu modernisieren?
Das ist (wie schön doch die kleinen Freuden sein können)
eine Frage, die heute geradezu lächerlich hypothetisch
ist …

Das Spiel (1878–1982)

Politik mit einem Schachspiel zu vergleichen, wie dies die Zuverlässige Quelle so gern tat, ist natürlich vollkommen abgedroschen in unserer Massengesellschaft, in der wir erwarten, dass die Politiker für unser Wohlergehen spielen und, falls nötig, auch betrügen, während die Zeitungen die einzelnen Züge ausführlich kommentieren – abgedroschen, eben weil der Begriff so zutreffend ist. Dass die Zuverlässige Quelle diesen Begriff verwendete, war jedenfalls erklärlich. – Die Briten waren die ersten, die von dem «Großen Spiel» zwischen ihrem Empire und Russland sprachen, wobei Afghanistan im Zentrum des Spielgeschehens stand.[*] Jede neue Entwicklung war weniger Ergebnis einer gewollten Entscheidung als vielmehr unvermeidliche Polarisierung; denn das Spiel selbst war so groß, dass es die Spieler umherschob, statt umgekehrt. – «In dem natürlichen Prozess der zivilisierten und zivilisierenden Mächte, über den ich mich schon ausgelassen habe», schrieb Lord Lytton am 4. September 1878 (im selben Jahr besetzten die Briten erneut Afghanistan), «füllt Russland mit Verlässlichkeit jedes Vakuum aus, das wir hinterlassen.» In den Jahren bevor die Sowjetunion Afghanistan ihr Weihnachtsgeschenk überreichte und sich die Besorgnisse der Zuverlässigen Quelle bewahrheiteten, ging das Spiel weiter und unterlag denselben Einflüssen kosmischer Gesetze: – Jeder der Spieler machte seinen Zug, weil das dynamische Gleichgewicht des Spiels ihn dazu zwang; er versuchte nur, seine Position zu halten, verstehen Sie? Die Jahre vergingen: Wir sprachen von der Notwendigkeit der Eindämmung, wenn wir gegen sowjetische

---

[*] Siehe die Einträge in der Chronologie für die Jahre von 1844 bis 1907.

Marionettenregime in Mittelamerika kämpften; während *sie* erklärten, dass der Fortschritt von einer gesellschaftlichen Stufe zur nächsten nur in eine Richtung funktioniere, so dass es eine Frage der ökonomischen Gesetzmäßigkeit sei, wenn der Feudalismus in Afghanistan dem Sozialismus weichen MÜSSE, und dass die Union der Sozialistischen Sowjetrepubliken diesen Prozess nur beschütze, befördere und entwickele. Beide Seiten empfahlen ihren Bauern, sich zu entspannen und die Rampe zum Schlachthof zu benutzen. – *«Unter dem Banner der Großen April-Revolution[*], vorwärts auf dem Weg zur völligen Einheit aller nationalen und progressiven Kräfte, hin zu dem entscheidenden Sieg der nationaldemokratischen, antifeudalen, antiimperialistischen Revolution; für die Schaffung eines neuen, stolzen, freien und unabhängigen Afghanistan!»,* schrie Babrak Karmal, nachdem er ins Amt katapultiert worden war (natürlich liegt es nicht in meinem Interesse, ein amerikanisches Gegenbeispiel zu zitieren; denn wenn ich schon so prinzipientreu bin, darauf zu beharren, dass wir den Afghanen um ihrer selbst willen helfen und nicht, weil sie gegen die Sowjets sind, wer wäre denn dann noch übrig, mit mir gemeinsam für ihre Sache einzutreten?). – Die Geschichte zeigt, dass das Spiel immer gespielt worden ist, ganz gleich, wer die Spieler waren; wenn also die Welt tatsächlich auf diese verderbte Art gelenkt werden muss, dann sollten wir nicht die Zuverlässige Quelle dafür verantwortlich machen, sondern ihn für seine Ehrlichkeit loben. Wie grotesk, wie widerwärtig grotesk ist es, wenn ein Mitspieler so tut, als spiele er nicht mit (auch wenn das ebenfalls zum Spiel gehört), wie zum Beispiel, als die Sowjets darauf bestanden, sie würden die traditionellen ethnischen Strukturen unterentwickelter Länder

---

[*] Tarakis Putsch von 1978

bewahren: In der *Moscow News Weekly* Nr. 24 vom 21.–28. Juni 1981 lässt eine Kolumne unter der Überschrift: «Der heimatliche Herd: Von unserem Korrespondenten aus Kabul» einen paschtunischen Stammesältesten sagen: «Die militärische Hilfe der UdSSR steht in völligem Einklang mit dem Ehrenkodex der Paschtunen, dem Paschtunwali. Dieser besagt, wenn ein Feind dein Land angreift, kannst du den Nachbarn zur Abwehr des Feindes um Hilfe bitten.» – Wie ein persisches Sprichwort sagt: «Wenn der König gegen Mittag sagt: ‹Es ist Nacht›, dann sagt der Weise: ‹Siehe, die Sterne.›»

Bericht der Zuverlässigen Quelle (Fortsetzung) (1982)

«Haben die Mudschaheddin Ihnen und Präsident Bhutto vertraut?», fragte der Junge Mann.

«Eigentlich schon. Das ist wohl der Grund, warum sie uns seit ihren Anfängen im Oktober 1973[*] treu blieben. Ich würde sagen, dass es Zeiten gab, in denen wir mehr oder weniger glücklich miteinander waren; in der Zeit von Oktober 1973 bis November 1974 waren sie zumindest sehr froh über uns, weil ich hier war und mich um sie kümmerte.» – Die Zuverlässige Quelle seufzte. – «Dann trat, ob nun glücklicher- oder unglücklicherweise, mein Nachfolger sein Amt an, der sich für einen Soldaten hielt und glaubte, sich nicht ins politische Geschäft einmischen zu sollen. Er nahm uns … er ging, um es mal so zu sagen, die Sache langsam an. Es war eine politische Entscheidung, keine Frage der Persönlichkeit. Im Ergebnis ließ die Intensität der Unterstützung nach.»

---

[*] Das wäre ein paar Monate nach Dauds Putsch. Daud hatte zu diesem Zeitpunkt bereits damit begonnen, seine 1600 Parcham-Kader in die ländlichen Gebiete zu schicken, um dort die Modernisierung zu predigen. Den Mullahs sträubten sich die Nackenhaare.

«Das muss ein verdammt schwieriger Job gewesen sein», sagte der Junge Mann.

«Warum?»

«Nun, Sie haben sich doch bestimmt Sorgen um Herrn Daud gemacht.»

«Nein, zu diesem Zeitpunkt spielten die schon ihre Spielchen mit uns. Tatsache ist, wenn eine Seite ein Spiel nach eigenen Regeln zu spielen versucht, stellt man auch eigene Regeln auf. Wir verloren Habib Raman, konnten aber für einen entscheidenden Wandel in Dauds Denkweise sorgen. Er war gezwungen, zu uns zu kommen und das Gespräch zu suchen.[*] Er war außerdem gezwungen, die Natur dieser Veränderungen zu erkennen, und deshalb bat er uns 1977: ‹Bitte verschiebt die Wahlen in den Stammesgebieten um ein Jahr.› Er meinte: ‹Lasst mir ein wenig Zeit, dann kann ich eine Reihe von Reformen durchbringen, ansonsten rebellieren sie gegen mich.› Die Menschen hier spürten die Veränderungen.»

War Daud zu dem Zeitpunkt, als er mit Bhutto und der Zuverlässigen Quelle sprach, sehr verzweifelt? Hatte er eine Ahnung, wie sein Ende, wie das Ende seines Landes aussehen würde? Und hegte die Zuverlässige Quelle ihm gegenüber während des Treffens weniger Feindschaft, einfach nur aufgrund von Dauds prekärer Lage? Wie sehr er Daud auch verabscheute, Taraki muss ihm doch noch unsympathischer gewesen sein, nehme ich an.

«Und wie war die Reaktion in Afghanistan und bei den politischen Gruppierungen, als Bhutto von General Zia abgelöst wurde?», fragte der Junge Mann.

«Nun, da war dann der Zeitpunkt gekommen, als sich die Gruppe spaltete. Als wir uns noch um sie kümmerten, sie

---

[*] Was er im Jahr nach dem Aufstand im Pandschir auch tat (siehe Chronologie, Eintrag für 1976).

also in gewisser Weise kontrollierten, bildeten sie noch eine Einheit.»

«Wie sah denn diese Kontrolle aus?»

«Kontrolle durch – *Verständnis*», sagte die Zuverlässige Quelle. «Sie verstanden und wir verstanden, dass wir ein gemeinsames Programm hatten, mit dem Ergebnis, dass wir sie in dem Maße unterstützten, das sie verlangten. Und sie verstanden ebenfalls, dass wir jeden Mann nach seinen Fähigkeiten einsetzten. Also, Gulbaddin ist ein Militanter, Khalis ist ein Militanter; Nabi[*] … sie waren alle militant. Rabbani wiederum ist einer, der die ganze Geschichte am liebsten mit Hilfe eines Erziehungsprogramms durchziehen würde. Er hatte in Skandinavien als Prediger gearbeitet. Gegen Ende 1976 kam er zu uns.[**] Wir sagten ihm, dass er in Skandinavien ausgezeichnete Arbeit leistete und sie auch fortsetzen sollte; wir brauchten ihn zu dem Zeitpunkt nicht, denn all die anderen Gruppen waren ja schon hier, und sie waren vereint … Alle stimmten darin überein, Zahir Schah zurückhaben zu wollen. Das ist der Grund, warum ihre Vertreter sich 1976 mit ihm trafen, und er willigte ein zurückzukehren und sie zu führen, weil sie außerdem eine zentrale Führungspersönlichkeit brauchten.»

«Und warum ist Zahir Schah jetzt nicht hier und koordiniert alles?»

«Ach, ich nehme an, General Zia hat kalte Füße bekommen.»

---

[*] An dieser Stelle ist eine kurze Rekapitulation vielleicht angebracht. Gulbaddin Hekmatyar leitete die rechtsgerichtete Gruppierung Hezb-i-Islami, Maulvi Mohammed Yunus Khalis kontrollierte eine Splittergruppe der Hezb-i-, die nach ihm benannt war, und Maulvi Mohammed Nabi Mohammadi leitete die Herakat-i-Inqelab-i-Islami, eine Organisation, die eher nach dem Geschmack der Liberalen war.

[**] Dieser Satz macht deutlich, dass die Zuverlässige Quelle in Fragen der Daten nicht immer besonders zuverlässig ist. Denn oben (siehe S. 243), hatte er behauptet, Rabbani sei 1974 aufgetaucht.

«Wollen denn Ihrer Meinung nach die größeren Gruppierungen immer noch Zahir Schah zurückhaben?»

«Heute nicht mehr. Ein Grund dafür ist das Auftauchen Khomeinis; ein weiterer besteht darin, dass sie nach dem Juli 1977[*] aufgrund fehlender Unterstützung ein unkoordinierter Haufen wurden. Jeder schaute sich anderswo um. Die einen gingen nach Kuwait, die anderen nach Saudi-Arabien und so weiter, weil sie innerhalb Pakistans nicht mehr die Unterstützung fanden, die sie brauchten oder sich wünschten.»

«Und wer unterstützt sie jetzt?», fragte der Junge Mann.

«Jetzt? Die Amerikaner.»

«Der CIA?»

«Ja.»

«Und General Zia ist nicht –?»

«Das – das ist, also, mein eigener Eindruck ist, dass, weil, ähm, da sind so viele Dinge, die man nicht einfach so sagen kann», rief die Zuverlässige Quelle. «Wenn Sie diesen Kassettenrekorder da abschalten, werde ich es Ihnen erklären …»

Der Rekorder wurde für zehn Minuten ausgeschaltet.[**]

Sowjetische Verstärkung

«Es gibt», so die TASS-Verlautbarung zu Afghanistan im Dezember 1979, «einen offenkundigen Zusammenhang zwischen den Reisen amerikanischer Abgesandter nach Pakistan, ihren Rei-

---

[*] Soll heißen, nachdem Zia Bhutto entfernte.

[**] Das Interview fand im Juni 1982 statt. Damals hatten die Vereinigten Staaten noch nicht eingeräumt, dass sie die Mudschaheddin mit Hilfe Pakistans unterstützten. Das waren also interessante Neuigkeiten für mich. Fünf Jahre später wirkte das nur noch leicht traurig und schäbig, ähnlich dem «Aufstand» im Pandschir — eigentlich noch trauriger und schäbiger,

sen in bestimmte Regionen Afghanistans und den Operationen der Rebellen. Es ist kein Zufall, dass der Aufstand in Herat stattfand, kurz nachdem einer der Anführer der afghanischen Konterrevolutionäre vom amerikanischen Außenministerium empfangen wurde, und dass Washington und Peking der afghanischen Reaktion auf den Aufstand besondere Beachtung schenken. Es gibt Beweise über die Versuche amerikanischer Abgesandter, die pakistanische Führung zu der Einwilligung zu bewegen, ihnen noch umfangreicheren Gebrauch pakistanischen Territoriums zu erlauben, um von dort bewaffnete Gruppen nach Afghanistan zu entsenden. Zudem wurde von Pakistan gefordert, in noch größerem Maße an aggressiven Handlungen gegen Afghanistan teilzunehmen.

Man muss kein Hellseher sein, um die Motive hinter den Taten der Vereinigten Staaten erkennen zu können. Es gibt Personen in Washington, die ohne Unterlass nach einem Ersatz für jene Positionen suchen, die aufgrund des Sturzes des Schah-Regimes im Iran verloren gingen. In dem berüchtigten ‹Strategic Arc›, den die Amerikaner im Laufe von Jahrzehnten entlang der Südgrenze der Sowjetunion aufgebaut haben, sind Risse entstanden, und um diese Risse zu stopfen, bemühte man sich, das afghanische Volk und auch die Völker in anderen Regionen einzubinden.

… Ausländische imperialistische Reaktion ist unablässig am Werk, um die Organe der Staatsmacht zu unterminieren und die Reihen der Volksdemokratischen Partei Afghanistans zu desorganisieren.»

Ich kann mir gut vorstellen, dass jedes Wort davon stimmt.

Ein Gedanke (1987)

Vielleicht war es kein Wunder, dass nahezu jeder Afghane oder Pakistani, mit dem ich sprach, glaubte, ich sei so eine

weil ich für jede offene und verdeckte Unterstützung der Mudschaheddin bin. Wie wahr, wie wahr: Es gibt so viele Dinge, die man nicht einfach so sagen kann!

Art allmächtiger CIA-Agent; dass nahezu jeder Afghane oder Pakistani dachte, er würde beobachtet; dass man sich in Peschawar immer und immer wieder erzählte, es sei ein geheimer Handel geschlossen worden, wonach die Sowjets Afghanistan behalten konnten und die Amerikaner den Nahen Osten übernahmen. – Was hätten diese Menschen wohl gedacht, wenn sie zum Beispiel am 12. Februar 1987 (einem regnerischen Tag) in San Francisco gewesen wären und die antiasiatische Demonstration vor der koreanischen Botschaft beobachtet und die Arbeiter mit ihren schweren Regenmänteln gesehen hätten, die guten alten Jungs, die mit Regenschirmen wirbelten, amerikanische Flaggen schwenkten und «Fahne! Fahne! Fahne! Fahne!» brüllten?[*] – Die jungen Männer sahen ernst und dumm drein. Die Älteren lächelten. Alle waren ungeheuer aufgeregt. Die Iron Workers Union war aufmarschiert und verkündete, Korea exportiere Arbeitslosigkeit. – «*SCHLITZAUGEN RAUS AUS AMERIKA!*» – Denn auch die Amerikaner glaubten, beobachtet zu werden.

Und doch war die Situation nicht wirklich vergleichbar. Denn als der Junge Mann erfuhr, dass viele Mudschaheddin-Gruppierungen schon lange vor dem Ende der Regierung ins Spiel gekommen waren und als boshaft drehende und bohrende Finger der pakistanischen *Realpolitik* dienten, war er zutiefst schockiert – dabei hätte er doch gleich, als er den Brief des Brigadiers gelesen hatte, wissen müssen, wie die Dinge standen!

«… dass wir nach zwei Monaten Hilfe bekommen würden mit Folgendem: … 40 mächtige explosive Bumben.»

---

[*] In Afghanistan müssten sie dann rufen: «*Parcham! Parcham! Parcham! Parcham!*»

Doch dass seine eigene Regierung so etwas tat, schien weder überraschend noch falsch. Warum eigentlich?

Bericht der Zuverlässigen Quelle (Fortsetzung)

«Wie könnten wir den Mudschaheddin heute am besten helfen?», fragte der Junge Mann.

«An dem Problem hat sich nichts geändert», sagte die Zuverlässige Quelle. «Es bedarf einer zentralen Führungsrolle; es bedarf einer Persönlichkeit, die das Vertrauen aller Elemente der Mudschaheddin genießt; das ist die einzige Möglichkeit, die Einheit unter ihnen wieder herzustellen. Erst unter ihnen, dann zwischen ihnen und den Stammesältesten, doch zuallererst muss ein Programm ausgearbeitet werden, wie die bestmögliche Regierungsform in Afghanistan aussehen könnte.»

«Und wer könnte diese Persönlichkeit sein, wenn nicht Zahir Schah?»

«Nun, es muss jemand sein, der Einmütigkeit erzielt. In einer Stammesgesellschaft ist das einfach. Aber die Mullahs – Gulbaddin und Rabbani – werden das nicht hinnehmen. Die Stämme schon, aber nicht die Mullahs. Wir sehen uns also wieder gegensätzlichen Interessen gegenüber. Tatsache ist, dass sie, obwohl wir 1973 und 1977 dafür stimmten, Zahir Schah zurückzuholen und ihn nicht zurückbekamen, als Gruppe effektiv blieben, weil es eine effektive Koordination gab. Und so etwas ließe sich auch heute noch bewerkstelligen. – In der Geschichte Afghanistans waren die Königsmacher stets die Stämme in Pakistan. Was ist denn das Königreich Afghanistan anderes als eine Ansammlung von Stämmen, die Ahmed Schah 1747 um sich geschart hat? Dort herrscht noch immer tiefstes Mittelalter, es handelt sich um eine Stammesgesellschaft, da haben sich die Russen einfach verkalkuliert, und das ist auch der Grund, warum es dort immer Unruhen geben wird. Und was machte Ahmed Schah? Gab es Unruhen in Kabul, benutzte man Kandahar. Gab es Unruhen in Kandahar, spielte man Kabul dagegen aus. Diese beiden Elemente dienten als Balance. Ansonsten sorgten die Paschtunen für den Ausgleich. Und so ging das weiter. Und genauso agierten wir auch. Das gehörte zu unserem Programm: *Die Gruppen um Gulbaddin und all die anderen dienten nur dazu, bestimmte Fragen zu stellen* oder ins Zentrum des Interesses zu rücken, für den Fall irgendwelcher Zwischenfälle. Unsere Stammesangehörigen derselben ethnischen Gemeinschaft sollten sich dann ebenfalls massiv zu Wort melden, um so ebenfalls Einfluss auszuüben und diesen Wandel herbeizuführen. So lautete das Programm. Aber die Regierung verschätzte sich erneut und verpasste zwischen April 1978 und Dezember 1979 eine Gelegenheit*, die man erfolgreich hätte beim Schopf packen können.»

«Angesichts dieser Stammesübermacht und der Tatsache, dass die Stämme ständig die Durand-Linie überqueren, kann denn da die Sowjetunion Afghanistan überhaupt schlucken, ohne auch Pakistan zu verspeisen?», fragte der Junge Mann.

«Das kommt darauf an», antwortete die Zuverlässige Quelle. «Faktisch haben sie Afghanistan ja schon geschluckt. Bei den Gesprächen in Genf wird man die Situation *de jure* oder *de facto* anerkennen, denke ich. Ich glaube nicht, dass die Russen irgendwelche weiteren Vorteile davon haben werden, wenn sie Pakistan einnehmen. Aus unserer Sicht war Afghanistan nur so lange von Bedeutung, wie das Ziel der

---

* Die Unruhen in Afghanistan kurz vor dem Einmarsch.

Russen noch Delhi hieß, weil die Armee in diesem Fall durch die nordwestlichen Grenzprovinzen gemusst hätte. Doch seit jener gewaltsamen linken Bewegung von 1971, dem Freundschaftsvertrag und alldem haben die Russen und Inder eine gemeinsame Achse gebildet, sie haben gemeinsame Interessen. Das Ziel lautet also nicht mehr Delhi. Ist es der Golf oder der Wunsch, dem Westen am Golf den Ölhahn zuzudrehen, dann wird ihr nächstes Ziel automatisch der Iran sein; nicht wir. Heißt ihr Ziel Belutschistan, dann sind wir dran.»

«Sie glauben also nicht, die Russen müssten sich mehr darum kümmern, dass sie die Stämme im Osten nicht vollkommen unter Kontrolle haben?»

«Der Punkt ist, wenn die pakistanische Regierung nicht bereit ist, sich in die afghanischen Angelegenheiten einzumischen, dann werden diese Stammesleute neutral bleiben. Trotz der Ereignisse in Afghanistan verhalten sich ja auch die Stämme auf unserer Seite neutral. Hätte die Regierung diese Stämme ermutigt, sähe die Sache wohl anders aus.»

«Wie hoch sind Ihrer Meinung nach die Chancen, die Russen aus Afghanistan zu vertreiben?»

«Gleich null.»

Gesunder Menschenverstand

Doch da täuschte sich die Zuverlässige Quelle, denn die Sowjets verließen ja Afghanistan 1989; doch das Große Spiel ist möglicherweise immer noch nicht vorbei.

11. Eine Frage der Politik:
Freundliche Feinde (1982)

Es ist nicht wichtig, ob ein Afghane Schiit oder Sunnit ist. Wir alle sind Brüder … All jene, die den gegenwärtigen Widerstand anführen und gegen die Russen kämpfen, sind Patrioten und große Persönlichkeiten. Professor Rabbani ist sowohl Schiit als auch Sunnit. Ich bin sowohl Schiit als auch Sunnit. In Afghanistan sind alle sowohl Schiiten als auch Sunniten, und sind sie es nicht, sind sie keine Moslems.

(Junger Mann: Ist Gulbaddin Ihr Bruder?)

Ja, natürlich ist er mein Bruder. Er hat sehr mutig gegen die russischen Invasoren gekämpft. Die Politik ruft den Zwist zwischen den Gruppen hervor. Es gibt russische Agenten, die Unruhe stiften und für Unstimmigkeiten und Schwierigkeiten zwischen den Anführern sorgen. Sie alle sind große Männer ihrer Zeit.

Schiit Mudschaheddin, Kommandant

Freundliche Feinde

Natürlich waren die Afghanen jetzt vereint. Der Junge Mann wusste es; er hatte in den Zeitungen mehrfach davon gelesen. Sie hatten sogar eine gemeinsame Organisation namens Islamische Einheit der afghanischen Mudschaheddin gegründet. – Na ja, eigentlich doch nicht. Tatsächlich gab es zwei rivalisierende Organisationen gleichen Namens, und sie hassten einander. Doch jedermann erzählte dem Jungen Mann, es hätte zwar bis vor kurzem einige Schwierigkeiten gegeben, aber nun stünden die Fraktionen so eng zusammen wie die Drei Musketiere (in sein Notizbuch schrieb er: «Muss herausbekommen, wie oft sie sich gegenseitig umbringen, bevor ich weiß, ob ich ihre Unterstützung gutheißen kann.»[*])

«Und jetzt bekriegen sich die Mudschaheddin nicht mehr gegenseitig?», bohrte der Junge Mann nach.

«Das ist doch alles sehr übertrieben», erwiderte der Flüchtlingslagerverwalter schnell. «Dieses Thema wird heutzutage zu sehr aufgebauscht. Es mag ein paar vereinzelte Fälle gegeben haben, aber nicht so, wie es in den westlichen Medien dargestellt worden ist. Einmal gab es einen Fall persönlicher Feindschaft. Bei einem anderen Zwischenfall handelte es sich um Soldaten des Karmal-Regimes. Sie wollten sich einer Gruppierung der Mudschaheddin ergeben. Unterwegs wurden sie von Leuten der Jamiat-i-Islami aufgegriffen und sollten erschossen werden. Aber die andere Gruppierung, die Hezb-i-Islami, sagte ihnen, dass sie das nicht dürften.

---

[*] «Vielen Dank für Ihr Manuskript», schrieb der literarische Agent, «bitte entschuldigen Sie mein langes Zögern. Ich hoffe, Ihre Darmparasiten gehören der Vergangenheit an. Ich habe es sehr genossen, die *Afghanistan Picture Show* zu lesen. Ich wünschte nur, ich könnte jemanden dazu bringen, es auch zu kaufen …»

Daraus hat sich ein Streit entwickelt ... Es hat Auseinandersetzungen gegeben, doch das ist lange, lange her. Damit ist es jetzt vorbei.»
«Und nun sind sie alle vereint?»
Der Verwalter nickte. Sie saßen in einem Gästezelt und tranken *lassi*, und der Verwalter leerte seine Tasse und hielt sie in die Höhe, bis ein alter Mann ihm nachschenkte.
«Alle sind vereint und recht zufrieden», sagte er.
«Und wenn sich jemand ergeben will, dann ergibt er sich der gesamten Organisation, verstehen Sie?»

Generalsekretär Pizzarda mit dem Helm eines sowjetischen Soldaten in der Hand

Bericht von Professor S. Schamsuddin
Madschruh, Afghanisches Informationsbüro

Der Junge Mann begleitete den General zu einem Besuch bei
Professor Madschruh. Bei diesem Interview meinten es alle
gut miteinander: der General, indem er sie zusammen-
brachte, der Junge Mann, der herauszufinden wünschte, ob
die verdeckte Unterstützung der Amerikaner wirkungsvoll
war (Man stelle sich diese lächerliche Szene einmal vor! Man
stelle sich diesen Jungen Mann vor, der ebenso gut dazu
geeignet war, sich mit Spionagedingen zu beschäftigen, wie
ein Grashüpfer!), Madschruh in dem Bemühen, seinen Mit-
bürgern zu helfen; aber da die Rolle des Jungen Mannes so
verwirrend unschuldig war, schwirrten die Differenzen bald
wie Stechmücken durch den Raum, und von der üblichen
Zweideutigkeit dieser Angelegenheiten wurde dem Jungen
Mann weit schwindliger als von der Hitze.

Der Junge Mann dachte, wenn er seine Pennys schon einer
Organisation der Mudschaheddin zukommen lassen wollte
(das Missverständnis ließe sich wohl am kürzesten so fassen,
dass Madschruh davon ausging, wenn der Bursche schon
den langen Weg bis hierher gemacht hatte, dann müsste er
doch auch ein bisschen Geld haben), dann wollte er sicher
sein, dass besagte Pennys an jene Gruppe gingen, die den
größten Teil ihrer Mittel dazu verwendete, die sowjetischen
Soldaten *im Land* umzubringen und nicht die Mitglieder
anderer Fraktionen des Widerstandes.

Und wer kann Professor Madschruh verübeln, dass er so
reagierte? Aus seiner Sicht waren die Spaltungen eine unglückliche Sache, beeinträchtigten die ganze Angelegenheit
ethisch aber nicht. Und damit hatte er Recht.

«Ich war Professor an der Universität Kabul», begann er.

«Ich war Dekan meiner Fakultät. Ich habe Afghanistan nach dem sowjetischen Einmarsch Anfang der achtziger Jahre verlassen und bin hierher gekommen, um auf meine Weise beim Befreiungskampf zu helfen. Hier sind wir nun; wir haben ein kleines Büro. Wir erhalten Informationen aus dem *Inneren* und geben sie an die Außenwelt weiter.»

«Sind Sie mit irgendeiner bestimmten Gruppierung verbunden?», fragte der Junge Mann.

«Nein. Das Afghanische Informationsbüro ist unabhängig und bemüht sich um Unparteilichkeit, aber natürlich stehen wir auf Seiten des Widerstands; wir versuchen gute Beziehungen zu allen Gruppierungen zu unterhalten.»

«Das muss sehr schwer sein», meinte der Junge Mann höflich, und der General saß auf dem Sofa und lächelte müde.

«Eine schwierige Aufgabe, gewiss», sagte Madschruh strahlend, «nicht bloß die Sicht der einen Seite oder Gruppe darzustellen, sondern die Situation so zu schildern, wie sie wirklich ist: das schwere Los der meisten Flüchtlinge in Pakistan; und dann gibt es ja auch noch die Flüchtlinge jenseits der Grenze. Diesen Menschen muss geholfen werden. Wir müssen einen Weg finden – ich weiß noch nicht, wie –, um den Leuten *im Land* zu helfen. Die Franzosen sind dabei, aber ihre Mittel sind begrenzt; das Problem ist für sie allein zu groß.»

Dann sah er den Jungen Mann hoffnungsvoll an.

«Wie gut repräsentieren die offiziell hier in Pakistan anerkannten Parteien das Volk von Afghanistan?»

«Alle im *Inland* kämpfenden Parteien sind hier vertreten», antwortete Professor Madschruh. «Sie repräsentieren allerdings nicht das ganze Volk. Ein Großteil der Bevölkerung kämpft für sich selbst – die Zivilverteidigung. Dennoch repräsentieren sie einen wichtigen Teil des Kampfes.»

«Wie viel Prozent der afghanischen Bevölkerung unterstützt

Ihrer Meinung nach eine oder mehrere dieser offiziell anerkannten Gruppierungen?»

«Sie stellen etwa fünfzig Prozent der Einsatzkräfte.»

«Und was ist mit den anderen fünfzig Prozent?»

«Die haben ihre eigenen Waffen, die sie von den *Rus* ergattert haben, sie haben ihre eigene Region, und daraus rühren
sie sich nicht weg. Ein Großteil des Landes ist frei; die *Rus*
haben nur die großen Städte in ihrer Hand.»

«Wie ließen sich die Waffen am praktischsten verteilen?»,
fragte der Junge Mann. «Wenn ich, sagen wir mal, Gulbaddin Waffen geben wollte, dann könnte er diese ja durchaus
dazu verwenden, um zum Beispiel jemanden von der Nationalen Islamischen Front zu entführen.»

Professor Madschruh lachte höflich (an dieser Stelle, vermute ich, fiel erstmals ein Schatten über das Gespräch).

«Können wir die Waffen also tatsächlich direkt denen geben, die sie benötigen», bohrte der Junge Mann, «oder ist
eine Gruppierung vielleicht attraktiver als die anderen?»

«Erstens müssen die Menschen den Mudschaheddin Waffen
geben *wollen*», erwiderte Madschruh trocken, «und zweitens wäre da noch die Frage, welche Art von Waffen; erst an
dritter Stelle stellt sich dann diese Frage, und ich denke, dies
sollten die Profis, die Experten diskutieren und begutachten.
Ich meine, es gibt Möglichkeiten. Aber die Frage lässt sich
nicht so einfach beantworten.»

«Ich vertrete hier niemanden», sagte der Junge Mann, «aber
bisher habe ich niemanden gefunden, dem ich Waffen zukommen lassen möchte. Könnten wir einen solchen Fin-
dungsprozess einleiten? Lässt sich ein geeigneter Kandidat
benennen?»

«Nein, nein», sagte Madschruh, so wie ein Senator sagen
würde: «Kein Kommentar». «Es wäre verfrüht, einen Vorschlag zu machen …»

«Sie können mir also keinen Rat geben, an wen ich mich wenden soll, um herauszufinden, wer seine Waffen wirksam gegen die Russen einsetzt? Und nicht gegen andere?»

«Nein, nein, so etwas tun sie nicht», sagte Madschruh. «Wenn Sie sich einmal umschauen – falls Sie die Zeit haben –, werden Sie begreifen, dass alle hier vertretenen Gruppen recht wirksam kämpfen. Das macht natürlich nur einen kleinen Teil aus, und sie stecken zudem ständig in der Situation, dass sie interne Schwierigkeiten und organisatorische Schwierigkeiten haben, aber das ist nur die halbe Wahrheit. Wie Sie sicher gehört haben, kämpfen sie gerade im Pandschir mit einigem Erfolg, und die fünfte sowjetische Offensive ist dort stecken geblieben …»

«Dabei handelt es sich hauptsächlich um die Jamiat, Rabbanis Gruppe?»

«Nein, wie ich Ihnen schon sagte, sind auch viele andere dazugestoßen, aus Ghazni zum Beispiel. Das Ganze stellt kein so ernsthaftes Problem dar, wie Sie zu glauben scheinen. Sie kämpfen nicht bloß gegeneinander. Ein paar schon, aber das ist nicht die Regel.»

«Ihrer Meinung nach sollten die Vereinigten Staaten also den Widerstand bewaffnen?»

«Unbedingt.»

«Nun, wenn Sie mir auch einen Vorschlag machen könnten, wie dies zu bewerkstelligen wäre …»

Madschruh legte seine Fingerspitzen aufeinander. «Ich denke, dass wir … wir sind hier in Pakistan. Wir versuchen, gute Beziehungen zu den offiziellen Stellen zu unterhalten, und ich glaube, dass jede Hilfe von offizieller Seite aus erfolgen sollte.»

Wie erfreut die Zuverlässige Quelle über diese Worte gewesen wäre! Offenbar hielten die Puppenspieler die Fäden weiterhin in der Hand.

«Wir sollten also der pakistanischen Regierung Waffen geben und sie entscheiden lassen, wie sie verteilt werden?», fragte der Junge Mann.

«Nein, so etwas würde ich nicht vorschlagen. Aber bevor sich die Amerikaner entscheiden, sollten sie mit den pakistanischen Behörden reden.»

Vom Sofa aus warf der General ein: «Ich kenne da eine Firma in London, die liefert Waffen in die ganze Welt, auch nach Pakistan.»

«Die Amerikaner wissen schon, wie man das macht», sagte Madschruh. «Mit Hilfe der pakistanischen Behörden. Sie kennen das Problem.»

«Wenn Sie im Besitz der Waffen wären», fragte der Junge Mann, «käme es dann nur auf die Umstände an, wem Sie die Waffen zukommen lassen würden?»

«Ich würde sie nicht persönlich entgegennehmen», antwortete Professor Madschruh. «Ich könnte Ihnen sagen, an wen Sie sich wenden sollen, aber die militärische Verantwortung würde ich von mir weisen. Aber sollte sich die Frage eines Tages stellen, dann könnte ich Ihnen bestimmt ein paar Ratschläge geben – praktische Ratschläge.»

Bericht des Richters Dr. Nadschib Said,
Islamische Einheit (Liberale Koalition)

Die Büros der einzelnen Gruppierungen lagen in ganz Peschawar verstreut. Es empfahl sich, eine Rikscha zu nehmen. War der Fahrer ein Pakistani, musste er ein paarmal anhalten und nach dem Weg fragen; ein Afghane kannte den Weg. Der Metallrahmen der pakistanisch betriebenen Rikschas war mit Bildern von verführerischen indischen Filmstars dekoriert; die Afghanen bevorzugten Bilder von Männern mit Maschinengewehren.

Die «liberale» Koalition mit dem Namen Islamische Einheit der afghanischen Mudschaheddin residierte nicht weit entfernt von der fundamentalistischen Islamischen Einheit der afghanischen Mudschaheddin in einem braunen Betongebäude mit mehreren Stockwerken. Es gab keine Wachen, aber alle Anwesenden sahen so aus, als seien sie welche. Große gut gebaute Männer lungerten schwatzend im Innenhof und auf den Terrassen herum, ihre Waffen im Arm. Pizzarda*, der Generalsekretär, hatte noch zu tun, und er führte den Jungen Mann in sein Büro, sagte ihm, er solle es sich gemütlich machen, und setzte sich hinter den Schreibtisch. Abgesehen von einem fetten Kerl mit Turban, der auf der Bank saß, den Kopf nach vorn gesenkt, die Hände auf dem Schoß, und zum trägen Surren des Ventilators schlummerte, hatten sich alle bei Pizzardas Eintreten erhoben. – Pizzarda schob eine zweite Brille vor die erste, um lesen zu können, und begann Papiere zu unterschreiben.

Pizzarda war ein gastfreundlicher Mann. Der General kannte ihn gut. Pizzarda hatte den Jungen Mann persönlich ins Hazarat-Museum gebracht, eine Wohnung in einem Privathaus, in der Bruchstücke von Raketen und erbeutete Hubschrauberteile auf schwerem braunem Pappkarton montiert waren, dazu Munition aus Kampfhubschraubern, Schrapnelle, die Hundemarke eines toten Russen, eine Metalltafel, auf der in Russisch stand, was vor dem Akkuaufladen zu tun sei; und aus einer Ecke fischte Pizzarda einen sowjetischen Helm hervor, mit einem Durchschussloch vorn und einem hinten, und grinste. Sie setzten sich auf den Boden und tranken grünen Tee, später machte der Junge Mann Fotos, und als er seinen Fotoapparat für die Afghanistan Picture Show in die Hand nahm, stand Pizzarda auf alle Zeit ver-

---

* Ich habe seinen Namen niemals in Umschrift gesehen und schreibe ihn hier so nieder, wie ich ihn gehört habe.

ewigt da mit seiner Silberbrille und mit dünnen ernsten Strichlippen; sein Bart war silbrig grau, seine Armbanduhr glitzerte, der Helm funkelte, und um das Loch herum war ein Blutfleck.

Der Junge Mann beobachtete ihn bei der Arbeit und sah sich interessiert im Büro um; in diesem Augenblick kam Richter Dr. Said herein. Als er sah, dass Pizzarda noch eine Weile beschäftigt war, willigte er ein, mit dem Jungen Mann zu sprechen. Said war ein großer, gut aussehender, semitisch wirkender Mann mit einem dichten dunklen Bart. Er sprach Englisch mit Oxford-Akzent.

«Gibt es Ihrer Meinung nach in den anderen Gruppierungen der Mudschaheddin viele Kommunisten?», fragte der Junge Mann. (Der gerissene General hatte ihm geraten, nach Kommunisten zu fragen. Jeder, der für gefährlich erachtet wurde, hieß Kommunist.)

Dr. Said legte lächelnd einen Arm um die Schultern des Jungen Mannes.

«Das ist eine *sehr* schwierige Frage, mein lieber Freund», sagte er. «Niemand beherrscht die Aufgabe, ein Diagramm vom *Herzen* der Menschen und der *Gesamtheit* der Menschen zu zeichnen, um so zu erkennen, woran sie glauben. Die politischen Grundsätze der Mudschaheddin, unsere *Bemühungen*, unsere *Anstrengungen*, unsere Doktrin und unsere Lebensweise sehen vor, dass es niemandem erlaubt ist, sich uns anzuschließen, der für einen Kommunisten gehalten wird.»

«Und was tun Sie, wenn Sie einen Kommunisten finden?»

«Dann suchen wir weiter, versuchen alle kommunistischen Leute aufzuspüren; wenn wir sie finden, bekommen sie Schwierigkeiten! Es ist schwer für *uns*, herauszufinden, wer Kommunist ist. Die Russen bekämpfen uns nicht nur mit Waffen; sie bekämpfen uns mit dem KGB; sie bekämpfen uns mit *allen* zur Verfügung stehenden Mitteln.»

Identifikationsfoto aus dem Rationierungsheft des entführten Arztes

«Einmal angenommen, ich wäre Mitglied Ihrer Gruppe und Sie hätten klare Beweise darüber, dass ich Kommunist bin. Was würde mit mir geschehen?»
«Sie würden Ihre Strafe, Ihre Bestrafung erhalten.»
«Und wie sähe die aus? Würden Sie mich ermorden?»
«Ja.»
«Kommt so etwas oft vor?»
«Wo?», fragte Dr. Said. «In Peschawar oder drüben?»
«In Peschawar.»
«Ein schwieriger Punkt, den wir nicht gerne erörtern. Aber wir bemühen uns unablässig, solche Leute aufzuspüren und sie ihrer Strafe zuzuführen. So entspricht es unserem Verständnis – unserem Gesetz. Den überzeugten Kommunisten sollte klar sein, dass sie unsere Sache *niemals* ihren islamischen Wurzeln entreißen können. Verstehen Sie, worauf ich hinaus will?»
«Ja», erwiderte der Junge Mann beflissen. Er fasste all seinen Mut zusammen. «Wenn ich richtig informiert bin», sagte er, «wurde vor ein paar Tagen, ähm, ein Arzt von der Gulbaddin-Gruppe, ähm, entführt, weil man ihn für einen Kommunisten hielt. Wissen Sie etwas darüber?»
«Nein», antwortete Dr. Said mit aller Bestimmtheit. «Ich

habe nur *gerüchteweise* davon gehört. Es gibt keine *Beweise*,
und auf Gerüchte gebe ich nichts!»

«Vielleicht könnten Sie mir von einem aktuellen Zwischenfall berichten?», schlug der Junge Mann strahlend vor.

«Mir liegen keinerlei Beweise vor.»

«Dann will ich auch nicht weiter insistieren.»

«Vielen Dank.»

Als das Gespräch wenige Minuten später beendet war, nahm
Dr. Said einen Brief mit Eselsohren von seinem Schreibtisch.
Der Brief war in Englisch. Dr. Said hatte offenbar vergessen,
dass der junge Amerikaner hinter ihm herumschnüffelte.
Bei dem Brief handelte es sich um ein Bittgesuch an den
Commissioner Abdullah – den man für einen Gefolgsmann
Gulbaddins hielt[*] –, worin um Milde und Hilfe für ebenje-
nen entführten Arzt gebeten wurde. Dr. Said schrieb in
Paschtu etwas auf den Brief, setzte seinen Stempel darunter
und winkte einen seiner Männer herbei, der den Brief hi-
naustrug.

Die Aufgaben des Dr. Said

«Was tun Sie den ganzen Tag?», fragte der Junge Mann.

«Ich kümmere mich um die Geltendmachung des Rechts,
der Verfahrensbestimmungen und der Charta. Die Allianz
besteht aus dreizehn verschiedenen Komitees. Jedes Komitee kümmert sich um spezielle Aufgaben. Zum Beispiel das
Sekretariat. Was tut es? Es erledigt *seine* Aufgaben. Das Politische Komitee erledigt *seine* Aufgaben. Forschung und
Inspektion kümmert sich um *seine* Aufgaben. Ich bin der
Präsident des Komitees für Forschung und Inspektion. Ich

---

[*] Siehe Kapitel 8, in dem Abdullah interviewt wird.

habe Jura studiert und war in Afghanistan Richter am Obersten Gerichtshof. In einigen Fällen führe ich die Untersuchungen durch. Es gibt Personenbefragungen, Interessenkonflikte, Beleidigungen – kleinere Vergehen, größere Vergehen – Schwerverbrechen, geringfügige Verstöße …»

«Und was tun Sie im Verlaufe einer Befragung?»

«Ach, Befragungen sind, was uns betrifft, ein schweres Vergehen. Nachforschungen gehören zu den Polizeiaufgaben – den Kriminellen finden, ihn zur Untersuchung herbringen. Bei einer Untersuchung fälle ich dann als Ankläger mein eigenes Urteil über diese Personen und reiche mein Votum ein und befrage diese Personen auf eine sehr *humane* Weise. Nachdem der Fall entsprechend den Gepflogenheiten internationaler Rechtsprechung abgeschlossen ist, reichen wir ihn an den Kommissar weiter. Die können damit dann machen, was sie in Verbindung mit dem Fall für richtig erachten. – Ich persönlich finde dies alles von Anfang bis Ende interessant, aber falls Sie spezielle Fragen haben, kommen Sie doch in mein Büro und stellen Sie diese Fragen, und ich werde Ihnen meine Arbeit zeigen: wie wir die Personen befragen, wie den Personen die Anklage verlesen wird und wie ihr Leugnen aufgenommen wird.»

«Wann darf ich vorbeischauen?»

«Wann immer Sie wollen. Kommen Sie und fragen Sie nach Dr. Richter Nadschib Said, Präsident des Komitees für Forschung und Inspektion.»

Semantik (1987)

Damals hielt ich Dr. Said für einen äußerst grausamen Menschen. Heute bin ich froh (oder traurig), sagen zu können, dass ich an die mögliche Grausamkeit seiner Beschäftigung kaum einen Gedanken verschwenden würde, wenn ich ihm begegnen würde. Wenn es sowjetische Informanten unter den Mudschaheddin gibt, dann müssen sie identifiziert und eliminiert werden (aber was, wenn die Kommunisten gar keine Kommunisten sind? – Nun, wir alle machen mal Fehler).

Nachruf auf den Jungen Mann

«Hier ist es schwer, gleichsam den Kopf oben zu behalten», sagt Wittgenstein (I.106), «– zu sehen, daß wir bei den Dingen des alltäglichen Denkens bleiben müssen, um nicht auf den Abweg zu geraten, wo es scheint, als müßten wir die letzten Feinheiten beschreiben, die wir doch wieder mit unsern Mitteln gar nicht beschreiben könnten. Es ist uns, als sollten wir ein zerstörtes Spinnennetz mit unsern Fingern in Ordnung bringen.»

Die letzten Feinheiten

«Gulbaddin lässt also Menschen entführen?», fragte der Junge Mann ganz offen.

«Ja, viele Menschen hier in Peschawar sind entführt worden», sagte der Mann. – Sie saßen im Büro des Generalsekretärs Pizzarda. Richter Dr. Said war ebenfalls anwesend, aber er unterhielt sich mit jemand anderem und nahm keine Notiz von ihrem Gespräch. Der Junge Mann und sein Informant drehten sich immer wieder um und schauten zu Dr. Said hinüber, um sicherzugehen, dass er immer noch beschäftigt war. Keiner der anderen Mudschaheddin sagte ein Wort. – «Er entführt letztes Jahr eine Person im Büro für Stammesangelegenheiten», sagte der Mann hastig, «und letzten Monat er entführt andere Person, dann hat er ihn umgebracht. Letzten Monat, er entführt meinen Bruder, Dr. Abdul Sumad Durani; er war mein Bruder! Jetzt – *weigert* er! Er sagt: ‹Ich hab ihn nicht entführt›, aber wir haben Beweise; er entführt, macht Gefangene … Polizei hat sein Auto auf der Straße gefunden.»

«Gulbaddin hat ihn für einen Kommunisten gehalten?»

«Nein! Er war nicht Kommunist, er war Moslem; er war Mudschahed!» Der Mann weinte stumm. Keiner der anderen Mudschaheddin im Büro sagte ein Wort.

Der Junge Mann hakte nach. «Warum wurde er entführt?»

«Er mag nicht gern soziale Person; er mag nicht gebildete Person hier in Pakistan. Verstehen Sie? Er mag nicht.»

Bericht des Vaters des entführten Arztes

«Ich heiße Habib Schah Alaqadar», sagte der alte Mann mit stolzer aufrechter Haltung.[*] «Ich bin verheiratet. Ich stamme aus Sayed Karam in der Provinz Paktya. Als Taraki an die Macht kam, begannen wir unseren Dschihad. Zu der Zeit arbeitete mein Sohn, Dr. Abdul Sumad Durani, als Arzt bei den Freiheitskämpfern. Er kümmerte sich um die Verwundeten … Später gründete er hier in Peschawar die Ärztevereinigung. Diese Vereinigung repräsentierte andere Vereinigungen aus Italien, Deutschland, Amerika und Frankreich. Er war der Vertreter und Direktor dieser medizinischen Vereinigung. Er erhielt Medizin und andere humanitäre Hilfe aus Amerika und anderen Ländern und brachte sie nach Afghanistan, um sie dort unter den Menschen zu verteilen. Und jetzt hat Gulbaddin ihn entführt! Am 25. Mai um

---

[*] Dieses Gespräch, wie viele andere auch, wurde auf Paschtu geführt. Ich bin meinem afghanischen Übersetzer in Kalifornien (der nicht namentlich genannt sein möchte) zu tiefstem Dank verpflichtet.

Mitternacht wurde er von Mitgliedern der Gulbaddin-Gruppe verschleppt. Wir wissen nicht, wo er sich jetzt befindet. Er muss in einem von Gulbaddins Gefängnissen sein. Wir haben diesen Zwischenfall verschiedenen Behörden gemeldet. Wir haben dem Commissioner davon berichtet und der Polizei. Aber Abdullah, der Commissioner, ist ein Gefolgsmann von Gulbaddin.»

Während er sprach, knöpfte der alte Mann sein Hemd auf, griff hinein und zeigte dem Jungen Mann seinen Patronengurt. «Dr. Sumad war kein gewöhnlicher Mensch», sagte er mit fester und ruhiger Stimme. «Er war eine Führungsperson. Bei uns Afghanen gibt es die Sitte, Rache zu üben. Gulbaddin hat einen unserer Anführer umgebracht. Jetzt müssen wir einen ihrer Anführer töten. Der Anführer, den wir töten, könnte Gulbaddin selbst sein oder Sayaf oder ein anderer. Achtzig Prozent der Freiheitskämpfer in Pakistan gehören zu unserer Gruppe; und wir sind stärker als Gulbaddin.»

Bericht von Dr. Nadschibula, Jamiat-i-Islami
(Fundamentalisten)

Jamiat-i-Islami verfügte über zwei separate Büros. Der Junge Mann wurde stets an das Politische Büro verwiesen, das gleich um die Ecke von jener Straße lag, vor deren niedriger Mauer aus weißen Ziegeln ein Verkäufer stand, der kleine rote Pflaumen anbot und den Jungen Mann beobachtete, wobei er lächelte, ohne wirklich zu lächeln; er trug ein rotes Tuch um den Kopf; seine Söhne, groß wie klein, standen da mit Pflaumen in den Händen und starrten den Jungen Mann an; der Verkäufer wirkte jungenhaft, nur die Stoppeln am Kinn und die Haare auf der Brust waren grau; der Junge

Mann kaufte sich eine Hand voll Pflaumen, die köstlich schmeckten, und dann ging er um die Ecke und trat in den zentralen Innenhof, wo er von einem jungen Burschen mit einer AK-47 aufgehalten wurde. Dort musste der Junge Mann warten, bis ihn jemand identifizieren konnte. In der Zwischenzeit lächelte die Wache, warf sich in die Brust und gestikulierte, er wolle sich für die Afghanistan Picture Show fotografieren lassen. Er strahlte vor Freude, als der Junge Mann einwilligte. Dies geschah jedes Mal aufs Neue.

Dr. Nadschibula* war ein jung aussehender Mann mit schwarzem Bart, stechendem Blick und einer hohen Stimme. Er hatte den Jungen Mann mehrmals zum Essen eingeladen. Bei solchen Gelegenheiten waren stets Mudschaheddin dabei gewesen, die im Schneidersitz auf dem Teppich hockten, ihre Kalaschnikows putzten und sich über die Lage im Pandschir unterhielten. In jenem Sommer versuchten die *Rus,* Masuds Armee aufzureiben. Tag und Nacht setzten sie ihr Bombardement rund um die Ringstraße fort; und stets griffen sie sich das Pandschir-Tal heraus.

Jamiat-i-Islami zeigte im Pandschir große Präsenz.

Als es Abend wurde und der Zeitpunkt näher rückte, das Fasten zu brechen, wuschen sich die Mudschaheddin und beteten. Dann setzten sie sich auf den Teppich und aßen Gemüse und Reis. Drei bis vier Männer teilten sich eine Schüssel. Man nahm sein *dordai* und riss ein Stück ab, um damit aus der Schüssel zu löffeln (immer wenn der Junge Mann es versuchte, kleckerte er meist auf den Fußboden). Nach dem Essen lauschten alle dem freien Sender Radio Afghanistan, aber das einzige Wort, das der Junge Mann verstehen konnte, hieß Pandschir, Pandschir, Pandschir. Wenn sich der Junge Mann im Büro der Jamiat-i-Islami

---

*   Ich habe seinen Namen verändert, um etwaige Verwechslungen mit Nadschibullah, dem Nachfolger von Babrak Karmal, zu vermeiden.

aufhielt, setzte er sich gelegentlich hin und hörte Professor
Rabbani zu. Rabbani war ein würdiger Mullah mit einem
eisengrauen Bart. Er saß am Tisch und sprach, und seine
Gefolgsleute saßen regungslos auf dem Teppich und hörten
zu. Der Junge Mann verstand kein Wort. In den Pausen lächelten die Mudschaheddin den Jungen Mann an und
neckten ihn. Sie berührten ihn an der Schulter. – «Afghanistan?», fragten sie. – «Ja, ja», antwortete der Junge Mann auf
Paschtu. «Ich gehe; sehe Mudschaheddin gegen die *Rus*
kämpfen.» – «Du bist weiß», sagten sie lachend, «zu weiß!
Wenn die *Rus* dich sehen, musst du sagen: ‹*Ja Nuristani;
Pachtu na puaigam.*›»[*] Und alle lachten. – Eigentlich wollten
sie nicht, dass er sie begleitete. Sie hielten ihn für zu jung.

In sein Notizbuch schrieb er solche Dinge wie die folgenden:

> Ging wieder zu Nadschib, bei Jamiat. Er meinte, ich solle so
> wenig wie möglich mit *hinein*nehmen – auf jeden Fall aber
> meinen Pass und afghanische Kleidung.

> Saß ziemlich lang herum. Fragte Nadschib, was sie für mich
> geplant hätten. Nichts. Die Gruppe zieht Anfang der Woche
> los, wenn die Gebirgspässe frei sind (Stammeskämpfe). «Wenn
> Sie Glück haben, können Sie mit einer der Gruppen gehen.»

> «Wie lange muss ich sonst warten?»

> Er breitete die Hände aus.

Wenigstens konnte der Junge Mann die Mudschaheddin
nach Herzenslust *befragen*. In Dr. Nadschibs Büro stellte er
den Kassettenrekorder an. – «Ich habe mit einer Reihe von
Leuten gesprochen, die den Eindruck zu haben scheinen,
dass die Mudschaheddin keineswegs so einig sind, wie behauptet wird …»

---

[*] «Ich bin Nuristani und verstehe kein Paschtu.» (Nuristanis sind oft hell-
häutig.)

Dr. Nadschib ließ das Büro räumen. «Zuallererst», sagte er, «ist es unglücklicherweise richtig, dass es nicht so viel Einheit gibt, wie wir gern hätten, aber Sie sollten wissen, dass wir unsere Bemühungen darauf richten, eine neue Organisation namens Islamische Einheit der afghanischen Mudschaheddin zu schaffen.»

«Gibt es eine Organisation dieses Namens oder zwei?»

Es entstand eine Pause. – «Zwei», sagte Nadschib schließlich. «Aber ich rede von der *wichtigen*; wir arbeiten zusammen, und in ein, zwei Monaten wird das Problem der Einheit gelöst sein. Was die andere Gruppierung angeht, so trifft es zu, dass sie Propaganda gegen unsere Organisationen betreiben. Man sollte bedenken, dass die Russen in dieser Gegend ihre Marionetten und Agenten haben und unsere Uneinigkeit übertrieben wird.»

Was die Leute nicht auf Band sprechen [3]

Wechselt jemand die politische Gruppierung, wird er umgebracht. Bekommt die Gruppierung meines Informanten heraus, dass er mir das gesagt hat, wird man ihn umbringen.

Der Bericht des Generals

Die beiden saßen im Innenhof auf Gartenstühlen. Es war heiß an jenem Tag, und der General hatte einen großen Ventilator angestellt, der die heiße Luft zumindest bewegte. Nicht mal ein Grashüpfer rührte sich.

«Und Sie glauben tatsächlich, das Problem besteht darin, dass sie nicht willens sind, Kompromisse einzugehen?», fragte der Junge Mann.

«Nun, sie werden sich zusammensetzen. Schließlich geht es um eines der Hauptprinzipien des Islam: *towi*, Einigkeit. Aber schauen Sie mal. Es gibt neun, zehn Gruppierungen – so viele Gruppen! Sie sollten gemeinsame Sache machen und die Russen verjagen. Sie tun es ja auch, aber jede Gruppe für sich.»

«Wäre es möglich, dass sie mit den gegenseitigen Entführungen Schluss machten?»

«Unsere Tradition hält Regeln für solche Fälle bereit», sagte der General. «Sie und ich stehen mit gezückten Dolchen voreinander, und unser gemeinsamer Wohltäter beschließt, dazwischenzutreten. Er sagt: ‹Also gut, zwei, drei Monate lang keine Morde, keine Entführungen, keine Beleidigungen.› Das wird dann auch eingehalten. Man könnte die Schwierigkeiten also für eine gewisse Zeit aus der Welt schaffen – bis zu sechs Monate lang.»

Der Junge Mann rutschte auf seinem Stuhl herum. «Und wird es in diesem Falle dazu kommen?»

«Die vernünftigeren Leute sitzen woanders», erwiderte der General. «Die jungen Männer … nun, die vernünftigeren Leute sind *drüben*. Neunzig Prozent der Kämpfe werden auf afghanischem Boden von den Gruppen dort ausgetragen. Die Burschen hier sind alle sehr ehrgeizig; alle wollen sie den Vorsitz. Und solange sie so ehrgeizig sind, werden sie wohl nicht zusammenkommen. Ich finde, wir sollten der Mehrheit helfen, denen, die sich *im Land* befinden. Sie hungern. Und sie führen deinen Kampf, meinen Kampf, den Kampf der Freien Welt. Und ich finde, die Hilfe sollte materiell, wirtschaftlich, medizinisch ausgeweitet werden. Die meisten Kämpfe finden von Mai bis September statt. In der restlichen Zeit liegt Schnee in Afghanistan. Das Land konnte sich noch nie selbst versorgen. Nun sind die Russen da, und unter den gegebenen Umständen kann niemand etwas anbauen. Die Winter sind sehr hart. Die Winter sind *sehr* hart. Die Russen sind so verdammt dumm – oder klug – und bombardieren die Ernte, um die Bevölkerung zu zwingen, sie um Nahrung anzubetteln. Bis jetzt hat der gemeine Mann diese Hilfe von den Russen abgelehnt. Aber wie lange kann er das noch durchhalten?

Im Pandschir, also, Masud, der dort kämpft, der bezahlt seine eigenen Männer. Er hat eine vollständig ausgerüstete Armee von zweitausend Mann. Er ist Edelsteinhändler: Er verkauft seine Samaragde und Rubine in die Vereinigten Staaten. Die Kämpfe im Inland müssen entweder mit den Khanaten auf Stammesebene geführt werden oder mit denen, die es sich leisten können, Krieg zu führen. Denen müssen wir helfen, nicht diesen verdammten Gruppierungen.»[*]

---

[*] Im Vergleich zu ihren Besatzern ging es den Afghanen recht gut, denn eine einzelne *Person* kommt immer besser zurecht als der *Soldat*, der gekommen ist, um diese Person um ihren Besitz zu bringen. Da meine Sympathien zum Zeitpunkt dieser Niederschrift vollkommen bei den Flüchtlingen und den Mudschaheddin lagen, überlegte ich, ob ich die Flecken nicht verheimlichen oder leugnen sollte, welche sich auf ihren Westen fanden. Dies ist allerdings nicht nur immer eine schlechte Grundlage (außerdem bin ich mir nicht sicher, ob ich das so überzeugend hinbekäme), sondern – was den Punkt eher trifft – zugleich überflüssig und unnötig, wie ich finde. Überflüssig, weil von *unserem* Standpunkt aus der Gestank kaum bemerkbar ist, da wir uns ja in jeglicher Hinsicht auf der anderen Seite der Erde befinden und diese Dinge, die die Afghanen da tun, für niemanden außer ihnen selbst von größerem Schaden sind; und unnötig, weil der Hinweis darauf eben keine «Hilfe und Unterstützung des Feindes» ist, da der Feind klug genug war, diese Karte schon selbst auszuspielen. Außerdem ist der Krieg, für den Augenblick zumindest, beendet.

12. Der rote Hügel (1982)

Ich glaube, das ist wie Vietnam. Wir werden die Russen
hier für fünf Jahre, zehn Jahre, zwanzig Jahre, fünfzig Jahre
bekämpfen müssen. Aber am Ende werden wir unser Land
zurückerobern.

Kommandant der Herakat

Der rote Hügel [4]

Sie saßen zu fünft in einem schönen, geräumigen Haus in einem von Wald umgebenen Dorf. Der Junge Mann konnte den Fluss hören, der unter dem Fenster rauschte. Um dorthin zu gelangen, überquerte man eine Reihe von winzigen Behelfsbrücken, sagte zu den Jungen, die ernst unter den Bäumen standen, «*Sta rai machai*», kümmerte sich nicht um die Mädchen, die sich unter der Last von Wasser und Feuerholz beugten, und stieg eine Leiter hinauf. Das Dorf bestand aus hohen, engen zweistöckigen Häusern. Im Erdgeschoss lagen Ställe und Scheunen. Die Menschen lebten über ihrem Vieh in Holzhäusern, deren Türen mit Schnitzmustern verziert waren. Die Gästekammer des Malik, des Dorfältesten, war dank der dicken Lehmmauern kühl und voller träger Schatten. Von den Holzbalken hingen verschiedenfarbige Papierdekorationen, die den Jungen Mann an den Weihnachtsschmuck erinnerte, den er in der Grundschule gebastelt hatte. Über die ganze hintere Wand zogen sich zwei Reihen mit Fotografien: verschwommene Familienporträts (nahm er an, aber er wusste es nicht und fragte auch nicht) von finster blickenden Pathanen sowie Farbabbildungen von afghanischen Moscheen. Die Wand hinter den Köpfen der Gäste wiederum war vom Boden bis auf Sitzhöhe mit Papier bespannt, um sie sauber zu halten. Sie streckten sich auf dem Boden auf den dicken roten, grünen, weißen und gelben Teppichen aus, dazu gab es große bestickte Kissen an der Wand für die Köpfe. Am anderen Ende des Zimmers standen drei *charpoys*, mit Seilen verspannte Bettgestelle. Seine vier Begleiter schliefen neben ihm; sie hatten sich ihre Teppiche wegen der Fliegen über die Gesichter gezogen. Der Junge Mann war nicht müde. Der Malik hockte neben ihm

und unterhielt ihn. Er war ein alter Mann mit zwei Gewehren – ein chinesisches und ein indisches; beide waren mit jeweils dreißig Schuss geladen.

«Bist du ein Mudschahed?», fragte der Malik. Sie unterhielten sich auf Paschtu, was bedeutete, dass der Junge Mann sich jedes Mal bis zum grammatischen Kern des Gesagten vorarbeiten musste.

«Nein», antwortete er. «Ich Ameriki. Ich möchte afghanischen Mudschaheddin helfen. Ich komme, mache Fotos, bringe Fotos zu anderen Ameriki; und sie sehen Fotos, verstehen Mudschaheddin, verstehen Flüchtlinge, schicken vielleicht Rupien für Kalaschnikows, Kugeln, Ameriki-Waffen, *Owa dasai*.»

Eine *Owa dasai* war eine Siebenschüssige, eine Lee-Enfield Rifle. Der Junge Mann hatte das Wort aus einem hundert Jahre alten Handbuch für Soldaten des britischen Empire gelernt. Es war sicher nicht einfach, heutzutage noch eine *Owa dasai* aufzutreiben, aber der Junge Mann musste mit dem ihm zur Verfügung stehenden Vokabular auskommen.

«Wirst du auf die *Rus* schießen?», fragte der Malik gerissen.

Der Junge Mann hatte in seinem ganzen Leben kaum eine Schusswaffe abgefeuert. «Wenn *Rus* auf mich schießen, und Mudschaheddin mir geben *topak*, ich schieße auf *Rus*. Aber ich kein guter Schuss.»

Der Malik grinste. «Ich auch nicht. Mein Vater kam aus Afghanistan; der konnte töten. Ich bin wie du, nur CIA, nur Tourist.» – Er führte den Jungen Mann ans Fenster. Dreihundert Meter entfernt graste eine Ziege zwischen den Felsen. Der Alte Mann feuerte fast gleichzeitig zwei Schuss ab. Zwei Staubwolken spritzten zu beiden Seiten der Ziege auf. Die Ziege sprang hoch und rannte davon.

«Sehr gut», sagte der Junge Mann, der annahm, dass es an ihm war, etwas zu sagen. «Sehr gut.»

Der Malik strahlte. Er stand auf und brachte seinem Gast gut schmeckendes Brot, das aus dünnen, knusprigen, buttrigen Schichten bestand. Man rollte es durch Zucker und brach Stücke davon ab, um es in den *chai* zu tunken. Ununterbrochen wurde ihm Tee angeboten. Er war der Einzige, der während des Tages essen und trinken durfte. Zumindest war es kühl (zum Glück für jene, die den Ramadan einhielten). Das Tal lag in etwa 1500 Meter Höhe. Die Berghänge waren mit grünen Reisterrassen überzogen. Durchs Fenster konnte der Junge Mann den Schnee auf den Bergen sehen, die sie auf ihrem Weg nach Afghanistan überqueren mussten.

Er hatte wie üblich Durchfall, seine Augen schmerzten und keiner ließ ihn in Ruhe.

«*Sind tschai waschka?*», fragten sie ihn ständig. Möchten Sie Flusstee?

«*Naskam*», erwiderte er. Möchte nicht. Er ging hinauf zum Friedhof, wo sich alle erleichterten. Er hatte Durchfall.

Die Fremden Linguisten

Die Kinder verstanden sein Paschtu am besten, weil sie noch keinem Dialekt verhaftet waren. Scheinbar hatten die Menschen Schwierigkeiten mit der Verständigung von einem Dorf zum nächsten, lag es auch nur 20 Kilometer entfernt. Zahid, der Sohn des Generals, erzählte dem Jungen Mann einmal, dass seine Familie etwa nur jedes fünfte Wort des Brigadiers verstand. Wie schwer musste es da wohl sein, den Jungen Mann zu verstehen, der Paschtu nur aus einem alten Buch gelernt hatte.* – Die Kinder mühten sich gern mit dem Jungen Mann ab; er stellte eine Attraktion dar, die für eine Weile ihre anderen Beschäftigungen in den Schatten stellte, die (und ich spreche nur für die Jungen, denn niemals sah ich ein Kind der anderen Sorte etwas anderes tun außer schwer arbeiten) darin bestanden zu spucken, Aprikosen aufzulesen, zuzuhören, wie sich die Männer unter den Bäumen unterhielten, und sich gegenseitig zu verprügeln. Je frecher die Jungen waren, desto besser gefiel das den Männern. Gegen Abend sammelten sich die Jungen um den Kreis von Männern und begannen zu spucken. Sie spuckten den Männern immer näher vor die Füße. Schließlich verfehlten sie einen Fuß nur ganz knapp, und die Männer tadelten sie streng. Der Getadelte wurde daraufhin von den anderen gehänselt. Die Männer ließen sich zu einem Kichern herab.

---

* Einem Handbuch für Soldaten des britischen Empire, mit solch hilfreichen Mustersätzen wie: «Ruhe!» oder «Ich brauche sofort fünfhundert Kulis!», oder: «Sie unterstehen ab sofort der Regierung.» Einer der demütigendsten Augenblicke meiner Reise erlebte ich im Flugzeug, wo ich ganz stolz dem Mann neben mir erzählte, dass ich etwas Paschtu gelernt hätte; daraufhin sagte der Mann etwas mir nicht Verständliches, und ich fragte: «Wie bitte?» Er antwortete: «Ich habe Sie gefragt, wie gut Ihr Paschtu ist.»

288

Die vier Reisebegleiter des Jungen Mannes glaubten, sie müssten nur laut genug schreien, wenn er etwas nicht verstand. Wenn das nichts fruchtete, wurden sie wütend und ungehalten. Einer von ihnen, Mohammed, konnte lesen. Der Junge Mann hatte sich in Peschawar ein Englisch-Paschtu-Wörterbuch gekauft. Wenn die vier ihm etwas mitzuteilen hatten, das er nicht verstand, blätterte Mohammed durch die Seiten, bis er ein halbwegs passendes Wort für das fand, was er sagen wollte (eine Prozedur, die Mohammed viel Zeit kostete, weil die Wörter ja nach dem Alphabet der Sprache des Jungen Mannes sortiert waren), und zeigte mit dem Finger darauf. Der Junge Mann, der Paschtu nicht lesen konnte, sagte das entsprechende englische Wort laut, als könne ihm Mohammed irgendwie signalisieren, ob dies das eine richtige Wort aus Millionen anderer war; Mohammed nickte jedes Mal. – Sie glaubten, er sei unglücklich. Nachdem Mohammed eine Viertelstunde durch das Englisch-Paschtu-*Kitab* geblättert hatte, zeigte er endlich auf ein Wort. – «Tragisch», las der Junge Mann laut vor. – Mohammed lächelte ihn an wie ein Psychiater. «*Tu* tragisch», sagte er mitleidig. «Verstehen Sie mein Sprechen, Mr. William?» – «*Na*», widersprach der Junge Mann heftig. «*Kuschkal, kuschkal.*» Glücklich, glücklich. Natürlich wäre er noch mehr *kuschkal*, wenn sie endlich über die Grenze gingen, lebend zurückkehrten, wenn seine Rehydrierungssalze langten, was sie nicht taten – ach, er war ein unglücklicher, ja tragischer Junger Mann, das war er! Seit Tagen waren sie nun schon hier und warteten auf den Armen Mann, den Guerillaführer, der mit Munition kommen sollte.[*]

---

[*] Der General erklärte mir, Munition sei schwer zu beschaffen, und gab es ausnahmsweise genug davon, gingen die in Peschawar ansässigen Organisationen damit knausrig um, damit die einzelnen Einsatzgruppen nicht zu unabhängig wurden. Es war wie mit allem anderen auch. Zu viel Hilfe

Eines Nachmittags wollte der Junge Mann hinaus und die Berge fotografieren. Sie teilten ihm mit, das sei nicht möglich. Mohammed lieh sich sein Englisch-Paschtu-*Kitab* aus und setzte sich mit einem Neuankömmling, der ein wenig Englisch konnte, in eine Ecke. Schließlich kamen sie freudestrahlend mit einer Notiz zu ihm:

> Not – the chawkar
> becose this pipol is jahil
> you is DAY Doyno my
> spieke M. R. – Uuiliam –
> becose this pipaeli is not
> have ajoucatan –
> because this pipole is impolite
> he spieke cam say topak.

Anders ausgedrückt, sagte sich der Junge Mann, der den Text wie ein Student der Vergleichenden Literaturwissenschaft interpretierte, der er ja tatsächlich auch war: «Nicht die Hügel, weil diese Leute ist ungebildet. DU sein STERBEN. Verstehen Sie mein Sprechen, Mr. William? Weil diese Leute es hat keine Bildung; weil diese Leute ist unhöflich; sie sagen, Kamera sein Gewehr.» – Jedenfalls waren die Fotos nichts, wofür es sich zu sterben lohnte, also blieb er im Haus. Das ging ihm alles ziemlich auf die Nerven.

Die beiden Männer des Hauses nahmen jeden Tag ihre Gewehre, gingen ins Dorf und kehrten eine halbe Stunde später zurück; auf ihren Gesichtern lag ein Ausdruck tiefster Zufriedenheit. Der Junge Mann schlug das Wort für «Jagd» nach und fragte, ob das ihre Beschäftigung sei. – Mohammed

schadete nur. Genauso hatte Commissioner Abdullah auch gedacht, als er den Flüchtlingen eine Berufsausbildung verweigerte, denn das hätte ja den Pakistanis Arbeit weggenommen, also sollten sie lieber Bettler, eine Last bleiben. Und genauso mag unser CIA gedacht haben — warum sollen wir uns beeilen, diese für die Sowjets peinliche Situation schnell zu beenden? Und der Junge Mann dachte auch nicht anders; denn sonst hätte er all sein Geld gespendet und sich mit Haut und Haaren auffressen lassen.

lachte, zeigte auf ihn und sagte: «*Jahil*» – Dummkopf. – Dann wies er auf den Malik und sein Gewehr. Er blätterte durch das Englisch-Paschtu-*Kitab* und deutete auf ein Wort. – «Feindlich», las der Junge Mann.

(Aber sie zogen doch nicht jeden Nachmittag los, um eine halbe Stunde lang Menschen zu erschießen? Er hat nie herausgefunden, was sie dort trieben. Vielleicht handelte es sich um so etwas Ähnliches wie einer dieser Paraden zum Gedenken an den amerikanischen Bürgerkrieg.)

Das Geheimnis unserer Überlegenheit

Am Morgen des folgenden Tages tauchten zehn Mudschaheddin auf, und der Junge Mann packte schnell seine Sachen, aber sie legten sich nur hin und schliefen. Am Nachmittag zogen sie einige für die Flüchtlinge bestimmte Medikamente aus dem Gepäck und baten den Jungen Mann, ihnen die Aufschriften zu erklären. Der tat sein Bestes, und sie schrieben seine Worte neben die englischen Bezeichnungen. Einer der Mudschaheddin nahm eine Kapsel mit oral zu verabreichendem Tetrazyklin, öffnete sie und und schüttete das gelbe Pulver auf eine Blase, die er zuvor mit einem Streichholzkopf abgerieben hatte. Sie gingen alle Medikamente durch, öffneten Dosen und Schachteln, die bis zur Verwendung hätten geschlossen bleiben müssen, und teilten die Medikamente auf – eine Hand voll Schmerzmittel, Antibiotika und Vitamin B pro Mann, alles in einen Streifen nun nicht mehr sterilen Mullverbands gewickelt. Sie fragten den Jungen Mann, ob etwas dabei sei, das sie stärker machen würde. Einer der Ärzte im Lager hatte ihm erzählt: «Die Afghanen glauben, amerikanische Medizin verwandelt sie in Supermänner.» – Der Junge Mann wusste, dass man es ihm verübeln würde, wenn er ihnen das Geheimnis nicht verriet. Er dachte an die karge Ration eines Kämpfers – ein Stück Brot, eine rohe Zwiebel, ein Stück harten Zuckers und eine Tasse Tee –, und er fand, es sei durchaus vertretbar, auf die Vitamin-B-Präparate hinzuweisen. Darüber waren alle froh. Sie fragten ihn, wie viele man nehmen müsse. Der Junge Mann, der sich für einen großen gesellschaftlichen Befreier hielt, meinte, eine pro Tag, zwei für Frauen und Kinder. Die Männer nahmen auf der Stelle je zwei.

Triumphale Rückkehr

Um *pindsah*[*] Uhr nachmittags gab es große Aufregung. – «Armer Mann, Armer Mann!», riefen alle. Der Junge Mann konnte den Guerillaführer zwar nirgendwo entdecken, war aber durchaus bereit, die Vorstellung zu akzeptieren, dass irgendjemand Rauchsignale oder Ähnliches erspäht hatte. Einen Augenblick später kam ein neuer Mann hereingestürmt, lächelte, breitete die Arme aus und rief auf Englisch: «*No* go Afghanistan!» – Der Junge Mann, an den dieser Satz offenbar gerichtet war, erwiderte das Lächeln und sagte: «Okay.» – Zum Teufel mit Afghanistan.

Am nächsten Tag blieb Mohammed unter seinem Schlafteppich liegen und steckte nur ab und zu den Kopf heraus, wie ein Meeressäuger, der Luft holt und sich dabei umschaut: Dann döste Mohammed wieder ein.

Wann immer der Junge Mann etwas in sein Notizbuch schrieb, gesellten sich die Männer zu ihm und schauten ihm über die Schulter. Wer lesen konnte, sagte den anderen die Wörter vor, die zustimmend nickten.

---

[*]   Fünf

Die Mudschaheddin machten sich zunehmend Sorgen um die Ruhelosigkeit ihres Gastes. Also luden sie ihn an den frühen Nachmittagen ein, mit ihnen den Fluss hinaufzugehen. Kaum war das Dorf außer Sichtweite, gab es in der Nähe eines Schuppens, den sie «das Schulhaus» nannten (das immer geschlossen war), einen schönen Hang mit einer Almwiese, die mit glatten warmen Felsen übersät war. Auf diesen Felsen streckten sich die Mudschaheddin stundenlang aus und schlossen die Augen vor Glückseligkeit. Eine Weile begleitete sie der Junge Mann, doch langweilte er sich bald. Also blieb er im Haus des Malik; lieber langweilte er sich drinnen.

Eines Morgens gegen elf tauchte ein jüngerer Typ auf und wollte den Jungen Mann irgendwohin bringen. Die Mudschaheddin waren schon früh aus dem Haus gegangen. – «Von welcher Gruppe sind Sie?», fragte der Junge Mann in seinem langsamen Paschtu. – Der Typ lächelte und zögerte. «Gulbaddin», sagte er schließlich. – «Wohin gehen Sie?», fragte der Junge Mann. «Was wollen Sie?» Er wusste, dass Gulbaddin und die NLF sich überworfen hatten. – Der Junge Mann lächelte nur und zupfte ihn am Ärmel. – «Ich bleibe hier», sagte der Junge Mann. Der Mann von Gulbaddin legte sich auf das *charpoy* neben ihm und starrte ihn an. Das tat er den halben Tag lang. – Zum Teufel mit ihm. Zum Teufel mit den Afghanen. War eine blöde Idee, überhaupt hierher zu kommen. – Als die Mudschaheddin zurückkehrten, erhob sich der Gulbaddin-Mann und verschwand.

Eine große Wut stieg in dem Jungen Mann auf – der gerechte Zorn des verzogenen Kindes. Wie jeden Tag sagte er zu den Mudschaheddin: «Ich will euch nur helfen; ich mache das für *euch*, nicht für mich; ich hab jetzt lang genug gewartet; ich habe bald keine Zeit mehr; und dann kann ich euch nicht mehr helfen und keine Rupien schicken. Die Mudschaheddin sind – *gedankenlos, unorganisiert*; vielleicht *wollen* sie gar nicht, dass ich ihnen helfe!»* – Er hatte Stunden gebraucht, all diese Wörter zu lernen (er hatte beinahe jedes einzelne Wort nachschlagen müssen), aber schließlich hatte er ja alle Zeit der Welt, und er hatte jeden Tag geübt. – «Morgen», trösteten sie ihn. – «Morgen ist nicht gut», erwiderte er wie üblich, «jeden Tag sagt ihr ‹morgen›. Ich muss *heute* nach Afghanistan, sonst kann ich euch nicht helfen.»

Doch diesmal hatte er sie getroffen; das konnte er sehen. Die Mudschaheddin unterhielten sich. Schließlich sagte Abdullah, derjenige, der ein wenig Englisch konnte: «Setzen bitte.» Dann gingen sie alle hinaus.

Der Junge Mann wartete, bis der Durchfall ihn wieder erfasste. Als er vom Friedhof zurückkehrte, packte Mohammed gerade die Sachen des Jungen Mannes und sagte ihm, er solle sich beeilen. Offenkundig, so dachte der Junge Mann, war sein unablässiges leises Beharren genau das Richtige gewesen. Vielleicht würde ihm festes diktatorisch-europäisches Auftreten, ganz im Stile des Großen Weißen Mannes, sogar zu einem kleinen Überfall zu passender Stunde verhelfen … doch dann fiel dem Jungen Mann auf, dass sie das Tal hinunter in Richtung Parachinar gingen.

«Peschawar?», fragte er.

«Peschawar.»

Er tat ihnen Leid. Ständig erkundigten sie sich nach seinem Wohlergehen und pflückten ihm unterwegs Aprikosen. Mohammed trug seinen Rucksack. In der Stadt teilten sie ihm mit, der Bus sei «kaputt», er würde die Nacht im Büro der NLF verbringen müssen; was Peschawar anging, sagten sie ihm voller Zuversicht: «Morgen.» Dann ließen sie ihn im Büro zurück.

---

* Wahrscheinlich nicht.

Es saß im Hof des Büros, umgeben von heroischen Plakaten und Kartons voller Kekse für die afghanischen Flüchtlinge. Über seinem Kopf wehte die grüne Fahne des Islam. Er war fassungslos und niedergeschlagen. Ein alter Mann kam zu ihm und zeigte ihm seine Armprothese. Der Junge Mann unterbrach ihn und erklärte ihm, warum es so ungeheuer wichtig sei, dass er noch an diesem Tag nach Afghanistan ginge. Der alte Mann bot dem Amerikaner seine Dienste an, was zweifellos nichts zu bedeuten hatte. – Es war sehr heiß im Vergleich zu den Bergen, und die Darmparasiten des Jungen Mannes machten sich ekelhaft bemerkbar. Es war kein Klo in Sicht und kein Wort dafür in seinem Englisch-Paschtu-*Kitab*. Er wollte heim.

Armer Mann

Dann kam der Arme Mann lächelnd hereinstolziert. – Sie sauer?», fragte er. «*Pindsah minuta.*» Fünf Minuten. – Seine Männer schleppten Kisten voller Munition und Raketenwerfer in den Lagerraum. Der Arme Mann schnippte mit den Fingern, um dem Amerikaner zu bedeuten, er solle aufstehen, und dann kletterten alle auf die Ladefläche eines mit einer Plane verhängten Lasters. Dort hockten die anderen Mudschaheddin. Sie lächelten ihn an. Der Laster fuhr die Staubpiste entlang auf die Berge zu. Es fing an zu regnen. Kühle Tropfen sickerten durch die Leinwand und erfrischten allen die Gesichter. Der Junge Mann war wie berauscht. Rings um ihn saßen die Mudschaheddin – zwanzig Mann –, lachten sich gegenseitig an, rauchten, reinigten ihre *topaks*. Der Laster war erfüllt vom angenehmen Duft des Gewehröls.

Um sechs Uhr abends erreichten sie wieder das Dorf. Der

Malik hieß den Jungen Mann willkommen und umarmte ihn. Die Männer des Dorfes hockten auf dem Platz und beobachteten die Mudschaheddin. Sie bereiteten Kebab für die Kinder, die noch zu jung waren, den Ramadan einzuhalten. Dem Jungen Mann lief das Wasser im Mund zusammen. Suleiman, ein Mudschahed, mit dem er sich besonders angefreundet hatte, wollte ihm ein Kebab kaufen, aber der Junge Mann lächelte edelmütig und sagte: «Du nicht essen, ich nicht essen.» (Auf Paschtu klang das ziemlich lustig.) – Die Kinder des Dorfes umringten ihn; schließlich hatte er erneut Unterhaltungswert, wo er doch einen halben Tag lang fort gewesen war. Er sollte Fotos von ihnen für die Afghanistan Picture Show machen. Er lehnte ab. Er fotografiere ausschließlich den Dschihad. Er hatte Sorge, der Film könne vorzeitig zu Ende sein …

Der Malik lud den Jungen Mann zu sich ins Haus, wo ihm, den Blicken der anderen verborgen, eine Mahlzeit angeboten wurde. Es war ihnen nicht in den Sinn gekommen, dass er so stark sein wollte wie sie; woher sollten sie das auch wissen? Wenn er die Mahlzeit ablehnte, würde er den Malik beleidigen. Es handelte sich um lauwarmen Tee und ein Stück Brot, aus dem ein Bissen fehlte. Der Malik verkündete stolz, dass der Junge Mann die Essensreste des Armen Mannes bekam. Sie schmeckten gut. – Eine Stunde später brachen die Mudschaheddin das Fasten mit einem gemeinsamen Festmahl. Der Arme Mann ließ den Jungen Mann zu seiner Rechten sitzen und kramte ihm zu Ehren seine paar Brocken Englisch heraus. Gegen drei Uhr früh sollten sie nach Afghanistan aufbrechen.

Vor lauter Angst und Aufregung lag der Junge Mann, von Wanzen geplagt, die Nacht über wach. Man hatte ihm ein *charpoy* angewiesen. Auf dem Bett neben ihm lag der Arme Mann und hustete ununterbrochen.

Bericht des Armen Mannes

«Ich heiße – – – . Ich stamme aus Ningrahar. Ich bin der Sohn von – und der Enkel von –.* Ich befehlige eine Gruppe afghanischer Mudschaheddin. Kürzlich habe ich im Kampf ein paar kleinere Erinnerungsstücke sammeln können, darunter die Uniform eines russischen Brigadegenerals, die ich nach Peschawar gebracht habe und von dort nach Islamabad schicken ließ. Die Schlacht fand an einem russischen Militärstützpunkt statt, wo es ein Krankenhaus und Landebahnen gab. Der Kampf dauerte achtzehn Tage, und in der Zeit tötete ich den russischen General und noch weitere Personen.»

«Welche Taktiken fanden Sie gegen die Russen am wirkungsvollsten?», fragte der Junge Mann.

«Im vergangenen Jahr, als wir militärisch gesehen noch schwächer waren, haben wir Nachteinsätze bevorzugt. Jetzt verfügen wir über russische Waffen, Kalaschnikows, und die Kämpfe finden auch am Tag statt. Wir können ihnen ziemliche Verluste zufügen. Wir können ihnen zwar noch immer keine richtige Schlacht liefern, vor allem nicht tagsüber, aber in unserem hügligen Land lassen sich Gräben ziehen und kleinere Kämpfe austragen.»

«Welche sowjetische Taktik bereitet Ihnen die größten Probleme?»

«Es gibt vier Stufen», antwortete der Arme Mann. – Zusammen mit dem General und dem Jungen Mann saß er draußen hinter dem Haus des Generals, und im Limonenbaum hüpfte ein Vogel umher. – «Wenn sie unsere Stellungen kennen, kommen sie erst mit Kampfhubschraubern und bom-

---

* Warum sollte ich dem Feind irgendetwas preisgeben?

bardieren uns. Wenn die Kampfhubschrauber die Stelle markiert haben, folgen die MiGs. Als Drittes setzt dann heftiges Artilleriefeuer ein – Mörser und Raketen. Und als Viertes kommt die sowjetische Infanterie. Auf dieser vierten Stufe müssen wir sie Mann gegen Mann bekämpfen, weil die Infanterie frontal auf uns zukommt. Alles ist schwierig.»

«Was für Waffen und andere Hilfsmittel benötigen Sie am meisten?»

«Als Erstes brauchen wir Waffen gegen die Kampfhubschrauber, um die Maschinen abschießen zu können, denn sie richten den meisten Schaden an. Zweitens brauchen wir Waffen, die wir an die Menschen weitergeben können, um neue Truppen auszuheben.»

«Werden die Afghanen langsam kampfesmüde? Kämpfen sie weniger intensiv?»

«Unsere Kampfmoral ist sehr gut», entgegnete der Arme Mann lächelnd. «Wir kämpfen gern, und wir werden weiterkämpfen.»

Der rote Hügel [5]

Sie marschierten 36 Stunden lang. Am meisten hasste der Junge Mann die Flussüberquerungen bei Nacht, wenn man die Felsen und das schäumende Wasser nur vage erkennen konnte, gerade mal gut genug, um bei jedem Sprung von Stein zu Stein alles zu riskieren. Die Mudschaheddin nahmen ihm ab, was sie nur konnten. Sie trugen seinen Rucksack, führten ihn an der Hand und ließen zu, dass er sich mit seinem Gewicht auf sie stützte, während sie die Berge hinauf- und hinunterstiegen. Waren die Furten besonders schwierig, trugen sie ihn sogar huckepack. Doch auch so war der Junge Mann schnell erschöpft. Eine Art Schamgefühl zwang ihn jedoch weiterzugehen (mal abgesehen davon, dass er unmöglich allein zurückkehren konnte), denn er war nicht weniger kräftig gebaut als sie, und seine Ausrüstung war besser: Er trug bequeme italienische Wanderstiefel, während sie nur Sandalen und Slipper hatten und sich manchmal an den Felsen die Füße blutig schürften. In der Höhenluft und durch die Anstrengung schwollen ihre Gliedmaßen genauso an wie seine, wurden ebenso violett. Genau wie er leckten sie sich vor Durst die Lippen. Sie stiegen in Schnee und Nebel auf die Gipfel und überquerten eine Furcht einflößende grüne Wiese, wo es ununterbrochen hagelte – Hagelkörner halb so groß wie eine Faust. Dann waren sie in Afghanistan, doch selbst dort konnten sie das Tempo nicht drosseln, aus Angst, von einem Hubschrauber gesichtet zu werden.[*] Dann stiegen sie im Nebel wieder talwärts; der Pfad entlang der Felswände führte ausschließlich über lose, wacklige Felsbrocken (alle begehbaren Wege hatten die Sowjets vermint). Dann glitten sie kilometerweit schneebedeckte, sommerseifige Gletscher hinunter; der Schnee verdeckte gelegentlich riesige Gruben, wo ein Felsbrocken durchs Eis gebrochen und drei Meter tief ins Wasser gestürzt war. Der Junge Mann war erschöpft und verängstigt. Er stolperte voran und stützte sich auf ihre Schultern – was für eine Last er war! Sie können sich nicht mal im Ansatz vorstellen, welche Scham ich selbst heute noch dabei empfinde. – Einmal stolperte er in seiner ungewohnt weiten Hose und riss ein Hosenbein halb auf. Sie mussten alle ki-

---

[*]   Im April 1987 las ich mit großer Freude, dass Pakistan den Zeitungen zufolge über diesem Gebiet, nicht weit von Parachinar, eine Maschine der «afghanischen» Luftwaffe abgeschossen hatte. Die Maschine war in den pakistanischen Luftraum eingedrungen, nachdem bereits ein oder zwei Tage zuvor durch Bombenangriffe «afghanischer» Flugzeuge etwa hundert Menschen ums Leben gekommen waren.

chern. Er durfte sich setzen; ein Mudschahed zog Nadel und
Faden aus der Tasche und nähte ihm das Hosenbein wieder
zu (wäre in diesem Augenblick ein Hubschrauber aufgetaucht, hätte keiner überlebt). Nie versiegte ihre gute Laune;
sie beteten, sangen und lächelten die ganze Zeit. Keiner blieb
zurück oder beklagte sich, nur der Junge Mann. Einmal war
er so müde, dass sie ihn einen halben Kilometer weit trugen.
Dann wieder besiegte seine Scham die Erschöpfung, und er
ging weiter. Früh am Morgen des zweiten Tages, es war noch
dunkel, glaubte er, nicht mehr weiter zu können. Endlich
verlor einer der Mudschaheddin die Geduld, versetzte ihm
einen Stoß in den Rücken und brüllte ihn an, gefälligst
schneller zu gehen. Ein anderer kniff ihm in Arm und Hand.
Das machte ihn wütend. – «Behandle mich nicht so!», sagte
er zu dem Mudschahed, der ihn gestoßen hatte. «Ich Ameriki, nicht Mudschahed.» Womit er sagen wollte: Ich gehöre
nicht zu euch. Er packte den Mann und schüttelte ihn. Der
Mann fauchte ihn an und schüttelte ihn erheblich stärker,
dann bohrte er ihm seine Waffe in den Rücken. Das war kein
Spaß mehr; er ging weiter. Seine Langsamkeit gefährdete ihr
Leben. Ohne ihn hätten sie den Weg an einem einzigen langen Tag geschafft.
Als sie den Gipfel eines Steilhangs erreichten, warnte ihn der
Arme Mann, aufzupassen, wo er seinen Fuß hinsetze.
Auf dem Pfad lägen viele kleine Bomben, sagte er.
Als sie kurz nach Sonnenaufgang in die Hauptkampfzone
kamen, machten sie eine Teepause. Sie fütterten ihn mit
unreifen Pflaumen, die köstlich seinen trockenen Gaumen
erfrischten, und mit Brocken von *gura*, hartem Zucker. Nach
und nach wurde der Weg bequemer und schattiger. Unterwegs pflückten sie Obst und Nüsse. Die ganze Zeit stand ihm
sein Freund Suleiman zur Seite.
«Du gehst lang-langsam», mahnte ihn der Arme Mann. «Wo

300

wir eine Viertelstunde brauchen, brauchst du zehn Tage, zehn Jahre.»
Der Junge Mann entschuldigte sich.
«Ach, Uilliam, Uilliam», sagten sie nachsichtig und trugen seinen schwersten Fotoapparat.[*]

Ruinen

Sie führten ihn an einem verlassenen und dann an einem zerbombten Dorf vorbei. Eine alte Frau in Schwarz kam zwischen den Ruinen angehumpelt und schüttelte die Faust gegen ihn, aber er sagte: «Ameriki!», und sie lächelte.
[NOTIZ: Wie ich bei dieser Reise beobachten konnte, verfügen die Mudschaheddin über eine trickreiche Methode, die Minen unschädlich zu machen, möchte diese aber hier nicht verraten, aus Furcht, es könnte jenen von Nutzen sein, die sie gelegt haben. Diese Minen sind recht teuflisch. Sie sind klein und kaum zu sehen, vor allem bei Nacht. Sie können einem einen Arm oder ein Bein abreißen. Nach der Detonation bleibt ein kleines grünes oder blaues Plastikteil zurück. Es heißt, manche Minen ähnelten absichtlich Stiften oder Spielzeugen, damit sie eher aufgehoben werden. Einmal entdeckte ich auf einem Felsen eine kleine Haschischpfeife. Der mir zugeteilte Kommandant meinte, es handele

---

[*] «Und dann gibt es noch das Problem mit den Journalisten, die nach Afghanistan gehen. Selbst wenn sie [sich] aus den pakistanischen Checkpoints herausschmuggeln können, ist es schwer für sie, mehrere Tage und Wochen durch das gebirgige Gelände des Landes zu marschieren. Zudem lauern bei jedem Schritt Gefahren auf sie. Nur sehr wenige, außergewöhnliche Journalisten können unter solchen Bedingungen arbeiten. Die meisten, die ins Land gehen, beschränken ihre Reisen auf die Gebiete nahe der Grenze und schreiben oberflächliche Berichte.» — *Mirror of Jehad: The Voice of the Afghan Mujahideen* (Publikation der Jamiat-i-Islami, Januar–Februar 1982).

sich um eine Mine. Ich sah sie nicht explodieren, also kann ich das nicht bestätigen (wir umgingen sie ganz vorsichtig); allerdings würde mich keine noch so abstruse Einzelheit sowjetischer Außenpolitik in Afghanistan überraschen.]

Bericht des Armen Mannes: Einsatz chemischer Kampfstoffe[*]

«Es war der Tag nach dem Tag, an dem wir den russischen General getötet hatten. Sie sind sehr zurückhaltend im Umgang mit den chemischen Waffen, oder sie tun es nicht bei Wind, aber an dem Tag schon, es war der Tag, nachdem der General getötet worden war. Sie griffen uns an. Sie setzten dieses Gas etwa zehn Meter von uns entfernt ein. Wenn die Schlacht losgeht, erschrecken sich die Vögel wegen des Lärms und fliegen. Wir sahen, wie die Tauben starben. Sie fielen vom Himmel, wir sahen sie vom Himmel fallen, also dachten wir, dass der Feind wohl Gas benutzt hat. Sie feuerten die Rakete ab, und sie schlug zu Boden. Sie machte nicht viel Krach. Nach dreißig, vierzig Sekunden stieg ein Rauch auf – ein weißer Rauch. Bis zwölf Meter hoch stieg er, in alle Richtungen. Dann drückte der Wind ihn von einer Seite zur anderen, und was immer dem Gas im Weg war, ist dabei gestorben. All die Tiere. Wir verloren dabei nur drei Mann. Drei von meiner Gruppe wurden getötet. Das Gas zog über sie weg oder in ihrer Nähe vorbei, und sie starben.

Die ersten zwei starben sofort. Als wir sie fanden, zogen wir sie aus, um zu sehen, ob sie vom Gas oder von einer Kugel

[*] Dieser Teil des Berichts des Armen Mannes wurde von jemand anderem übersetzt, was den Unterschied in der Syntax erklären mag. Weitere Informationen zum Chemiewaffeneinsatz in Afghanistan finden sich im Haig-Report, der in den Quellenangaben am Ende dieses Buches aufgelistet wird.

getroffen worden waren. Wir sahen – nein, nichts, keine Verletzung, gar nichts … Der Dritte, der nur leicht vergiftet war, lebte noch ein, zwei Tage; wir taten unser Bestes für ihn, mit Medizin und allem, aber nichts half, und er starb auch.»

Wittgensteins Aussage

Wen ich, mit offenbarer Ursache, sich in Schmerzen winden sehe, von dem denke ich nicht: seine Gefühle seien mir doch verborgen.[*]

Das neue Land

Und so kamen sie nach Afghanistan mit seinen kreidefarbenen Gebirgskämmen, auf denen wundersamerweise schattige Bäume mit prächtigen Laub- und Fruchtkronen wuchsen, die große dunkle Wurzelknoten bildeten, worauf sich die müden Männer setzen konnten, was aber nur selten geschah, da diese ganz begierig waren, heim in den Krieg zu kommen; festen Schrittes stiegen sie in ihren weiten Hosen und mit vollen, auf den Rücken gebundenen Leinensäcken in die tiefen grünen Täler hinab, deren Terrassenfelder kühl und feucht wirkten; sie folgten dem Bachbett bis hinunter in die niedrigeren Berge. – Seine Gedanken flogen ihm voran wie die bewaffneten Männer, die dem Pfad zwischen den Steinhaufen und roten Sandkämmen über den rostroten Boden folgten, dessen Kargheit die spärlichen Grasbüschel grau erscheinen ließ. Hier und da konnte man einen schattigen Strauch erspähen, doch je weiter sie nach Afghanistan

[*] Wittgenstein, *Philosophische Untersuchungen*, IIxi, S. 358

vordrangen, umso trockener schien es zu werden. Was erwartete ihn dort? Was würde er dort vorfinden? Doch nach einer Weile war er zu müde, noch irgendwelche Fragen zu stellen.

Zwei Paar Hände

Der Junge Mann bereitete sich ein erfrischendes Getränk aus Wasser und dem Saft saurer Trauben; er hatte allerdings vergessen, wie schlecht das Wasser schmeckte (es stammte aus dem schlammigen Graben) und um wie viel schlechter es aus dieser verrosteten dreckigen Blechtasse schmeckte, ganz zu schweigen von der Tatsache, dass die Trauben auch nicht mehr im besten Zustand waren.

Sie gingen den Bergpfad entlang, und Schmetterlinge, die ihre Flügel bewegten wie Hubschrauber, setzten sich in den Sand und hoben wieder ab. Der Kämpfer neben dem Jungen Mann nahm dessen Hand, die Handfläche, das weiche Fleisch davon zwischen zwei Finger, kniff hinein und walkte es. – «Warum ... das?», fragte er. «Du nicht stark.» – Die Hand des Afghanen war dunkel und hart, wie ein neuer, noch nicht eingelaufener Wanderschuh. – Der Junge Mann schämte sich nicht. «Ich mache in Amerika andere Dinge», sagte er. «Ich lese, schreibe, drücke Knöpfe. Du gräbst, pflügst, schießt.» – Der Kämpfer erwiderte darauf nichts.

Afghanistan Picture Show [3]

Ein Mudschahed packte den verkohlten Stumpf einer Rakete, hob sie hoch über den Kopf und sah den Jungen Mann wild an, als wolle er sagen: Deshalb bist du hier! Jetzt schau auch hin, schau! Das ist deine Aufgabe hier – hinschauen! Sieh hin und versuche zu begreifen; vergiß es nie wieder! Und der Junge Mann stand da und schaute in das ledrige rötlich braune Gesicht des Mannes, der die Wangen vor Anstrengung, die Bombe hochzuhalten, eingesogen hatte, sah den offenen Mund, die ebenmäßigen weißen Zähne, den grau werdenden Haaransatz direkt unter dem doppelkrempigen Gebetskäppi und den Schatten der Bombe, der über die volle Schulterbreite fiel; er sah die erhobenen Arme, in denen die Bombenhülle khakifarben, schwarz und in rostigem Orange ruhte; sie war stellenweise durchgerostet, so dass der Junge Mann das unter der Außenhülle liegende Gitter sehen konnte (es musste wohl ein Blindgänger gewesen sein), und die Bombe schwebte bis in alle Ewigkeit in der

Luft, und das Baumwollhemd des Mudschaheddin hing herab, der Fluss hinter ihm strömte klar und flach und ließ die weißen Felsen, die ihn säumten, unbenetzt, und die Hügel waren braun vom verdorrten Gras; nur ab und zu gab es einen grünen Fleck von einem Strauch oder Baum. Die anderen Mudschaheddin hatten sich ebenfalls umgedreht und starrten den Jungen Mann an, während die Bombe ihn anstarrte, und er starrte zurück und sagte sich: Ganz gleich, ob ich etwas Nützliches tun kann oder nicht, zumindest werde ich mich erinnern.

Auf ganz vielen meiner Bilder aus Afghanistan entdecke ich Männer mit einer Vielzahl verschiedener Kopfbedeckungen, die ihre Gewehre angrinsen und in Armen halten, sie in den baumgesprenkelten Bergen in die Höhe heben, sie liebkosen, anlegen oder wie Gitarren halten; in den Patronengurten über Schulter und Brust stecken die langen, goldenen Patronen; die Männer lachen über den Anblick der anderen, und sie betrachten ihre Kalaschnikow oder Lee-Enfield oder Springfield mit schüchterner Zuneigung, denn die Waffe war ein Traum, so wie ein Sohn ein Traum ist*; die Waffe war der Traum von Rache.

Und ich sehe all die Pakistanis und Afghanen, die fast in den Kassettenrekorder hineinkriechen und mit Nachdruck und ohne Unterlass reden, manche voller Hoffnung, andere verzweifelt, andere wiederum ohne Erwartungen, die mir einfach nur helfen wollen zu verstehen. – Was für eine erschreckende Sache doch die ERKENNTNIS ist.

---

* An dieser Stelle fällt mir das Bild von dem Jungen ein, der auf einem hohen grünen afghanischen Hügel stand und mit seinem Holzgewehr, das ihm sein Vater geschnitzt hatte, nach der Sonne zielte (hatte er, so jung, den Fluss ebenfalls schon überquert?); seiner kleinen Schwester fielen die Haare wegen irgendeiner Krankheit büschelweise aus, dafür trug sie ein Halsband mit großen Rechtecken aus reinem Silber, geschmückt mit Juwelen oder farbigen Glasperlen (wie kann ich jemals wissen, worum es sich handelte?).

Der rote Hügel [6]

Es regnete dort jeden Tag um die Mittagsstunde. Danach hing nur noch mehr Staub in der Luft. Es roch stets nach Staub, der einen metallischen, erstickenden, schmutzigen Geschmack im Hals verursachte, wie wenn man jemanden küsst, der zwanzig Jahre lang in einer Grabsteinfabrik oder einem Zementwerk gearbeitet hat. Alle husteten ständig. Kein Wunder, fand der Junge Mann, dass es in Paschtu so viele *t*- und *s*- und *ch*-Laute gab; wenn man sowieso schon husten musste, warum das nicht gleich ausnutzen? Vielleicht sollten sich die Menschen mit derselben Krankheit zusammentun und mithilfe ihres Makels kommunizieren.
Jedes Mal, wenn es regnete, krähte der Hahn.
Die Männer saßen in ihren weiten weißen Hemden und Hosen herum und spuckten.
Der Junge Mann hasste die Fliegen. Dutzende davon umschwirrten ihn ständig, und mindestens zwei oder drei hockten auf Lippen und Augen.
Um ihn zu trösten, ging der Arme Mann los und holte ihm ein paar Pfirsiche. – «Gehen Sie zurück nach Peschawar», sagte er. «Richten Sie ihnen aus, sie sollen starke Amerikaner schicken.»
«Ich soll nach Peschawar zurück?», fragte der Junge Mann wütend.
«Sie sollen den Kampf sehen. Sie sollen in die Stadt gehen und tote *Rus* sehen. Aber die» – und damit wies er auf die Beine des Jungen Mannes – «nicht gut.»
Über einem schmutzig roten Hügel jenseits der Schlucht schwebten ein paar Wolken. Der Hügel war mit Bäumen gesprenkelt; es gab Terrassenfelder und eine winzige Quelle, und über allem lag ein Geruch nach Staub, Schutt und Bom-

benschrott. Ein breiter, leichter Pfad zog sich den Hügel hinauf, aber die Guerillas warnten ihn, ein *alutuka** sei darüber hinweggeflogen und habe Schmetterlingsminen abgeworfen. Um den Hügel zu erklimmen, musste man also einen steilen Schotterhang hinaufklettern. Viele Bäume beschatteten den Gipfel; er war mit russischen Lebensmitteldosen übersät. Dort begann die eigentliche Kampfzone. Wenn man vorsichtig zwischen den Bäumen hervorlugte, konnte man vor sich Afghanistan sehen, einen Wüstentraum aus Sanddünen und dunstigen Anhöhen, der sich weit unterhalb ausdehnte, denn hier endete das Gebirge. Das Ganze wirkte wie eine Landkarte, die sich bis zur Sonne ausdehnte, und die hellen ausgedörrten Schluchten und Oasen und Dörfer, die auf den Ebenen zu sehen waren, sahen aus wie hingemalt.

Links vom Jungen Mann setzte sich der Hügel bis zu einem Kamm fort, der sich im rechten Winkel dazu erstreckte und in einem Vorsprung endete, wie ein Arm und eine Faust, die sich aus der Schulter eines Mannes streckten. Der Kamm war kahl. Es war sehr gefährlich, sich dorthin zu wagen. Er war von Raketeneinschlägen zerfetzt worden. Man erklärte dem Jungen Mann, dass einen die *Rus* dort sehen konnten. Mitten in einem Dorf direkt am Horizont waren sechs schwarze Flecken. Suleiman wies den Jungen Mann darauf hin. – «*Rus*», sagte er. Der Junge Mann schaute durch seine 600-mm-Telelinse. – Tatsächlich. Sechs Panzer. – Er besah sie sich eine Weile. Später gingen er und Suleiman zu der Quelle, und Suleiman pflückte für ihn kleine saure Pfirsiche und *tutan*-Früchte, obwohl es noch immer Ramadan war und Suleiman nichts essen durfte. Suleiman war froh, ihn essen zu sehen, und lächelte ihn an. «*Malgurae*», sagte der

---

* Flugzeug

Junge Mann. – Freund. – «*Malgurae*», erwiderte Suleiman und nahm ihn bei der Hand.

Endlich schmeckte ihm auch das Essen. Am Morgen nach ihrer Ankunft hatte der Arme Mann ihm eigenhändig ein Frühstück zubereitet. Zwei Eier, die für wenige Sekunden in sehr heißem Öl gebraten wurden (vor sich hatte er, genauer gesagt, eine Glasschüssel mit heißem Öl stehen, in dem die Eier, zu größeren oder kleineren Klümpchen geronnen, herumschwammen), dazu ein Kanten Brot, gesalzene Gurkenscheiben und Tee mit viel Zucker. Es schmeckte wirklich gut. Der Junge Mann war sehr hungrig.

Jeden Tag schob ihm ein Junge getrocknete Aprikosen und *tutans* zu, wenn er mit seinem Arm voller Küchenzwiebeln vorbeikam. Der Junge Mann vertilgte sie im Verborgenen. Im Laufe des Nachmittags bereitete ihm der Kommandant in Blau, der Leutnant des Armen Mannes, Kebab aus Rindfleisch und süßen grünen Tee zu. Ein alter Mann brachte ihm zwei Hand voll Mandeln. Später fand der Junge Mann heraus, dass es sich gar nicht um Mandeln handelte, sondern um die Kerne der *swardailu*.*

«Viel Regen morgen?», fragte er den Kommandanten in Blau. Der Arme Mann war ins *tschakar* gegangen, um nachzudenken und zu beten.

«*Kam-kam*», antwortete der Kommandant in Blau. «*Leg-leg.* Halb-halb.»

Dann erklomm der Junge Mann erneut den roten Hügel. Die Panzer standen immer noch da. Aus dem Nirgendwo tauchte eine Hand auf und legte sich auf seine Schulter. Ein Mudschahed lächelte ihn an. Es war immer jemand auf Beobachtungsposten. – Der Mudschahed bat ihn, ein Foto von ihm zu machen. Als der Junge Mann einwilligte, war der

---

* Kleine süße Aprikose

Mudschahed sehr glücklich und fühlte sich geehrt. Es machte nichts, dass er das Bild niemals zu Gesicht bekommen würde. Er stand da mit seiner Kalaschnikow und lächelte. Später sammelte er dem Jungen Mann ein paar wilde Trauben. Die Lippen des Mudschahed waren ganz rissig von der staubigen Trockenheit und vor Durst, denn noch war Ramadan, aber er bestand darauf, dass der Junge Mann seine Trauben sofort aß (wenn er es tat, war er nicht so gut wie die Mudschaheddin. Aß er sie nicht, wäre das eine Beleidigung ihrer Gastfreundschaft). Sie schmeckten so süß, so erfrischend; er aß sie und schämte sich.

Auf der sicheren Seite des Hügels, knapp unterhalb der Kuppe, gab es eine Reihe von flachen Kuhlen. In jeder einzelnen davon war zum Schutz vor den Panzern ein halbkreisförmiger Steinwall aufgeschichtet. Im Falle eines Angriffs, so sagte der Arme Mann zu ihm, würden die Männer sich in diese Kuhlen zurückziehen und schießen. Ein einziger Kampfhubschrauber hätte wahrscheinlich ausgereicht, um sämtliche Männer in den Kuhlen zu töten. Doch mehr besaßen die Mudschaheddin nicht zu ihrer Verteidigung.

Vorbereitungen

Eines Morgens war jede Spur von Trägheit aus dem Lager gewichen. Den ganzen Morgen über putzten die Männer ernst, aber gut gelaunt ihre Waffen und luden sie.[*] Es wurden keine Patronen unnötig abgefeuert und verschwendet. Neben dem *charpoy* des Jungen Mannes saßen der Arme Mann und der Kommandant in Blau auf einer Matte in

---

[*] Es mag sich wie Propaganda anhören, ist aber keine. Ich habe noch niemals Menschen kennen gelernt, die so ruhig waren und dennoch so erfüllt von einem großen, wohlbedachten Ziel.

einem Kreis von Neuankömmlingen, die Kisten mit Bomben hergeschleppt hatten. Zu ihnen gehörte auch ein Kommandant, mit dem der Junge Mann in der Nacht zuvor im Baumhaus gemeinsam zu Abend gegessen hatte. Er trug glitzernde Ringe und Vogelornamente; sein Gesicht war geschminkt. In einer Haschischschachtel trug er kleine gefärbte Zuckerkügelchen bei sich. Er gab dem Jungen Mann eine Hand voll davon. Als er für ein Foto posierte, befahl ihm der Kommandant in Blau, seinen Schmuck abzulegen, was ihn schwer traf. Als der Kommandant eine Weile später gegangen war, blinzelte der Aufgedonnerte Kommandant dem Jungen Mann zu und posierte für ein weiteres Foto.

Der Arme Mann sprach bedächtig und spielte dabei mit einem Raketenwerfer herum. Der Kommandant in Blau, der gerade erst die Fingerabdrücke einiger neuer Rekruten genommen hatte, las einen durch sie übermittelten Brief. Der Arme Mann wirkte geistesabwesend. Ab und zu hob er sein rundes Gesicht und lächelte, dann sah er wieder auf die Waffe, die er gerade reinigte, oder warf einen Blick auf die Nachricht, die er schon gelesen hatte. Er war ein wenig pummelig und bekam schon graue Haare, und anders als die großspurig gestikulierenden Mudschaheddin-Kommandanten, die der Junge Mann im Hause des Generals kennen gelernt hatte, wirkte er nicht sonderlich beeindruckend. Dem Armen Mann war während des ganzen Anmarschs von Pakistan schlecht gewesen. Alle ein, zwei Stunden blieb er stehen, um sich zu übergeben, was ihn nicht davon abhielt, sich sofort wieder an die Spitze der Männer zu begeben (die nicht auf ihn warteten) und sie in stetig schnellem Tempo anzuführen, wobei er die Arme in aller Ruhe vor der Brust verschränkte. Nach ein paar Minuten war er so weit voraus, dass sie ihn nicht mehr sehen konnten, und sie holten ihn erst dann wieder ein, wenn er ungeduldig auf sie

wartete oder sich erneut übergeben musste. Er sprach nur
wenig. Seine Männer schätzten ihn. Sie hatten eine Flasche
Rosenblätter-Sherbetsirup bei sich, den nur er trinken durfte. Auf den hohen Gebirgspässen goss er ein wenig von dem
Sirup auf einen Schneeball und aß ihn lächelnd. Am Morgen
wirkte der Arme Mann manchmal recht blass, und dann
massierten ihm die Mudschaheddin den Rücken. Doch
wenn es an der Zeit war weiterzumarschieren, war er stets
vorneweg. – Das Sonnenlicht war weiß und braun, und der
Arme Mann und der Kommandant in Blau hielten Hof; der
Arme Mann wackelte mit den Zehen und spielte mit einer
Patrone. Die Schrift auf der grünen Fahne der NLF über
seinem Kopf ähnelte Schwertern, Kronen, sich windenden
Schlangen, gekreuzten Bändern, und der Kommandant in
Blau saß träumend im Halbschatten der Tür, und die Bücher
glänzten in der Sonne schneeweiß.

Elias, der Malik des nächstgelegenen Dorfes, kam den Pfad
hinauf und stützte sich dabei auf seinen Stab. Er nahm sein
Käppi ab, wischte die Fliegen von der Glatze, setzte das Käppi wieder auf, nahm seinen Stab auf, legte ihn wieder
ab … Er setzte sich zu den anderen auf die Matte. Er beugte
sich vor und fing an zu sprechen. Plötzlich redeten mehrere
Männer aufgeregt durcheinander. Der alte Elias schüttelte
den Kopf. – «Koran», sagte er. – Die Augen des Armen
Mannes flackerten langsam von einem zum anderen.

Der Arme Mann setzte bedächtig seine Unterschrift in ein
Buch, so wie er dies schon am Tag zuvor bei den neuen Mit-
gliedsausweisen getan hatte. Ein junger Bursche stützte sich
ernst auf ein Gewehr und erhob sich; der Arme Mann griff
nach seiner Hand, führte sie zu dem Stempelkissen und
setzte dann seinen Fingerabdruck in das Mitgliederregister.
Der Bursche wirkte stolz. Die Männer lächelten ihn an; jeder
von ihnen wirkte wie der Mann mit dem weißen Käppi,

dessen Wangen sich in tiefe Lachfalten gelegt hatten; er stand da und putzte sein Gewehr, drückte den Gewehrkolben mit der einen Hand an den Bauch und hielt das Ölkännchen in der anderen; die fleckige Plane beschattete die anderen, die auf ihren Matten saßen und sich leise unterhielten, und der Arme Mann lehnte an der Wand und seine Augen besahen sich die Szene, sie teilten aus und nahmen auf.

Der Arme Mann wirkte entspannter; die Männer unterhielten sich ruhig miteinander – dann befahl er den Mudschahedin, die neben dem *charpoy* des Jungen Mannes saßen, hinauszugehen.

Der Aufgedonnerte Kommandant reckte sich, stand auf und zog seine Sandalen an. Er zwinkerte dem Jungen Mann zu und kaute auf einer Zuckerkugel herum.

Der Arme Mann sprach von Gewehren, und alle lachten. Er und der Malik Elias griffen sich eine Kalaschnikow, inspizierten sie an beiden Enden, dann schrieb er etwas in sein Buch. Jemand reichte ihm eine weitere Waffe. Der Arme Mann besah sie sich ausgiebig und nahm dann dem nächsten Rekruten den Fingerabdruck ab.

Es war morgens um halb acht. Die Fliegen wurden immer lästiger. Gegen neun sollte es in die Schlacht gehen.

Der Arme Mann nahm eine Patrone und richtete sie mit einer Zange. – Der Junge Mann fragte sich, ob das nicht gefährlich war. Er hatte keine Ahnung von Gewehren. Das erinnerte ihn an die Art, wie die Mudschaheddin Haarwasser als Lippenbalsam benutzten, weil es nach Pfirsich roch und zähflüssig gelb war. Sie wollten ihm nicht glauben, als er ihnen das Etikett übersetzte.

Mit derselben friedlichen, unaufgeregten Ruhe, mit der der Kommandant in Blau die Kebabs zubereitete und jeden Morgen die Lehmfußböden befeuchtete, kontrollierte der Arme Mann jedes einzelne Gewehr und gab es frei, befestigte Gurte, lud die Waffen. – Mit einem Seufzer schob der Arme Mann den Zünder in eine Granate.

Elias lieh sich den Schlüssel vom Armen Mann. Er ging zum Lagerraum und holte einen Sack getrockneter *tutans* (in diesem Zustand schmeckten die Früchte wie sehr süße Rosinen, die leicht gegoren waren. Direkt vom Baum ähnelten sie weißen, rosafarbenen oder schwarzen Himbeeren ohne Kerne; später schmeckten sie wie süße angegorene Weintrauben). Der Arme Mann ließ ein paar davon durch die Finger gleiten und notierte etwas in sein Buch.

Das Spielflugzeug

Sie hielten weiter Kriegsrat. Neben dem Bett des Jungen Mannes drehte sich ein kleines Holzflugzeug in der leichten Morgenbrise, das an zwei Schnüren über das steile Flussbett gespannt war. Daneben baumelten drei Soldatenhosen wie Gehenkte.

Der Junge Mann hatte noch nie eine Schlacht gesehen, und alles, woran er denken konnte, waren die sommerlichen Spiele der Kindheit. Der Kommandant in Blau zum Beispiel schlief in einem Baumfort, ausgestattet mit richtigen Maschinengewehren und einem Teller mit Pfirsichen, die er bei Bedarf in der Nacht essen konnte, um anschließend die Kerne in den Fluss unter sich zu spucken. Rechts vom *charpoy* des Jungen Mannes führte eine Brücke aus zwei Baumstämmen zu einem Wachposten auf einem anderen Baum. Den Fluss hinunter jenseits der nächsten Anhöhe, irgendwo in der traumhaften Weite der Wüste, lauerte der richtige Feind – genauer gesagt, ein oder zwei Divisionen (was genau war eigentlich eine Division?) der Sowjetarmee – mit ihm hatte das nichts zu tun. Die Bombenkrater und der abgeschossene Hubschrauber, an denen er vorbeigekommen war, waren auch nur Spielzeug, genau wie das hölzerne *alutuka*. Während er den Armen Mann die Patronen zählen sah, fuhr ihm ein Schauder freudiger Erregung über den Rücken. Und wieder finde ich, dass man den Jungen Mann dafür nicht tadeln sollte.

Das Flugzeug verlieh dem Ganzen noch einen Hauch von Ironie. Der Junge Mann fragte sich, welcher Kämpfer es wohl gebastelt hatte. In seiner Phantasie überflog es tausend englische Gärten voller Kinder, und der Pilot sprang ab, wenn ein Steinwurf oder eine Division Vogelscheuchen solches erforderten. Dann irrte er stundenlang hinter den feindlichen Linien umher, versteckte sich in den Schatten der Maisstengel vor Spinnweben und hungrigen Maulwürfen und wurde schließlich von einem kleinen Mädchen gerettet, die ihn in eine Baumwurzel verkeilt an einem Bach fand.

«Armer Soldat», sagte sie. «Armer kleiner Soldat. Du hast dir so viel Mühe gegeben, nicht wahr, und alles vergebens.» Und sie wiegte ihn in den Armen, aber er weinte nicht, da er ja aus Holz war.

Er wusste, dass er letzten Endes verrotten oder verbrennen oder irgendwo zwischen ihren abgewetzten Stofftieren verloren gehen würde (jenen anderen von Liebesbeweisen und Tränen fleckig gewordenen Flüchtlingen aus dem Land der Tagesdecke, die die Welt aus verkratzten Glasaugen anstarrten), oder das Mädchen wuchs heran, und auch wenn sie erst noch ängstlich war, weil das Fahrrad keine Stützräder mehr hatte, kam irgendwann der Tag, an dem sie keine Angst mehr hatte herunterzufallen, und seither war sie zu groß, um sich die *Nur-so-Geschichten* vorlesen zu lassen, und war auch seiner überdrüssig geworden, weil er nichts

Neues darstellte. Die Zukunft würde nichts Gutes bringen, so viel stand fest. Er beschloss daher, aus der Gegenwart das Beste zu machen. Vielleicht würde sie ihm Puppenkleider kaufen oder ein Spielzeuggewehr …

Doch die Tage zogen vorüber, die Zeiger der Uhr drehten sich, und er vermisste sein Holzflugzeug. Der Blick aus dem Fenster schien unverändert, auch wenn die Blätter rot und gelb wurden und dann vertrockneten und herabfielen, und die Kinder kamen mit ihren Büchern im Arm aus der Schule zurück und gingen um die Hausecke, bis sie im goldenen Blätterschein verschwanden; es war ja eigentlich sehr schön, neben dem Kamin zu sitzen, aber die Hitze trocknete ihn aus und verformte ihn. Es war schon sehr angenehm in ihrem Bett, aber manchmal landete er unter einem der Kissen, wo er kaum noch Luft bekam, oder sie schubste ihn achtlos mit dem Ellbogen. Selbst Holz hat Gefühle, auch wenn seine Gedanken so leer waren wie die ausgebombten Dörfer, deren Dachbalken Schatten warfen wie Galgen; Schutt und Leere breiteten sich in den dachlosen Zimmern aus, deren geborstene Mauern immer noch merkwürdig glatte Kantenabschlüsse hatten; und durch die Türen und Fensterhöhlen konnte er die Berge sehen, in die die Überlebenden wohl geflohen sein mochten. – Eines Tages sagte er sich, er müsse sich auf den Weg machen (zumindest hätte er das gesagt, wenn sein Mund nicht nur aufgemalt gewesen wäre). Er trat hinaus in den Regen und entdeckte seine abgeschossene Maschine auf einem Stoppelfeld. Mit Blättern und Gummibändern führte er ein paar notdürftige Reparaturen aus und machte sich wieder daran, seinen Auftrag auszuführen, der da lautete, von Punkt A nach Punkt B zu gelangen. Er durchquerte den Luftraum der Hinterhöfe weißer Häuser, erhaschte manchmal einen Blick auf Kinder, die Klavier übten, oder auf die Familien, die zusammen in ihren bunten Automobilen saßen …

Was wäre nun das traurigere Schicksal – immer und immer wieder von derselben Person gerettet zu werden und festzustellen, dass die immer häufiger werdenden Trennungen sie immer distanzierter und uninteressierter werden lassen, oder für immer durch einen Nachmittag über all die Gärten hinwegzufliegen und von verschiedenen Mädchen gerettet zu werden (so der Traum eines jeden Jungen Mannes), so dass ihm nur die Vertrautheit eines unvertrauten Ellbogens im Bett bleibt und das Wissen, der Nachmittag wird immer so weiter gehen, bis er irgendwann zerbricht? – Im zweiten Fall würde er zumindest irgendwo hinkommen; wohingegen die immer wiederkehrende Rettung durch seine erste Liebe hieße, Kreise über ihr Haus, das Feld und den Bachlauf zu drehen (nicht dass dagegen prinzipiell etwas einzuwenden wäre: Ein Winddrachen ist nicht unglücklich darüber, an einer Schnur zu hängen).

Das Flugzeug neben dem *charpoy* des Jungen Mannes hatte keinen Piloten. Ihm musste wohl etwas zugestoßen sein. Entweder war er umgekommen oder er war für immer gerettet worden. Natürlich wird jeder für immer gerettet (wenn man umkommt). Aber ist es nicht besser, dem Tod etwas voraus zu sein, um Dauerhaftigkeit zumindest aus eigener Kraft angestrebt zu haben?

Das Flugzeug kreist noch immer jeden Nachmittag über dem Guerillalager, nur für seinen Piloten muss irgendwann einmal die Stunde gekommen sein, in der die Lichter angingen und die Kinder sich bettfertig machten und nur noch Zeit für eine einzige Notlandung blieb.

Hilflosigkeit [8]

Der Tag neigte sich dem Ende zu. Die Schlacht wurde verschoben. Ein kleines Scharmützel hatte stattgefunden mit ein paar von Gulbaddins Männern, berichtete der Arme Mann; es gab einen Verletzten. Der Kommandant in Blau bereitete dem Jungen Mann ein köstliches Essen aus Tomaten, Gurken, Zwiebeln und Paprika, in dünne Scheiben geschnitten und gesalzen.

Schatten schoben sich über den roten Hügel jenseits des Tals. Der Nachmittag des Jungen Mannes ging zu Ende. Als er schließlich seinen Nachtflug durch die Wolken des Schlafs antrat, saß er umringt von roten Lämpchen im Cockpit, den Schalter zum Bombenabwurf in der Hand, eine Abwehrmaßnahme gegen Albträume, doch während er weiter und weiter flog, wurde ihm klar, dass jeder, der ihn im Ernstfall hätte retten können, schon lange im Bett lag; dass die Felder und Gärten in der Dunkelheit ausgetrocknet, rissig und zu riesigen Bergen geworden waren, zu einem ganzen Hindukusch. Sand und Schnee und eisige, schmutzige Bäche rings um ihn, kein Mond in Sicht, und die *Rus* fingen den Tenor seiner nächtlichen Gedanken mit ihren elektronischen Geräten auf – und es wurde ihm klar, dass er endlich das Ziel der letzten Jahre erreicht hatte – sich selbst in allergrößte Schwierigkeiten zu bringen.

Er stellte sich vor, wie er zusammen mit den Mudschaheddin von einer Patrouille der *Rus* in einem sandigen Graben gefangen genommen wurde. Sie mussten sich ergeben und wurden entwaffnet. Dann wurden die Gefangenen vor ihm der Reihe nach mit dem Maschinengewehr erschossen. Würde er «Ameriki» sagen – erst leise, aus Scham, dann laut gellend, damit ihn alle hörten; würden die zum Tode verurteilten Mudschaheddin ihm dann voller Verachtung den Rücken zukehren, weil ihn die Wachen verständnisvoll beiseite zogen und ihm zu trinken gaben, bevor sie ihn das erste Mal verprügelten und für seinen Fernsehauftritt als Spion zurechtmachten, während man zur gleichen Zeit die ernst «Allah, Allah» murmelnden Mudschaheddin exekutierte? – Oder würde er laut darauf bestehen: «Yah – Afghan!», wenn ihn die Wachen zur Hinrichtung schleppten, und während er gerade seine Brille versteckte, um seine Andersartigkeit zu verbergen, würde der fanatische Gholam Sayed, der nicht zugelassen hatte, dass der Junge Mann Suleiman im Ramadan Medizin gab[*], den Wachen zurufen: «Mister Uilliam – *Kaffir, na Muslim!*»[**], so dass er noch nicht mal die Befriedigung einer standhaften Haltung verspüren könnte? Was, ach was wäre schlimmer gewesen?

Hilflosigkeit [9]

Der Kommandant in Blau lud den Jungen Mann ein, sie bei dem Überfall zu begleiten. Der Junge Mann lag auf seinem *charpoy*, versuchte die Fliegen zu ignorieren und wartete darauf, dass die Sonne aufging und der Einsatz begann. Um halb fünf in der Früh trank er im Baumhaus Tee und aß Eier, während der Kommandant in Blau ins Blattwerk hinausspähte. Um Viertel vor sieben kam Elias zu ihm. – «*Alutuka – Chakar!*», rief er. Schon gut, schon gut, dachte er, aber der alte Mann packte ihn immer wieder am Arm und rief, also zog er die Schuhe an, nahm einen Fotoapparat und er-

---

[*] Tatsächlich besagt der Koran, dass Kranke, Reisende und Krieger im Dschihad das Fasten brechen und später nachholen dürfen. Suleiman wäre also dreifach berechtigt gewesen, die Medizin zu nehmen.
[**] Mister William ist ein Ungläubiger, kein Moslem.

klomm den roten Hügel. Wie sonst befand sich dort nur eine Gruppe von Mudschaheddin, die Schießübungen machten. Sie waren erstaunlich gute Schützen. Vielleicht war er bloß nicht schnell genug gewesen, um das Flugzeug zu sehen.

Hilflosigkeit [10]

Sie sollten um zehn Uhr in den Kampf ziehen. Um zwanzig vor elf schlief das ganze Lager. Der Kommandant in Blau, jene unerschöpfliche Quelle an Kebabs und Trost, lag in seinem Baumhaus in ein Tuch gewickelt. Heute würde es keine Ausflüge für den Jungen Mann geben, keine Besichtigung des Luftabwehrgeschützes, keine UNICEF-Tabletten aus kondensierter Milch mit Zuckerglasur, die ihn aufmuntern sollten, kein Armer Mann, der ihn belästigte. Zumindest waren neue Gäste eingetroffen, die Granaten nach Herat transportierten und die Aufmerksamkeit seiner Fliegen auf sich zogen. Der Himmel war wolkenlos. In anderthalb Stunden war es Zeit für den jämmerlichen staubigen Regen.

Der rote Hügel [7]

Der Hügel war so rot eigentlich nicht, eher ockerfarben. Er bestand aus einer Abfolge von unscheinbaren Rundungen, die nur gelegentlich etwas Abwechslung boten, wie die russischen und bulgarischen Dosen, die Quelle, die Steinwälle, die Schießkuhlen, die Blindgänger. Eigentlich interessierte ihn der Hügel bloß deshalb noch, weil er ihn länger zu betrachten vermied. Er hatte das Gefühl, sollte ihn der Hügel jemals richtig langweilen, würde er ernsthaft in Schwierigkeiten geraten. Tag für Tag saßen Suleiman und Elias dort oben hinter den staubigen Bäumen und beobachteten die *Rus* durch ihre Ferngläser, ihre Kalaschnikows glänzten in der Sonne, jede einzelne Einkerbung der gebogenen Magazine zeichnete sich in kostbarem Silber in der Sonne ab, die hölzernen Kolben glänzten und glühten, und die Sonne stach weiß auf die Käppis und Nasen und Stirnen der beiden Männer hinunter, und es sah so aus, als würde die Welt direkt hinter ihnen zu Ende gehen, weil sie genau an der obersten Spitze des Hügelkamms saßen. Dahinter verschwanden weit unten die Berge in einem weit entfernten sonnenstaubigen Gekräusel blaugrauer Dünen wie Wellen der Unendlichkeit; in diesem Meer tummelten sich die *Rus*. Und Suleiman und Elias lauerten wie Angler auf den Fang.

Der Junge Mann lag auf seinem Bett und wich den Fliegen aus, deren wütend jammerndes Gesumme ihn ständig aufforderte, sie zu erschlagen. Die Singvögel in ihren Rohrkäfigen sangen träge Lieder. Gholam Sayed saß da und las mit dem Gestammel eines nur halb Lesekundigen im Koran. Vom Hügel drang ein Gewehrschuss herüber – sicher ein Mudschahed, der so spät noch übte. Eine Brise strich durch die sauren Trauben, und das Holzflugzeug bewegte sich. Bald würde es Nachmittag sein.

Der Mann auf dem Bett neben ihm rührte sich, nahm sich das Leinenhemd vom Gesicht, kratzte sich den Bart und schlief weiter.

Der Junge Mann überlegte, ob er leise aufstehen und noch ein letztes Mal den roten Hügel erklimmen und von da aus weitergehen sollte bis in die Wüste, wo die Städte waren und die Panzer. Was machten die *Rus* gerade? Wie wäre es wohl, wenn er ihnen begegnete? – Oder mal angenommen, sie kämen hierher; mal angenommen, etwas Glänzendes würde sich über den Kamm des roten Hügels schieben: ein Gewehrlauf, ein Geschützturm, ein Panzer mit einem roten Stern ...?

«Mister», sagte der Arme Mann und kam zu ihm herüber. «Russische Soldaten kommen hierher. Fünfhundert Panzer. Morgen kämpfen wir.»

«Oh», machte der Junge Mann.

«Sie bereit? Ihre Beine jetzt gut?»

«Sehr gut.»

«Wir gehen früh los.»

Der Junge Mann ließ sich auf sein *charpoy* sinken. Rings um ihn verschliefen die Männer den Nachmittag. Der Junge Mann konnte nicht schlafen. Als eine Brise aufkam, kletterte er an Bord des hölzernen *alutuka* und flog über den roten Hügel. Er flog sehr lange. Schließlich wurde er von einem Abfangstrahl erfasst, und das Flugzeug zersplitterte. Sie fanden ihn ein paar Meter neben dem Wrack, schoben ihn in einen schwarzen Jeep und brachten ihn zum Kommandanten in Rot, der geschworen hatte, seinen Gegenspieler, den Kommandanten in Blau, umzubringen. Mit einem Zwinkern seines slawischen Auges hatte er dem Jungen Mann einen Wodka eingeschenkt, oder was die Russen in Afghanistan sonst tranken. (Der General hatte gemeint, viele der *Rus* seien haschischabhängig.) Dann war es Zeit, über das Geschäftliche zu sprechen.

«Wo genau befindet sich also das Rebellenlager, aus dem Sie gekommen sind?», würde der Kommandant in Rot sagen.

«Wenn ich Ihnen das verrate, vernichten Sie es.»

Der Kommandant in Rot zuckte mit den Schultern. «Vernichten, befrieden, vom Feudalismus befreien», meinte er, «sagen wir mal, wir machen es so sicher, dass wir es aufsuchen können.»

«Und wenn ich es Ihnen nicht verrate?»

«Wir sind doch beide kluge Menschen – das muss ich Ihnen doch nicht erklären.»

«Wissen Sie», sagte der Junge Mann, «ich habe dort gute Freunde.»

«Freunde? Was haben die denn je für Sie getan, was wir nicht können? Ich wette, Sie mussten sogar den ganzen Weg *laufen*!»

Das war tatsächlich der wunde Punkt des Jungen Mannes, denn der Brigadier hatte ihm ein Pferd versprochen, und als er dies dem Armen Mann sagte, während er den Berg hinaufkeuchte, reichte ihm der Arme Mann ein Stück Schnee gegen den Durst und schimpfte den Brigadier einen Hundesohn. «Er lügt!», fuhr der Arme Mann fort; «er hat mir nichts davon gesagt! Er hat nichts zu sagen; er ist kein Anführer; er ist CIA; er ist KGB!» Das Ganze war also die Schuld des Brigadiers. Oder seine eigene. Oder die von jemand anderem. Als er immer erschöpfter wurde und die Mudschaheddin fragte, wie weit es noch sei, meinten sie: «*Tsalor* Kilometer!», und wenn er vier Kilometer gelaufen war und sie fragte, wie weit noch, meinten sie: «*Pindsah* Kilometer!», und wenn er auch diese fünf Kilometer gelaufen war und sie fragte, wie weit es denn noch sei, meinten sie zwei, dann sechs, dann einen, dann noch einen, dann sieben … – Dennoch, der Junge Mann war kein Benedikt Breschnew. Jedenfalls hoffte er das nicht.

Während des abendlichen Essens, das er sich mit dem Kommandanten in Blau teilte, färbte sich der rote Hügel langsam orange, wie auf einem Foto der Marsoberfläche.

Nein, es war vollkommen unmöglich sich vorzustellen, wie es in Afghanistan wirklich war.

Der rote Hügel [8]

Und dann zogen sie über den roten Hügel in die Schlacht. Doch wie sich herausstellte, handelte es sich nicht um einen roten Hügel, sondern um eine ganze Hügelkette, und sie marschierten stundenlang, ohne auch nur einem einzigen *Rus* zu begegnen. An einer Stelle mussten sie sich ganz still verhalten und am Fuß eines düsteren roten Steilhangs, wo das Rauschen eines Bachs widerhallte, auf Zehenspitzen schleichen. Auf der anderen Seite warteten angeblich die Panzer des Feindes. Doch sie hörten nichts, abgesehen von einem leisen Summen, das entweder der Einbildung des Jungen Mannes entsprang oder ein Phänomen der Höhe war. Während er mit den Kämpfern einen roten Hügel nach dem anderen überquerte, schaute er zum Himmel hinauf, entdeckte aber nicht einen Helikopter, nicht mal eine Wolke. Vielleicht waren sie gar nicht in Afghanistan. Vielleicht waren die *Rus* schon lange an irgendeiner Seuche gestorben, wie Wells' Marsianer, und die Mudschaheddin machten sich einen Heidenspaß daraus, durch ihre Wüstenei zu stapfen und mit Feuerwerkskörpern aufeinander zu schießen.

Dann sah er sein erstes *alutuka*.

Sie gingen am Ufer flussabwärts. Nach einer Weile sahen sie überall verstreut liegende Granatäpfel und reife rote Feigen, und die Trauben waren so gut, dass die Dorfhunde sich auf die Hinterläufe stellten und sie fraßen. In der Nähe des Dorfes, wo sich die sowjetische Kaserne befand, machten sie unter den Bäumen Rast, rollten ihre Matten aus und beteten neben ihren Maschinengewehren, jeder auf seine Art. Immer wieder fragten sie den Jungen Mann, wie es ihm ginge. Elias und Suleiman umarmten ihn. Der Arme Mann beobachtete durch sein Fernglas lange eine uralte Festung aus

Lehmziegeln, doch dort rührte sich nichts. Sie saßen hinter den Bäumen und warteten darauf, dass die Hitze des Tages wich. – «*Rus*», flüsterte Suleiman und wies über den Hügelkamm. Elias hockte wieder auf seiner Decke und betete, sein Kopf berührte den Kolben seiner Kalaschnikow, und der Granatwerfer hockte da wie eine Gottesanbeterin; eine einzelne Granate zeigte gen Himmel. Die anderen Kämpfer warteten geduldig. – Endlich legte sich die Dämmerung über das Land, und die Männer wappneten sich für das, was auf sie zukam. Sie beteten erneut. Der Arme Mann führte sie ins Dorf und trat nur auf die Begrenzungssteine, um die Ernte nicht zu beschädigen. Das Dorf träumte unter weit ausladenden Feigenbäumen vor sich hin. Die Häuser waren aus Lehm. Die Mudschaheddin verneigten sich vor dem Malik, der ihnen vergorene Milch und in Öl gebratene Bohnen brachte. Dann saßen sie da und warteten. Schließlich war es finster, und ein unheimlicher, stiller Schwarm blinkender Lichter erhob sich in die Luft. Flugzeuge. Sie warteten. Vor ihnen erhob sich ein roter Hügel (der nun im Mondschein eine sanfte schwarze Masse bildete). Sie wanderten an den Reisfeldern entlang und achteten darauf, keine Pflanzen zu zertreten. Rings um sie herum zirpten die Grillen.

Bericht des Armen Mannes (Fortsetzung)

«Warum kämpfen Sie?»
«Ich kämpfe nicht für mich; ich kämpfe nicht für Afghanistan; ich kämpfe nur für Gott.»

Der rote Hügel [9]

Auf der Hügelkuppe vor ihnen blitzte es auf. Der Arme Mann hatte das Feuer eröffnet. Der Junge, der den Raketenwerfer trug, rannte selig lächelnd zu ihm hin. Ein sowjetisches Geschoss explodierte laut krachend in ihrer Nähe. Dem Jungen Mann war kalt. Er sah sich um. Seine Gefährten waren glücklich. Ein weiteres Geschoss schlug ein und schleuderte Steine auf. Der Junge bereitete den Raketenwerfer vor, und die anderen Mudschaheddin feuerten. Ihre Schüsse klangen wie das Geräusch des Diaprojektors in der Dunkelheit, wenn der Junge Mann das Magazin weiterfuhr und Bild um Bild in den Abgrund aus Licht stürzen ließ (nach mehr als zehn Sekunden, sagt man, können die Farben der Dias verblassen, und jetzt sind es schon elf Jahre!); die Mudschaheddin feuerten, und dieser lange Augenblick war der Grund meines Kommens; was soll ich noch mehr sagen, sie kämpften und ich nicht; in jenen endlosen nächtlichen Augenblicken voller Freude angesichts des Todes erfüllte sich ihr Lebenszweck, und ich bin der festen Überzeugung, dass sie keine Angst hatten; sie hatten ihren Fluss schon vor so langer Zeit überquert, dass ich sie mir eigentlich nur als strahlende Helden vorstellen konnte, so strahlend wie Erica auf der anderen Seite des Wassers; sie waren über den roten Hügel gekommen; das war alles, was zählte.

Bericht eines Mudschaheddin-Kommandanten, Jamiat-i-Islami

«Welche Waffen brauchen Sie am dringendsten?»
«Für die Luftabwehr. Bekommen wir Luftabwehrraketen, werden Sie schon erleben, was wir den russischen Eindringlingen für eine Lektion erteilen!»

«Wie ist die Versorgungslage in Ihrem Teil des Landes?»

«Sehr schlecht.»

«Was werden Sie tun, wenn Sie nichts von dem bekommen können, was Sie brauchen?»

«Vielleicht bringen wir uns um, aber wir werden uns niemals ergeben.»

13. Im Zug (1982)

Willkommen die Rote Armee in Afghanistan!
Nieder mit der islamischen Reaktion!
Nein zum Schleier!
Lasst die Wohltaten der Oktoberrevolution
auch den Völkern Afghanistans zuteil werden!

Spartakistisches Flugblatt, USA

Im Zug

Am Ende seiner Reise nahm er den Khyber Mail Express
zurück nach Karatschi – aus finanziellen Gründen diesmal
zweiter Klasse (Preis etwa 130 Rupien). Ihm fielen wieder die
Schrecken des City-and-Cantt-Bahnhofs von Karatschi
ein: – die irr blickende Frau, die eine Hand ausstreckte, sie
langsam zum Mund führte und dann mit den Worten wieder ausstreckte: «Geben Sie mir nur für Essen – nur für Essen!»; das leise, beharrliche: «Hallo, Mister? Hallo? He, Mister!», das immer lauter wurde, während der Junge Mann
weiterging, bis es ein verzweifelter Schrei war; die wutver-
zerrten Gesichter der rot uniformierten Kofferträger, wenn
er seinen Rucksack umklammerte; und ständig diese Menschen, die ihn unentwegt anstarrten und ihn wie Fliegen
umschwirrten, wenn er langsamer wurde, alte Männer, die
ihre Angebote an Hotels, Fahrgelegenheiten und Haschisch
herausbrüllten, schmutzstarrende Kinder, die mit warten-
den Händen dastanden, und alle riefen, er möge ihnen helfen, bis er sie vor lauter Wut hätte umbringen können.
Der Postzug war noch voller als sonst, denn es war *Eid*, ein
Feiertag zum Ende des Ramadan. Die zweite Klasse bestand
nur aus Holzbänken. Männer schliefen zwischen Rückenlehne und Gepäckablage gezwängt und ließen einen Großteil ihres Körpers quasi in der Luft schweben. Andere lagen
übereinander auf dem Boden und schubsten sich gegenseitig im Schlaf. Wollte man auf die Toilette, hieß es auf Köpfe
oder Finger treten. (Es gab kein Klopapier, und der Türknauf
war von Fäkalien verschmiert.) Hatte man mit Glück eine
Sitzbank erwischt, dann drückten einem zwei, drei Köpfe
schwer wie Kanonenkugeln gegen die Knöchel; ein anderer
legte einem lässig seine Beine auf die Schultern; wieder ein

anderer ruhte mit seinem Kopf auf deinem Oberschenkel – und hinter dir auf der Bank ausgestreckt lag ein weiterer Schläfer, so dass alle anderen, deine Person eingeschlossen, an der Kante sitzen mussten. Als der Junge Mann seine Position nicht mehr aushielt, legte er sich zu den anderen auf den Boden. Ein Mann drückte sich im Schlaf heftig an ihn und schob ihn schräg gegen die Gesichter der anderen Schläfer. So schlief er eine halbe Stunde. Als er es dies auch nicht mehr ertrug, setzte er sich auf den Boden. Über ihm, wo er auf winzigem Raum gesessen hatte, zeigte ein Stapel Füße in alle möglichen Richtungen – fünf, sechs Paar, eins auf dem anderen.

Eine Bekanntschaft bot dem Jungen Mann einen Platz auf einer der oberen Kojen an. Er akzeptierte dankbar, denn dort oben an der Decke gab es kleine olivgrüne Ventilatoren. Allerdings stellte er sofort fest, dass sie nichts brachten. Wenn er seine Hand direkt vor das Gitter legte, konnte er gerade mal einen leichten Lufthauch spüren.

«Sind Sie verheiratet?», fragte sein Reisegefährte schüchtern.

«Bald», antwortete er.

Das erregte den Burschen offenbar, denn der Junge Mann spürte, wie dessen Hand vorsichtig gegen seine Rippen drückte. Es war drei Uhr nachts. Er schob die Hand fort und stellte fest, dass es sich um den Fuß eines anderen Höhenschläfers handelte.

Kaum war er in den Zug gestiegen (Zahid, der Sohn des Generals, hatte ihn zum Bahnhof gebracht und seinen Waggon gesucht), floss ihm der Schweiß übers Gesicht, wie bei allen anderen auch, so schwül war es von all den Leibern. Während der zwei Nächte dauernden Fahrt wurde es nur noch schlimmer. Bei jedem Halt des Zuges verstummten die Ventilatoren und die Lampen gingen bis auf die Notbeleuchtung aus. Es handelte sich um einen Expresszug, aber anders als die jugoslawischen Züge gleicher Bezeichnung hielt er nicht an jedem Bahnhof – sondern nur an jedem dritten. Der Junge Mann bekam fürchterlichen Durst. Selbst die Schönheit oder die Liebe gewähren in den seltensten Fällen ein solches Vergnügen, wie es derjenige empfindet, der endlich seinen Durst löschen darf; nur wenige Bedürfnisse sind quälender. An den mitternächtlichen Haltestellen entdeckte er manchmal (in den größeren Ortschaften des Pandschab) einen Mann, der wie ein Barkeeper die Fanta- und Coca-Cola-Flaschen hütete, wobei die Flaschen längst nicht so kühl waren wie am Tage, wenn steife alte Männer mit traurigen Gesichtern die Züge entlangschlurften, einen Eimer in Eis gepackter Flaschen im Schlepptau, und riefen: «*Bottali! Bottali! Soda! Yaukh!*»* («*Bottali*» klang in seinen Ohren wie Käfer oder Insekten) – nein, dort herrschte nur dreckige, dunstige, feuchte Nacht, während sie durch die Bauernprovinz zuckelten, und der Mann mit seinen Flaschen hinter der Theke weigerte sich, ans Abteilfenster zu kommen – und nie ließ sich vorhersagen, wie lange der Aufenthalt dauern würde – eine Viertelstunde? Eine halbe Minute? –, aus dem Fenster zu klettern war sehr riskant, also unterließ er es.

Der Junge Mann hatte den Weg vom Ort des Überfalls zurück zum Lager mit vier Freunden unternommen, die ihm zuliebe den Dschihad unterbrachen (wie es schien, war er in jeder Hinsicht nur eine Last). Die letzten zwei Stunden des Weges waren sehr steil; es war *der möskel*, sehr schwierig. Er fiel immer weiter zurück und bedeutete ihnen, sie sollten vorgehen; bald war er allein und wanderte über unbekannte Hügel. O Gott, dachte er, jetzt irre ich durch Afghanistan und habe kein Wasser. Er ging weiter; nach einer Weile er-

---

*   «Flaschen! Flaschen! Soda! Kalt!»

kannte er ein Orientierungsmerkmal, eine Aussicht, die er tagelang durch seine Telelinse betrachtet hatte, während er die Panzer beobachtete, also ging er weiter, bis auch die Blickrichtung stimmte. Er sah den Saum der bewaldeten Hügel vor sich und wusste, dass er es geschafft hatte. – *Tschina, tschina,* sagte er immer wieder bei sich und leckte sich die Lippen: – Quelle, Quelle.

Plötzlich sah er zwei seiner Begleiter dreißig Meter unter sich. Die Sonne ging bald unter. – «*Asalamu alaykum*», sagte er. Sie hatten ihn schon überall auf den Hügeln gesucht. – «*Uilliam, Uilliam*», seufzten sie gutmütig. – Er entschuldigte sich bei ihnen. – Einer seiner Freunde stützte ihn mit starker Hand beim Abstieg des letzten Hügels. Der Junge Mann war nahezu am Verdursten. Er küsste dem Mudschahed die Hand mit seinen blutigen Lippen. An der *tschina* trank er erst einen Liter *obah*, dann beruhigte er sich und trank reichlich, aber vorsichtig. Auf den letzten hundert Metern vor der Quelle hatte er nur noch gedacht: Ich bin ja so glücklich, ich bin ja so glücklich, ich bin ja so glücklich.

Im Zug war er zwar nicht ganz so durstig, aber immerhin durstig, und es war schwer, an irgendetwas anderes zu denken. Der Zug hielt an einer kleinen Bahnstation; ein Bananenverkäufer kam vorbei. Der Junge Mann zischte, wie es die Pakistanis machten.

«Hello», sagte der Bananenhändler auf Englisch.

Bananen waren ungefährlich; man konnte sie schälen. Und innen drin waren sie feucht. Der Junge Mann fühlte einen großen kratzigen Klumpen im Hals.

«Bananen», krächzte er, weil er das Wort auf Pandschabi nicht wusste.

Der Verkäufer ging zurück zu seinem Karren und schob ihn an den Gleisen entlang zum nächsten Wagen. Der Junge Mann zischte und zischte, doch ohne Erfolg. Schließlich fuhr der Zug langsam los, und er kam wieder an dem Mann vorbei. Er reckte ihm kläglich einen Fünf-Rupien-Schein hin. Der Bananenverkäufer starrte ihn an, sagte etwas und drückte ihm ein riesiges Bund Bananen in die Hand – es müssen mindestens vierzig Stück gewesen sein. Der Zug fuhr weiter. Offenbar benutzten die meisten Menschen sonst nur Ein-Rupien-Scheine für eine solche Transaktion.

Einige Mitreisende im Abteil waren aufgewacht und lachten gutmütig über ihn und seine vielen Bananen. «Okay», sagten sie fröhlich zu ihm. «Okay.»

Die Bananen waren saftig und süß. Er aß mindestens zwanzig Stück davon gleich auf der Stelle, um seinen Durst zu stillen, und verschenkte einen großen Rest im Laufe der nächsten Stunden.

Einer der Männer hatte eine Flöte dabei. Er saß auf einer Rückenlehne und spielte. Die Flöte war wunderschön geschnitzt und mit Farbringen verziert.

«Möchten Sie?», fragte der Flötenspieler, als er mitbekam, dass der Junge Mann ein paar Brocken Paschtu konnte.

«Ja, sehr. Sehr gut. Wie lange spielen Sie?»

«Zehn Jahre. Für Sie. Geschenk. Nehmen Sie mit nach Amerika.»

«Ich kann sie nicht spielen. Nicht verstehen Flöte.»

Sie versuchten ihm beizubringen, wie man sie spielt. Eine halbe Stunde versuchten sie es. Er bekam nicht einen einzigen Ton heraus. Sie lachten und lachten; es war ein Spiel. Er lachte mit. Nach einer Weile versuchte ein anderer Mann sein Glück. Er bekam auch nichts heraus. Sie lachten alle.

Sie kauften ihm den ganzen Tag Limonade und Essen (*dordai* mit Zwiebeln und wenigen Tomatenstücken und als Hauptgang Brocken von Maismehl in Curryöl gebraten). Wenn er sich bei ihnen bedankte, wirkten sie leicht verletzt und sagten: «Aber das ist doch unsere Pflicht!»

Über Gastfreundschaft:

1. Ist man zu jedem gastfreundlich, heißt das, die Gastfreundschaft ist weniger wert, weil es einem egal ist, um wen es sich handelt, oder ist sie mehr wert, weil man sich wirklich um alle sorgt?

2. Schließt man Russen, Ungläubige usw. aus, wertet das die Gastfreundschaft auf oder ab? (Sartre sagt, zwei Menschen bilden eine Gemeinschaft, indem sie einen Dritten ausschließen.)

Man liebt nie so umfassend, wie man sollte, und man wird jene nicht lieben, die einen zu vernichten suchen, aber es ist möglich zu lieben (vielleicht, schränkte der Junge Mann ein und schluckte schwer). Klick, nächstes Dia: Seine erste Nacht im Hotel Excelsior, das sie Hotel Exercise nannten; auf der anderen Straßenseite, vor dem State Hotel, schliefen die Menschen draußen auf Tischen; und was ich heute so erstaunlich finde, ist, wie erstaunt er war, denn damals gab es noch nicht so viele Menschen in seinem eigenen Land, die so schlafen mussten; führe ich jetzt nach Pakistan, würden sie mir wahrscheinlich nicht mal sonderlich auffallen.
Über die Afghanen:

Sie haben so ihre Macken, aber die haben wir auch. Wir sollten ihnen geben, so viel wir können. Und annehmen, was immer sie uns geben können.

So schrieb und dachte er wirklich; ich finde das heute so süß, als ob ein Kind das geschrieben hätte. Er hatte das Gefühl, reich zu sein; er musste sein Notizbuch und seine Kassetten, die voller gewichtsloser Informationen waren, bloß noch verstehen. Er würde sie durchkämmen wie einen verfilzten Haarschopf, wenn er erst mal seine lang- und feinzähnigen

Analysemethoden ausgepackt hätte. Jetzt, wo die Sowjets wieder abgezogen sind (ob sie zurückkehren oder nicht, sei dahingestellt), ist es schon komisch, wie viel davon wertlos geworden ist.

Über die Pakistanis:

Dasselbe.

Es war bewölkt, als der Junge Mann in Karatschi-Cantt ausstieg. Alle boten ihm Unterkünfte an, doch er ging lieber in eine Jugendherberge und trank eine Sprite nach der anderen, bis sein pakistanisches Geld aufgebraucht war. Dann lag er da und lauschte dem Ruf zum Abendgebet.

«... *wie frommes viktorianisches Kriegsgeschrei ...*», schrieb die *Süddeutsche Zeitung*, als sie den deutschen Luftraum verließen und der Junge Mann wieder nach Hause flog wie der sprichwörtliche Ball ins Aus. – «Wir bitten die Turbulenzen zu entschuldigen», sagte der Kapitän. – Den Jungen Mann störten sie nicht. Sie hielten ihn wach. Aber sein Blick fiel immer wieder auf seinen Bauch, wo er spürte, wie die vertrauten Krämpfe wieder einsetzten – kam das von diesem Weinblattdingern aus dem türkischen Geschäft oder rumorte einfach nur sein ungläubiger Darm angesichts von Konservierungsstoffen, Fleisch und Käse? Aus irgendeinem Grund war er auf Flügen immer unheimlich hungrig, und es gab nie genug zu trinken – das halbe Glas besteht aus Eiswürfeln, und nach zehn 7-Ups pro Tag in Pakistan brauchte er das, und wie er das brauchte – selbst die Klimaanlage schien nur Täuschung zu sein, und sein ganzer Körper konnte gar nicht anders, als sich gegen den Schock zu wappnen, der doch kommen musste, wenn dies alles vorbei war, wie damals, als er aus Levis Wagen stieg oder aus der Habib-Bank kam oder aus dem American Center und in die Wirk-

lichkeit des guten alten P-Peschawar trat – er war zu krank
und erschöpft, um schon die nächsten Schritte seiner Hilfe
für Afghanistan zu planen*, und jedes Mal, wenn sich ein
Härchen auf seinem Kopf rührte, hob er die Hand und rech-
nete damit, eine Schar Fliegen aufzuscheuchen. Wenn er die
Augen schloss, sah er nicht das schmale Café in Peschawar
vor sich, auf dessen Theke langhalsige Flaschen mit Mango-
sirup und Rosenwasser standen und wo im Kühlschrank
(der innen gar nicht kühl war) mit der wunderbar durch-
sichtigen Doppeltür die Fächer mit Sprites und Fantas gefüllt waren; dort saßen die Gäste mit dunklen Schnurrbär-
ten und weit geöffneten und großzügigen Augen, und immer gab es einen, der dem Jungen Mann eine Limonade
spendierte, wenn er hereinkam; es sollten Jahre vergehen,
bis er auf den Gedanken kam: Was, wenn ich allen eine Limonade spendiert hätte? – Das wäre so ungefähr alles gewesen, was ich hätte tun können – aber nein, er hatte selbstsüchtig alles im Namen der Selbstlosigkeit gehamstert, wie
damals in Afghanistan, als die Mudschaheddin mit ihm unter einem Baum saßen und eine indische Rock 'n' Roll-Kas-
sette hören wollten und er ablehnte, weil er die Batterien für
die Interviews schonen müsse; die Interviews schienen die
einzige Möglichkeit, Hilfe zu organisieren (man muss ihm
zugute halten, dass er deswegen zumindest ein schlechtes
Gewissen hatte – er war wirklich nicht knauserig, auch wenn
er sich vielleicht so verhielt; er war von sich überzeugt, so
wie die Pakistanis und Afghanen überzeugt waren, die jeweils anderen seien dreckiger). Das Flugzeug setzte zur Lan-
dung auf dieser – INSEL an, dieser – ULKIGEN, diesem –

---

* «Bill», schrieb der General sechs Monate später, «werden Sie bald gesund.
   Wenn die amerikanischen Ärzte Sie nicht gesund machen können – kommen Sie nach Pakistan zurück, wir kümmern uns um Sie. Das Wetter ist
   schön und kalt. Weihnachts- und Neujahrsgrüße von uns allen. Möge das
   neue Jahr Glück und Wohlstand bringen. Lesen Sie noch immer im Koran?»

GLANZ UND GLORIA –, wo Sport und Wetter das Bindeglied bei allen Themen darstellen und wo die Menschen *Heim & Garten* lesen (und schau dir mal dieses wunderschöne, unverschleierte Gesicht der jungen Frau auf der anderen Gangseite an!), und nun waren sie alle in diesem – ENGLAND … Der Junge Mann hatte fast vierzehn Kilo abgenommen. Er hatte etwa zwölfhundert Dias gemacht, von denen die meisten wertlos waren. Demnächst würde er damit beginnen, seine Afghanistanhilfe zu organisieren, Diavorträge, zu denen kaum ein Besucher kommen wird; er würde seine gesamten gesammelten Spenden nach Pakistan überweisen, Summen, die so gering waren, dass sie hoffentlich homöopathische Wirkung hatten, statt einfach nur nutzlos zu sein. – Er war entschlossen, von Nutzen zu sein, soviel stand fest. Zwei Jahre nach seiner Heimkehr begann er mit Schießübungen …

Warum ich gescheitert bin:
Ein Brief des Generals (1984)

**MEMBER
SENATE OF PAKISTAN**

Lieber Bill,

vielen Dank für Ihren netten Brief. Es gibt ein altes Sprichwort: Gesundheit bedeutet Reichtum. Sie sollten gut auf Ihre Gesundheit achten. Bei jedem Vorhaben braucht man drei Dinge:
a. Verstand
b. Hände – Man muss in Form sein, um Sachen angehen zu können
c. Geld.

Sie haben Verstand – aber körperlich sind Sie nicht in Form, und Sie haben kein Geld – also vergessen Sie die AFGHANEN – für den Augenblick. Mein Rat an Sie lautet, sich um einen ernsthaften Beruf zu kümmern – etwas, das Ihnen liegt ... und achten Sie gut auf Ihre Gesundheit ...
«RUS» stehen vor der Tür ... Solange wir als Moslems leben, werden wir sie auf Distanz halten ... Vor kurzem kam ein afghanisches Waisenkind, ein Junge, zu Besuch. Er hatte eine Schussverletzung im Kopf. Ein Arzt vom Roten Kreuz hat die Kugel entfernt, aber nun ist er blind geworden ... Man könnte doch bestimmt eine Augentransplantation veranlassen usw. ... Tb nimmt zu – in Amerika können Sie die Probleme der Flüchtlinge in Pakistan und die Probleme in Afghanistan nicht richtig einschätzen.

Mehr im nächsten Brief.
Mit den allerbesten Wünschen verbleibe ich,

ENDE

14. Nachschrift

Ein Brief des Generals (1987)

> Bill – Ihr erstes Buch ist ja ein «Hit» – jetzt sollten Sie sich dem ernsthaften Geschäft des Schreibens widmen. Ich habe die Rezensionen sicher zehn Mal gelesen und die Bemerkungen hervorgehoben/unterstrichen – versuchen Sie Ihre Druckfehler auszumerzen.
>
> Ihr Buch über Afghanistan sollte auf Folgendes zu sprechen kommen.
>
> a. Afghanistan – seine Bedeutung für die Freie Welt & die USA, falls überhaupt, vor dem Einmarsch der Russen.
> b. Warum Russland in Afghanistan einmarschiert ist. Hat Russland sein Ziel erreicht?
> c. Wie die Afghanen die Russen – eine Supermacht – mit altmodischen Waffen in Schach gehalten haben.
> d. Werden die Russen Afghanistan aufgeben – für immer?
> e. Schreiben Sie in klaren Worten von den Interessen der Russen und der USA in dieser Region – vor dem Einmarsch, während der Besatzung und nach dem russischen Rückzug.
> f. Die Rolle Pakistans – seine tatsächliche und wirtschaftliche Unterstützung – Afghanistans Einfluss auf die pakistanische Wirtschaft.
> g. Hat die Freie Welt Pakistan und die Opfer der russischen Luftangriffe und explodierten Minen ausreichend entschädigt?
> h. Echte Freundschaft beweist sich in der Not. Hat Pakistan seine Rolle erfüllt?

Ich frage den Leser: Wie würde Ihre Liste bedeutsamer Fragen lauten? Bin ich darauf zu sprechen gekommen? Wie können *Sie* helfen?

Die sowjetische Sichtweise
(San Francisco, 1987)

Weil ich ein Anhänger der Fairness-Doktrin bin, entschied ich mich, das Konsulat der UdSSR zu kontaktieren, um ihre Meinung zu diesem Buch einzuholen. Ich habe Folgendes geschrieben.

3065 Pacific Ave.
San Francisco, CA 94115
6. November 1987

Generalkonsulat der Sowjetunion
279 Green Street
San Francisco, CA

Sehr geehrte Damen und Herren:

… Da ich eher zu einer empirischen Denkweise neige, lege ich besonderen Wert auf das, was ich selbst sehe und höre. Zu meinem Bedauern muss ich gestehen, dass ich während meiner Zeit in Afghanistan keine Gelegenheit hatte, mit sowjetischen Soldaten oder Befürwortern des Einmarsches zu sprechen. Darin liegt die entscheidende Schwäche meines Buches. Ich habe natürlich ein paar Schlüsseldokumente gelesen, die die sowjetische Sichtweise vermitteln: das Interview mit Breschnew aus dem Jahr 1980, kurz nach Babrak Karmals Amtsübernahme, die zwei oder drei verfügbaren Reden Babraks, einige TASS-Berichte usw. Tatsache bleibt, dass nahezu alle meiner Quellen eine starke antisowjetische Haltung vertreten.

Aus diesem Grunde möchte ich Ihnen die Gelegenheit geben, das Manuskript meines Buches (etwa 250 Seiten, doppelter Zeilenabstand) zu lesen und zu kommentieren. Hinweise und Korrekturvorschläge Ihrerseits hinsichtlich falscher Tatsachen sind erwünscht. Ich persönlich bin ehrlich davon überzeugt, dass die sowjetische Anwesenheit in Afghanistan falsch ist. Ich tue mein Bestes, um meine Leser ebenfalls zu dieser Überzeugung gelangen zu lassen. Ich fordere Sie hiermit auf, sie vom Gegenteil zu überzeugen. Wenn Ihnen daran gelegen ist, zu dem Buch Ihre Meinung zu äußern, stelle ich Ihnen gern fünf oder zehn Seiten darin zu Ihrer Verfügung. Ich werde Ihre Bemerkungen ohne Ihre Erlaubnis weder überarbeiten noch verändern. Wenn Sie tatsächlich glauben, dass die Ansichten in meinem Buch falsch sind, nun, wie Lenin schon sagte («Alle hinaus im Kampf gegen Denikin!»): «All unsere Agitation und Propaganda muss dazu dienen, den Menschen über die Wahrheit zu berichten.» Wenn nicht, dann wird Ihr Schweigen für sich selbst sprechen …

Hochachtungsvoll
William T. Vollmann

Ihr Schweigen sprach für sich selbst.

Chronologie

1839 Der erste russische Versuch, Buchara zu erobern, scheitert.

1842 Nachdem sich der Erste Afghanische Krieg als Desaster erwiesen hat, ziehen sich die Briten aus Afghanistan zurück, leisten Entschädigungszahlungen und lassen Geiseln zurück. Später üben sie dafür Vergeltung, und ein gewisser Colonel Sutherland schreibt: «Es ist ein Trost, einem Einheimischen wieder mit Selbstvertrauen ins Gesicht schauen zu können.» Dann verlassen sie das Land erneut.

1843 Sind fällt an die Briten.

1844 Russland und Großbritannien kommen überein, im Geiste von Fürst Nesselrodes Memorandum, den inneren Frieden Persiens zu wahren, indem beide Mächte Buchara, Khiva und Samarkand als Pufferstaaten betrachten.

1846 Kaschmir fällt an die Briten.

1849 Das Pandschab fällt an die Briten.

1853 Der Krimkrieg beendet diese glückliche Zusammenarbeit.

1855 Die Afghanen annektieren das persische Kandahar, das, genau wie Herat, schon öfter den Besitzer gewechselt hat.

1856 Die Perser annektieren im Gegenzug Herat und verkünden, dass sie als Nächstes Kandahar erobern und sich an der Grenze zum Pandschab, einem Gebiet der Briten, niederlassen wollen. Die Briten verbünden sich aus diesem Grunde mit den Afghanen gegen die Perser und schlagen sie.

1859 Die Briten besetzen Belutschistan.

1863 Die Afghanen erobern Herat zurück.

1865 Die Russen besetzen Taschkent.

1867 Die neue Provinz Russisch-Turkestan wird ausgerufen. Buchara fällt an die Russen.

1869 Unter Bezug auf das Nesselrode-Memorandum schlägt der russische Prinz Gortschakoff vor, Afghanistan als weitere Pufferzone anzusehen. Die Briten winken ab mit der Begründung, die Grenzen seien nicht klar definiert.

1873 Khiva fällt an Russland. Russland übergibt Badakschan und Wakhan an Afghanistan, um die britische Anerkennung der neuen Grenze zu sichern. Afghanistan bildet damit das einzige neutrale Gebiet zwischen den Briten und den Russen. Der afghanische Monarch Schir Ali bittet Lord Northbrook um die Zusicherung britischer Unterstützung für den Fall eines Einmarsches der Russen in sein Land. Die Briten lehnen das ab. Schir Ali beschließt, sich mit den Russen gut zu stellen.

1875 Die Briten sind durch den lebhaften Briefwechsel zwischen Russland und Afghanistan alarmiert. Noch alarmierter sind sie, als in Kabul eine russische Mission eröffnet wird.

1876 Die Briten unterzeichnen einen Vertrag mit dem Khan von Kalat, der den Truppen des Empire erlaubt, Quetta zu besetzen. In der Zwischenzeit treffen die Russen ähnliche Vorkehrungen in Kokand.

1878 Nach der Zurückweisung ihres Ultimatums, in dem die Errichtung einer britischen Residenz in Kabul gefordert wird, marschieren die Briten in Afghanistan ein, was in Folge zum Zweiten Afghanischen Krieg (1878–81) führt.

1879 Die Briten ziehen einen Großteil ihrer Truppen ab, nachdem sie die Einwilligung erhalten, dass die Anwesenheit eines Vertreters der britischen Regierung geduldet wird und sie den Khyberpass besetzen dürfen. Sie leisten Unterstützungszahlungen an den Amir von Kabul. Bei passender Gelegenheit überfallen die Afghanen die Residenz und metzeln alle Verteidiger nieder. Im Laufe der nächsten zwei Jahre brechen immer wieder guerillaähnliche Kämpfe aus, bei denen die Afghanen den Briten beträchtliche Verluste zufügen. Am Ende wird eine probritische Regierung ins Amt gehoben.

1881 Die Briten ziehen aus Afghanistan ab.

1884 Baron de Staal, der russische Botschafter in London, erhält Instruktionen: Russland wird seine «Expansion in Mittelasien fortsetzen, um uns so zu ermöglichen, heute in Turkestan und den turkestanischen Steppen eine militärische Position einzunehmen, die stark genug ist, sich England im Falle einer Intervention in Indien entgegenzustellen». Bei dieser günstigen Gelegenheit werden die Stammesoberhäupter von Merv dazu überredet, eine Allianz mit dem russischen Zaren einzugehen.

1893   Die Durand-Linie wird als Grenze zwischen Afghanistan und der Nordwestlichen Grenzprovinz Britisch-Indiens festgelegt. Peschawar und der Khyberpass gehören nun zum britischen Weltreich.

1896   Pamir fällt an die Russen.

1901   Die Briten ziehen eine weitere Grenzlinie, wodurch die Nordwestliche Grenzprovinz als eigenständige Einheit vom Pandschab abgetrennt wird.
        In Afghanistan besteigt Habibullah den Thron.

1907   In der Anglo-Russischen Konvention räumt Russland ein, dass Afghanistan sich außerhalb seiner Einflusssphäre befindet, und die Briten verpflichten sich, das Land weder zu besetzen noch zu annektieren.

1914   Der Erste Weltkrieg bricht aus. Afghanistan ist neutral.

1917   In Russland kommt es zur Großen Sozialistischen Oktoberrevolution. Die Bolschewiken setzen die Geheimprotokolle des Zarenregimes außer Kraft und entlassen vormalige Rumpfstaaten wie Buchara in die Unabhängigkeit. Später ändern sie ihre Meinung und verleiben sie sich wieder ein.

1919   In Afghanistan wird die konstitutionelle Monarchie eingeführt. Amanullah Khan besteigt den Thron. Zu diesem Zeitpunkt ist die Frage der afghanischen Unabhängigkeit so brisant wie die Paschtunistans nach dem Zweiten Weltkrieg. Amanullah erklärt die vollkommene Autonomie seines Landes von allen fremden Mächten und führt Angriffe auf die britischen Niederlassungen entlang der Grenze durch, die den Dritten Afghanischen Krieg auslösen. Es kursiert die Behauptung, die Briten würden Chemiewaffen gegen die Afghanen einsetzen. Nach einer Reihe von ergebnislosen blutigen Zwischenfällen erkennen die Briten die Unabhängigkeit Afghanistans an, allerdings erst, als die Russen dies auch tun. Im selben Jahr erhält Afghanistan die ersten Zuwendungen aus der Sowjetunion.

1921   Die Sowjetunion und Afghanistan unterzeichnen einen Vertrag zur Anerkennung der bestehenden Grenzen. Das Khanat Buchara fällt an die Sowjets. Während des ganzen

Jahrzehnts brechen in Zentralasien verschiedene Revolten gegen die Sowjetmacht aus, bleiben aber erfolglos.

1926 Die Sowjets und die Afghanen unterzeichnen einen Neutralitäts- und einen Nichtangriffspakt.

1928 Amanullah, der sich ein Beispiel an Peter dem Großen nimmt, reist durch Europa und schafft nach seiner Rückkehr den Schleier ab, eröffnet koedukative Schulen und beginnt mit dem Bau einer neuen Hauptstadt. Religionsführer fordern zum Aufstand auf. Amanullah wird durch Bacha Saqqao ersetzt.

1929 Mohammed Nadir Khan, einer der Generale Amanullahs, kehrt aus dem Exil zurück, um Bacha Saqqao zu verdrängen und hinrichten zu lassen. Er besteigt als Nadir Schah den Thron und widerruft die Reformen Amanullahs.

1931 «Sowjetisch-afghanische Wirtschaftsbeziehungen trugen unbeirrt den Interessen Afghanistans Rechnung. Ein 1931 neu ausgehandeltes sowjetisch-afghanisches Abkommen, das zu Neutralität und beiderseitigem Nichtangriff verpflichtet, half Afghanistans Unabhängigkeit zu stärken.» (*Große Sowjetenzyklopädie*, 3. Aufl. [Übers.], Bd. II)

1933 Zahir Schah, letzter König von Afghanistan, besteigt nach der Ermordung seines Vaters den Thron (8. November).

1934 Die Vereinigten Staaten erkennen Afghanistan offiziell an.

1935 Deutsche, Japaner und Italiener nehmen wirtschaftliche Beziehungen zu Afghanistan auf. Die Nazis verkünden, dass die Japaner nur Arier «ehrenhalber» seien, die Afghanen hingegen echte Arier.

1936 Den Sowjets wird die Erlaubnis verweigert, eine Handelsmission in Afghanistan zu eröffnen.

1939 Ausbruch des Zweiten Weltkriegs. Afghanistan bleibt erneut neutral.

1940 Die Sowjetunion stimmt im Prinzip dem von Nazi-Deutschland vorgeschlagenen Vier-Mächte-Pakt zu, in dem «die Sowjetunion erklärt, dass ihre territorialen Bestrebungen südlich des nationalen Territoriums der UdSSR in Richtung des Indischen Ozeans» liegen. Buhrhanuddin Rabbani, der spätere Führer der Jamiat-i-Islami, kommt in Faizabad zur Welt.

1941 Großbritannien und die Sowjetunion verlangen, dass Afghanistan alle Nichtdiplomaten der Achsenmächte ausweist. Afghanistan reagiert damit, dass es *alle* Nicht-diplomaten ausweist.

1942–43 Die USA und Afghanistan tauschen diplomatische Missionen aus.

1946 Ein Jahr nach dem Ende des Zweiten Weltkriegs beginnen amerikanische Firmen damit, Geschäfte in Afghanistan zu organisieren. Im Laufe der folgenden Jahre geben sowohl die USA als auch die UdSSR dem Land Entwicklungsgelder und Hilfsleistungen.

1947 Britisch-Indien wird in Indien und Pakistan aufgeteilt. Feindseligkeiten zwischen Hindus und Moslems sorgen von Anfang an für böses Blut zwischen den beiden Län-dern. Umsiedlungen von indischen Moslems in Pakistan und pakistanischen Hindus in Indien sind von beider-seitigen Grausamkeiten begleitet. Die Nordwestliche Grenzprovinz hat die Wahl, ob sie zu Indien oder zu Pakis-tan gehören will. Sie entscheidet sich für Letzteres. Einige Pathanen kritisieren, dass man der Provinz die Gelegenheit zur Unabhängigkeit hätte lassen müssen, da die Stammes-gebiete in dieser Provinz nicht nur Territorien sind, son-dern unabhängige Khanate darstellen.

In Pakistan und Afghanistan wächst die Agitation für ein «Paschtunistan», einen separaten Staat der Pathanen-stämme, die in den Grenzgebieten beider Länder leben. Afghanische Pathanen fordern Pakistan auf, in der Nord-westlichen Grenzprovinz eine Volksabstimmung durch-zuführen; Pakistan weigert sich. Als Pakistan sich um die Mitgliedschaft in den Vereinten Nationen bewirbt, stimmt einzig Afghanistan wegen der Paschtunen-Frage dagegen.

1948 Pakistan und Afghanistan tauschen Botschafter aus.

1949 Zur Niederschlagung der Unruhen in den Stammesgebie-ten bombardiert Pakistan das Dorf Moghulgai, zwei Kilo-meter jenseits der afghanischen Grenze, aus der Luft. Zur selben Zeit treffen sich Stammesangehörige der afgha-nischen Afridi in Pakistan und gründen Paschtunistan. Unruhen brechen aus.

In Afghanistan wird das «Liberale Parlament» einberufen.

Gewisse Pressefreiheiten werden erlassen. Eine Studenten-
bewegung bildet sich.

1950 Pakistan setzt Benzinlieferungen nach Afghanistan für drei
Monate aus. Afghanistan und die Sowjetunion unterzeichnen ein Vier-Jahres-Tauschhandelsabkommen. Die Stu-
dentenbewegung wird immer aggressiver und greift den
Islam und die königliche Familie an.

1951 Pakistans Premierminister Liaquat Ali Khan wird von
einem Afghanen ermordet. In Afghanistan wird die
Studentenvereinigung aufgelöst.

1952 Die Sowjets eröffnen ein Handelsbüro in Kabul. Sie impor-
tieren so viel Getreide und Zement, dass es den Afghanen
möglich ist, die Rationierung dieser Waren aufzuheben.
Aufgrund der anhaltenden Unruhen werden alle regie-
rungsunabhängigen Zeitungen geschlossen. Hafizullah
Amin, ein Mann von großen Ambitionen, wird Kulturatta-
ché der Königlichen Botschaft Afghanistans in Washington, D. C. «Die Zukunft ist uns verborgen. – Aber denkt der
Astronom so, wenn er eine Sonnenfinsternis berechnet?»[*]

1953 Mohammed Daud, ein Cousin ersten Grades von Zahir
Schah, wird Premierminister. Daud fordert Militärhilfe
von den Vereinigten Staaten und wird abschlägig beschieden.

1954 Die UdSSR leihen Afghanistan dreieinhalb Millionen
Dollar. Pakistan unterzeichnet ein beiderseitiges Sicher-
heitsabkommen mit den Vereinigten Staaten. Daud fordert Militärhilfe von den Vereinigten Staaten und wird
abschlägig beschieden.

1955 Über der Paschtunistan-Frage kommt es fast zu einem
Krieg. Pakistan schließt für fünf Monate die Grenze. Der
sowjetische Premierminister Bulganin erklärt, sein Land
unterstütze die Forderungen Afghanistans nach einem
Plebiszit. Die friedliebenden demokratischen Völker der
UdSSR bieten den Afghanen Waffen im Kampf gegen die
Pakistanis an und stellen Entwicklungshilfe von 100 Millionen Dollar bereit. Daud fordert Militärhilfe von den Vereinigten Staaten und wird abschlägig beschieden. Amin

---

[*] Wittgenstein, *Philosophische Untersuchungen*, IIxi, S.-358

schließt sich dem Stab von USAID in Kabul an. Das sowjetisch-afghanische Abkommen zu Neutralität und beiderseitigem Nichtangriff wird um weitere zehn Jahre verlängert.

1956 Die Afghanen schließen «umfangreiche Entwicklungsabkommen» mit der Sowjetunion ab. Die Vereinigten Staaten bezuschussen einen Flughafen in Kandahar mit 15 Millionen Dollar. Amir Sayyid Alim Khan, letzter Herrscher von Buchara, stirbt im Exil. Afghanistan erhält 25 Millionen Dollar Militärhilfe von der Sowjetunion und den Staaten des Ostblocks. Ein Teil des Geldes wird für den Bau von Flugplätzen verwendet, die die Sowjets 1979 noch sehr nützlich finden werden. Als Reaktion auf Daud gründen Professoren in Kabul die Islamische Bewegung, Kern der religiösen Mudschaheddin-Gruppierungen. Rabbani wird Mitglied.

1957 Bei Radio Afghanistan gibt es die ersten Ansagerinnen.

1959 Während der Feierlichkeiten zur Unabhängigkeitswoche erscheinen die Frauen und Töchter der königlichen Familie und der Würdenträger unverschleiert. Als die Mullahs sich bei Daud beschweren, lässt er sie ins Gefängnis sperren.

1961 Am 23. August brechen Pakistan und Afghanistan die diplomatischen Beziehungen ab; die Grenze wird geschlossen. In der Nordwestlichen Grenzprovinz kommt es wegen der Paschtunistan-Frage immer wieder zu Scharmützeln.

1962 Amin wird Übersetzer an der amerikanischen Botschaft in Kabul.

1963 Am 9. März tritt Premierminister Daud zurück. Sein Nachfolger wird Dr. Mohammed Yusuf, ein Bürgerlicher. Die Grenze zu Pakistan wird geöffnet, die diplomatischen Beziehungen werden wieder aufgenommen.

1964 Eine liberalisierte islamische Verfassung wird verkündet. Frauen sind nun vor dem Gesetz gleich. Zahir Schah bleibt König, doch der königlichen Familie wird die Ausübung von politischen Ämtern verwehrt. (Dies versperrt zum Beispiel Daud die Rückkehr zur Macht, da er Mitglied der königlichen Familie ist.) Die Straße Doschi-Dschabal

Us-Seradsch zwischen Kabul und der sowjetischen Grenze wird fertig gestellt.

1965 Die ersten nationalen Wahlen werden abgehalten (mit welch ironischer Trauer man sich heute daran erinnert!). Es tauchen politische Parteien auf: Konservative, Zentrumspolitiker, Liberale und Linke. Im Juli erscheint zum ersten Mal die Zeitung *Khalq* (Die Massen). Herausgeber ist ein Mann namens Nur Mohammed Taraki, über den Louis Dupree vermerkt: «Der Roman, wie er im Westen begründet wurde, ist im Nahen Osten selten zu finden und in Afghanistan praktisch unbekannt, doch gilt der recht bekannte linksorientierte Journalist Nur Mohammed Taraki als vielversprechender Romancier der persischen Sprache.»[*] *Khalq* ist das Organ der Demokratischen Volkspartei (DPP), die Taraki am 1. Januar gegründet hat. Ein extremistischer Flügel der DPP gibt *Parcham* (Die Fahne) heraus, in der ein gewisser Babrak Karmal häufig publiziert. Babrak ruft zur Bildung einer «Vereinten Demokratischen Front» auf, um den Sozialismus durch Evolution innerhalb des Systems zu erreichen (Parcham und Khalq stehen politisch rechts von einer dritten Gruppe innerhalb der DPP, die sich Shu'la-yi-Jawed nennt, «die Ewige Flamme»). Babrak und Dr. Ananhita, weibliches Mitglied der DPP, werden ins Parlament gewählt. Babrak drängt die Studenten zu Demonstrationen, bei denen sie solchen Eifer an den Tag legen, dass die Parlamentssitzung vertagt wird. Am 25. Oktober eröffnen Regierungstruppen das Feuer auf die demonstrierenden Studenten und erschießen drei von ihnen. Am 29. Oktober wird Mohammed Hashim Mawamdal Nachfolger Dr. Yusufs im Amt des Premierministers.

Der sowjetisch-afghanische Neutralitäts- und Nichtangriffspakt von 1931 wird erneuert. Die amerikanische Hilfe für Afghanistan beträgt weiterhin durchschnittlich 22 Millionen Dollar im Jahr.

1966 *Khalq* wird von der Regierung eingestellt.

1967 Premierminister Mawamdal wird von Nur Ahmad Ete-

---

[*] Louis Dupree, *Afghanistan*, S. 92.

madi abgelöst. Innerhalb der DPP kommt es zur Spaltung zwischen Khalq und Parcham (die weiterhin mit Shu'la-yi-Jawed verbunden bleiben).

1968 Der Anteil der sozialistischen Staaten am gesamten Auslandshandel Afghanistans erreicht 47 Prozent. Einige konservative Mitglieder des Parlaments schlagen vor, Afghaninnen das Auslandsstudium zu verwehren. Eine Demonstration der afghanischen Studentinnen sorgt für einen Sinneswandel. Parcham und Shu'la-yi-Jawed trennen sich voneinander.

1969 *Parcham* wird von der Regierung eingestellt. Bei einem Handgemenge im Parlament wird Babrak schwer verletzt und kommt ins Krankenhaus. Sein Abgeordnetenmandat und das von Dr. Ananhita läuft aus.

1970 Das Magazin *Mujall-i-Shariat* (Shariat-Journal) erscheint. Herausgeber ist Professor Rabbani.

1971 Pakistan und Indien bekriegen sich. Pakistan verliert. Aus Ostpakistan wird der unabhängige Staat Bangladesch. In Afghanistan wird Dr. Abdul Zahil Premierminister. Ein Studentenstreik bricht aus, der bis 1972 dauern wird.

1972 Rabbani wird Kopf von Jamiat-i-Islami.

1973 Als Zahir Schah gerade in Italien weilt, stürzt Daud mit Unterstützung der Parcham und anderer Gruppen am 17. Juli die Monarchie.[*] Daud wird Präsident und Premierminister in Personalunion. Er ruft das Kriegsrecht aus. Im Laufe der nächsten fünf Jahre verfolgt er weiterhin die Politik der freundlichen Nichteinmischung, wenn auch mit immer geringerem Erfolg. Die Sowjets bauen die Grenzstraßen Afghanistans aus und befestigen die Straßen zwischen den größeren afghanischen Städten. So manche Kassandra meint, die Straßen könnten eine erheblich höhere Nutzlast tragen, als die Afghanen fordern. Man könnte fast glauben (welch schändlicher Gedanke!), die Straßen seien dazu bestimmt, sowjetische Panzer zu tragen. Daud entsendet 1 600 Parcham-Kader aufs Land, um bei der Modernisierung zu helfen. Diese Bemühungen scheitern, viele von ihnen verlassen ihren Posten in der

---

[*] Nach dem afghanischen Kalender der 26. Saratan 1352.

Überzeugung, dass ein radikalerer Ansatz vonnöten ist. Am 20. Oktober «begeht» der frühere Premierminister Mawambal im Gefängnis «Selbstmord». Er war einer Verschwörung gegen Daud angeklagt.

1975 Mit den von ihnen als zunehmend antiislamisch angesehenen Tendenzen in der Regierung unzufrieden, beginnen Gulbaddin und andere mit dem Aufbau ihrer eigenen politischen Organisationen in den Provinzen und in Peschawar, wo sie aus Rache für die von Afghanistan unterstützten subversiven Aktivitäten in Pakistan von der pakistanischen Regierung Bhutto unterstützt werden. In der Nacht des 21. auf den 22. Juli beginnen Religionsführer mit dem «Pandschir-Aufstand», der sich nicht auf das Pandschir beschränkt, sondern auch Pakhtiya, Jalalabad und viele andere Regionen umfasst. 93 Personen werden vor Gericht gestellt, drei von ihnen hingerichtet. Im September wird eine Verschwörung der Militärs gegen Daud aufgedeckt.

1976 Daud und Bhutto statten sich gegenseitig Besuche ab.

1977 Im Februar wird eine neue Verfassung verabschiedet; das Land heißt nun offiziell Republik Afghanistan. Im Juli vereinen sich Parcham und Shu'la-yi-Jawed wieder. General Zia ergreift in Pakistan die Macht und verhaftet Bhutto, der für zwei Jahre im Gefängnis landet. Zia stattet Daud im Oktober zu Beratungen einen Besuch ab. Im Dezember wird ein weiterer geplanter Staatsstreich aufgedeckt, die Akteure werden verhaftet.

1978 Am 17. April teilt Daud Vertrauten mit, er wolle in Kürze weitreichende Reformen verkünden. Zehn Tage später werden er und seine Familie ermordet. Nur Mohammed Taraki erhört den Ruf der Nation und wird Präsident und Premierminister.[*] Die Sowjetunion schickt ihre Glückwünsche, die Vereinigten Staaten nicht. Überlebende Mitglieder der königlichen Familie werden verhaftet und ihrer bürgerlichen Rechte beraubt. Die Demokratische Republik

---

[*] «Nach dem blutigen Staatsstreich vom 7. Saur», ist in einer Publikation von Jamiat-i-Islami zu lesen, «… fiel unser Land in den Rachen des sozialimperialistischen Drachens. Niedere Sklaven und das Land verschachernde Elemente haben dieses Land in ein schreckliches Gefängnis verwandelt.»

Afghanistan wird nun von einer Koalition aus Mitgliedern von Khalq und Parcham regiert. Babrak Karmal wird für kurze Zeit Stellvertretender Premierminister, und Hafizullah Amin, der über seine Parteikontakte zur Armee den Staatsstreich erst in Gang gesetzt hatte, wird Stellvertretender Premierminister und Außenminister. Taraki unterzeichnet einen Freundschaftsvertrag mit der Sowjetunion, bestätigt im Dekret Nummer sieben die Gleichheit der Frauen und macht sich dann an die Arbeit. Als er sich im Juli sicher fühlt, degradiert er die Parcham-Führung zu Botschaftern und entsendet sie – Babrak nach Prag, Ananhita nach Belgrad usw. Im August werden die verbliebenen Parcham-Mitglieder unter der Anklage der Verschwörung gegen die Regierung verhaftet. Babrak, Ananhita und die anderen Botschafter werden ihrer Ämter enthoben und zurückgerufen; klugerweise gehen sie stattdessen nach Moskau.

1979 **Januar** 12 000 afghanische Soldaten werden in die Provinz Konar entsandt, um gegen 5000 Guerillakämpfer anzutreten.

März Radio Kabul behauptet, der Iran habe 4000 verkleidete Soldaten und 7000 afghanische Dissidenten über die Grenze geschickt, um Taraki zu entmachten. Der Iran bestreitet dies. Die afghanische Regierung beschuldigt zudem Pakistan, die Mudschaheddin zu beherbergen und zu unterstützen (was ja auch stimmt). Ein neues Kabinett aus Khalq-Mitgliedern wird eingesetzt. Amin wird Premierminister und übernimmt die Verantwortung für die Befriedung des Landes. Nuristani-Rebellen setzen ihre Einsätze fort. In Herat töten Rebellen sowjetische Techniker mitsamt ihren Frauen und Kindern.

April In Pakistan wird Bhutto hingerichtet.

Juli Aus allen 28 Provinzen Afghanistans wird von Guerilla-Aktivitäten berichtet. Amin bittet Taraki, um größere sowjetische Militärhilfe nachzusuchen.

August In Kandahar werden dreißig Sowjets von Afghanen getötet. Es muss festgehalten werden, dass Amins Befriedung des Landes nicht gerade prächtig vorankommt.

September Taraki trifft sich in Moskau mit Breschnew.

Worüber sie sprechen, bleibt geheim. Doch kurz danach ruft Taraki Amin in sein Büro, und man hört Schüsse.

Oktober Radio Kabul verkündet offiziell den Tod Tarakis. Die Sowjets schweigen. Amin lässt einige politische Gefangene frei, beruft eine konstitutionelle Versammlung ein (an dieser Stelle muss ich lachen) und startet Großoffensiven gegen die Mudschaheddin in Pakhtiya und Badakschan.

1979 Weihnachtstag Die Sowjets fliegen Truppenverbände und Panzer nach Kabul ein. Amin wird zusammen mit seiner Familie liquidiert. Sein Nachfolger ist Babrak Karmal, ein Mann, für den die Sowjets wärmste Zuneigung empfinden.

1980–1989

In dieser furchtbaren Zeit folgten die Sowjets dem Prinzip der terroristischen Gegenmaßnahmen, die schon von Brigadegeneral Frank Kitson festgehalten worden sind. In Anlehnung einer Analogie von Mao beschreibt Kitson die Aufständischen als Fisch; die Bevölkerung ist das Wasser, in dem der Fisch schwimmt. «Wenn ein Fisch vernichtet werden muss, dann kann man dies direkt mit Angel oder Netz tun, vorausgesetzt, der Fisch befindet sich in einer Position, bei der diese Methoden Erfolg versprechen. Wenn Angel und Netz aber nichts einbringen, dann mag es nötig werden, etwas mit dem Wasser anzustellen, um den Fisch in eine Position zu zwingen, in der man ihn fangen kann. Es könnte sichzum Beispiel als notwendig erweisen, den Fisch zu töten, indem man das Wasser vergiftet, doch handelt es sich dabei nicht um einen wünschenswerten Verlauf der Aktion.»[*] *Die Wirren der Besatzungszeit schufen Platz für ein Liquidationssystem, das auf der Errichtung von Terrorzonen beruhte; dieses System wurde bis zum Abzug der Sowjets beibehalten.*

[*] Frank Kitson, *Low-Intensity Operations: Subversion, Insurgency, Peace-keeping,* S. 49.

Sowjetische Deserteure berichten von Grausamkeiten in Afghanistan

Mercury News Wire Service

LONDON – Zwei Soldaten, die in Afghanistan aus der Sowjetarmee desertierten … sprachen zum ersten Mal öffentlich von Grausamkeiten, die die sowjetische Armee an unbewaffneten Zivilisten beging.

Sie berichteten, dass ganze Dörfer mit bis zu 200 Einwohnern auf Geheiß sowjetischer Befehlshaber auf der Suche nach afghanischen Rebellenkräften in den Bergen massakriert worden seien. In Bazartch, einem Dorf in der Nähe von Kandahar, wo leere Patronenhülsen gefunden worden waren, seien alle Männer und Jungen auf der Stelle erschossen worden. Dann habe man die Frauen in ein Haus getrieben, in das Leutnant Wjatscheslaw Osdchi, der diensthabende sowjetische Offizier, dann Granaten geschleudert habe.

… [Igor] Rykow, Fahrer eines gepanzerten Truppentransporters der 70. Mobilen Infanteriebrigade, berichtete von einem Zwischenfall bei der Suche nach Ansiedlungen rings um Nangarkhar, bei dem ein Vorgesetzter einem jungen Soldaten befohlen habe, einen sechzehnjährigen Afghanen zu erstechen.

Mord

«Unser Leutnant, Oberleutnant Anatolij Gevorkian, befahl Angehörigen unserer Einheit, einen jungen, etwa sechzehnjährigen Afghanen zu holen. Dann befahl er dem Soldaten Oleg Sotnik, ihn zu erstechen; er sagte: ‹Also los, Sotnik. Hier ist das Messer. Ramm es in diesen jungen Mann. Man hat mir erzählt, du hättest Angst vor Blut. Du wirst dich daran gewöhnen müssen, kaltblütig zu töten, so wie ich.›»

Als der Versuch des Soldaten erfolglos blieb, habe der Leutnant dem Jungen eigenhändig die Kehle durchgeschnitten …

1988 General Zia kommt in Pakistan bei einem mysteriösen Flugzeugabsturz ums Leben.

1989 Die sowjetischen Truppen ziehen sich aus Afghanistan zurück. In Pakistan gelangt Benazir Bhutto an die Macht.

Anmerkung zur Ausgabe von 2003

Einige Leser werden sich fragen, warum meine Chronologie nicht bis in die Gegenwart fortläuft oder in irgendeiner Weise auf die Taliban oder den 11. September Bezug nimmt. Dazu kann ich nur sagen, dass dieses Buch die Gedanken zu einem bestimmten Punkt in der Zeit versammelt, und zwar aus der Perspektive eines anderen Punkts in der Zeit. Beide Zeitpunkte liegen vor der Machtergreifung der Taliban, und ich möchte diesen Umstand nicht verhüllen und dadurch den Gedanken eine größere Weisheit zuschreiben, als sie eigentlich besitzen.

Quellen

Seite

21 Ludwig Wittgenstein, *Philosophische Untersuchungen.*
Frankfurt: Suhrkamp, 1977.

25 f. Aus einem Interview mit Leonid Breschnew. US Government, Historic Documents of 1980.

31 Der Heilige Koran. Deutsche Übersetzung mit Volltextsuche, http://oregonstate.edu/groups/msa/quran/search_g.
html
Keine weiteren bibliographischen Angaben.

37 Die Bibel nach der Übersetzung Martin Luthers. Stuttgart,
Deutsche Bibelgesellschaft. Revidierte Fassung von 1984.

48 f. «Zum vierten Jahrestag der Oktoberrevolution» (1921),
in: Ausgewählte Werke. Moskau, Progress, 1971, S. 710.

49 The Soviet Way of Life. Moskau: Progress, 1974, S. 94 f.

149 TASS-Berichterstattung vom Dezember 1979,
US Government, Historic Documents of 1980.

245 f. Louis Dupree: Afghanistan. Princeton University Press,
1980.

247 Professor B. Rabbani, PO Box 345, GPO Peschawar
(Jamiat-i-Islami Afghanistan, September 1981).

301 Alexander Haig, Jr.: US Department of State Special Report
No. 98: *Chemical Warfare in Southeast Asia and Afghanistan* (22. März 1982).

354 Frank Kitson: *Low-Intensity Operations: Subversion,
Insurgency, Peace-keeping.* Harrisburg, Pa.: Stackpole
Books, 1971.

Danksagungen

Ich danke verschiedenen Pakistanis und Afghanen, denen ich versprochen habe, ihre Namen nicht zu nennen. Informationen, die meiner Meinung nach von irgendeinem Wert für die Sowjets oder ihre Nachfolger sein könnten, wurden weggelassen. Solche Auslassungen betreffen nur Daten, Ortsnamen usw. und beeinflussen den Bericht ansonsten in keiner Weise.

Die Nationale Befreiungsfront Afghanistan geleitete mich nach Afghanistan und zurück, ernährte mich, sorgte für meine Sicherheit und blieb trotz meiner Beschränkungen geduldig. Ich möchte allen meinen Freunden dort, vor allem Suleiman und dem «Armen Mann», meinem Kommandanten auf afghanischem Gebiet, meinen Dank aussprechen. Ich kann gar nicht sagen, wie sehr ich ihre Freundlichkeit schätze.

Noch mehr verdanke ich allerdings General N. und seiner Familie – so viel mehr, dass ich gar nicht weiß, wo ich anfangen soll. Ich hoffe, sie nehmen dieses Buch als Zeichen der Ernsthaftigkeit meiner Bestrebungen, die ich, wie erfolglos auch immer, umzusetzen suchte.

Mr. Don Climent, Mr. Mark Ice, Dr. Levi Roque, Ms. Mary McMorrow und andere Angehörige des International Rescue Committee (IRC) waren äußerst zuvorkommend und persönlich sehr hilfsbereit bei ihren Bemühungen, mir einen Besuch ihrer Flüchtlingslager nahe der Grenze zu ermöglichen. Ich werde die Erinnerungen an Marys und Levis Freundschaft stets in Ehren halten. Mr. Hassan Ghulam vom Austrian Relief Committee (ARC) gab mir die Erlaubnis, die Lager seiner Organisation in der Nähe von Mardan zu besuchen.

Ich danke all den Menschen, die ich interviewt habe. Die meisten Gesprächsnotizen wurden für dieses Buch erheblich gekürzt. Viele der himmelschreienden Missstände von 1982 haben sich heute erledigt. Meine Absichten und die ihren jedoch nicht.

Mein Dank gilt dem Ella Lyman Cabot Trust, der mir 990 Dollar für die Verbreitung meiner Ton-Dia-Präsentation zum Sammeln von Spendengeldern bewilligte (diese Präsentation hieß, wie dieses Buch, «Afghanistan Picture Show»); mein Dank gilt außerdem Aid for Afghan Refugees (AFAR), die 150 Dollar aufbrachten, um die Dias der Schau reproduzieren zu lassen. Mr. John Schaecher, der damalige Präsident von AFAR, unterstützte meine Reise auf vielfältige Weise. Ich bin ihm dafür sehr dankbar. Mr. Seth Pilsk und Ms. Linda Ohde halfen mir viele Stunden dabei, die Afghanistan Picture Show (und später eine Hörfunkfassung davon) vorzubereiten. Beide opferten zudem viel von ihrer Zeit für das Spendensammeln. Mr. John Hitaki von Bennett Photo tat erheblich mehr als nur seine Pflicht, indem er mir bei der Reproduktion der Fotos für verschiedene Spendenveranstaltungen half.

Mr. S. P. übersetzte die auf Paschtu geführten Interviews, die ich hier verwendet habe, ins Englische. Ich wünschte, ich könnte ihm namentlich danken. Mr. Lindsey Grant gab mir wertvolle Ratschläge zu Film und Fotoausrüstung. Ich bin zudem Mr. Robert Kvaal für seine freundlichen Bemühungen dankbar, das Manuskript bei einem Verlag unterzubringen. Der verstorbene James R. Withrow, Jr., ermutigte und unterstützte mich. Professor Alan Pasko brachte mir Wittgenstein nahe. Ich möchte zudem meinen Dank aussprechen an Ms. Erica Bright, Professor Galya Diment, Mr. Paul Foster, Mr. John Glusman, Mr. Garth Pritchard, Ms. Catherine Reynolds, Dr. Janice K. Ryu, Mr. Scott Swanson und Mr. David Taub.

Ich entschuldige mich hiermit bei allen, deren Namen ich vielleicht vergessen habe. Elf Jahre sind selbst für den unfehlbaren Jungen Mann eine zu lange Zeit, um keine Fehler zu machen.

Dietmar Dath

Waffenwetter

Roman
288 Seiten. Gebunden

Konstantin Starik schenkt seiner Enkelin Claudia zum Abitur eine ungewöhnliche Reise: Als Forscher und Spione brechen die beiden auf zu einer gefährlichen Expedition in die Kälte, dorthin, wo in der Nähe des magnetischen Nordpols die größte Hochfrequenz-Antennenanlage der Welt steht: HAARP, der Stolz amerikanischer Technokraten und – Geheimprojekt des Militärs zur Manipulation von Wetter und globaler Kommunikation? Daths Roman folgt seiner jungen Protagonistin in das Zwiegespräch mit etwas, das denkt, aber kein Mensch ist, bis an den Ort, wo Vernunft und Glaube, Armee und Kirche, Mensch und Sonne, Waffe und Wetter aufeinandertreffen.

»Smart, sexy, witzig und originell.«
Frankfurter Rundschau

Dietmar Dath

Heute keine Konferenz

Texte für die Zeitung
edition suhrkamp 2501. 318 Seiten

»Ich mache jetzt nur noch Scheiße«, heißt es in einem Tagebucheintrag von Arno Schmidt; gemeint sind: journalistische Texte für Zeitungen. Dietmar Dath hat seit 1990 einen ganzen Haufen – nun: journalistische, satirische und essayistische Texte veröffentlicht und sich damit eine eigene Fangemeinde erschrieben. Wie wenigen gelingt es ihm, Buffy und Bourdieu, Popkultur und Philosophie zu verknüpfen. Unter Rubriken wie Horror, Marx und Schauspielerinnen versammelt der Band seine besten Artikel und eine Einleitung des Autors über die schriftstellerische »Arbeit für den Tag«.

»Daths Kolumnen und Essays über »Sexyzität«, »Le Pöp« oder »Schauspielerinnen« sind große Resonanzkästen, in denen es darum geht, möglichst viele Anspielungen und Stimmen gleichzeitig zum Klingen zu bringen. Dath analysiert, erzählt und schwelgt immer auf mehreren Ebenen, seine Texte haben etwas von Parforce-Ritten, bei denen der Reiter dauernd abzustürzen droht und schließlich doch mit großer Triumphgebärde das Ziel erreicht.« *Hanns-Josef Ortheil, Die Welt*

Dietmar Dath

Dirac

Roman
382 Seiten. Gebunden

Man kann nicht leben wie ein Tier, wenn man ein Mensch ist. Das haben wir mal gewußt, das haben wir einander auch dauernd neu beigebracht, jeden Tag. Daß es um was gehen muß, um mehr als das stille Glück im Winkel und bestenfalls etwas philosophische Inneneinrichtung.
Dirac erzählt von der Suche des Schriftstellers David nach der Wahrheit über Paul Dirac, den großen Unbekannten der modernen Physik. Vor den Augen des Lesers nimmt die Geschichte dieses außergewöhnlichen Wissenschaftlers und Menschen Gestalt an. Ergebnis des Experiments: ein im Sinne des Wortes phantastisches Buch.

»Das ist purer Dath-Sound: präzise, unterhaltsam, informiert und geradezu brillant im Wiedergeben von gesprochener Sprache.« *taz*

Dietmar Dath

Die salzweißen Augen

Vierzehn Briefe über Drastik und Deutlichkeit
215 Seiten. Gebunden

David hält Rückschau, in den Briefen an eine angebetete
Mitschülerin von einst: Damals, in den »klebrigen siebzi-
ger Jahren«, wollte Sonja wissen, was ihn an Heavy Me-
tal, an Zombie- und Pornofilmen und Horrorcomics
denn fasziniere. Jetzt, in den Briefen, holt er aus, zitiert
Gräßliches und definiert theoretisch. Doch angetrieben
wird seine Erklärung von der eigenen Geschichte: einem
kaputten Elternhaus, der Sonjafixierung, Drogenerfah-
rungen, einem Zusammenbruch.
Dietmar Daths waghalsiger Romanessay gräbt in der Geschichte einer Jugend nach Antworten.

» ... prächtiges Kanonenfutter für die gerade einmal wieder aufbrandenden Scharmützel innerhalb der Linken in
Deutschland. Altlinks oder poplinks, modern oder post-
strukturalistisch, für oder gegen Amerika, politisch korrekt oder neoliberal – wer raus aus dem Graben und rein
ins Schlachtfeld will, lese den drastischen Dietmar Dath.«
Die Zeit

Amos Oz

Eine Geschichte von Liebe und Finsternis

Roman
Aus dem Hebräischen von Ruth Achlama
st 3788. 829 Seiten

»Dieses Buch handelt auch von der enttäuschten Liebe meiner Eltern und Großeltern zu Europa. Es spürt dem jüdischen Erbe in der europäischen Kultur nach und dem europäischen Erbe in unserer eigenen Kultur. Vor allem aber ist es ein Buch über eine einzelne kleine Familie. Es gibt ein altes Rätsel auf: Wie können zwei gute Menschen eine schreckliche Katastrophe herbeiführen? Wie kann es kommen, daß die Heirat zweier liebenswürdiger Menschen, die einander wollen und einander Gutes wünschen, in einer Tragödie endet?« *Amos Oz*
Eine große Familien-Saga, ein Epos vom Leben und Überleben, ein Archiv persönlicher und politischer Ambitionen, ein Buch der Enttäuschungen und der Hoffnung.

»... Denn ein erhellenderes, klügeres, vielschichtigeres Buch über Israel, über Familien und das, was Menschen zusammenhält und was sie trennt, kann man niemandem empfehlen...« *Frankfurter Allgemeine Zeitung*

Suketu Mehta

Bombay Maximum City

Aus dem Englischen von Anne Emmert,
Heike Schlatterer und Hans Freundl
784 Seiten. Gebunden

Eine Stadt im Höhenrausch: Bombay. Mit über 16 Millionen Einwohnern ist Bombay die inzwischen größte Stadt dieser Welt; bald werden mehr Menschen in ihr leben als auf dem gesamten australischen Kontinent. Der preisgekrönte Autor und Journalist Suketu Mehta, der nach einundzwanzig Jahren in die Stadt seiner Kindheit und Jugend zurückkehrt, beschreibt sie uns mit seinen Augen; taucht ein in die kriminelle Unterwelt, in der sich muslimische und Hindugangs schwere Gefechte im Streit um die politische und wirtschaftliche Herrschaft liefern; spricht mit Straßenkindern, die zu Profikillern ausgebildet werden, und Polizisten, die diese Kinder foltern und töten; er öffnet die Türen zu Bollywood, interviewt Filmproduzenten und Bartänzerinnen, die von einer Schauspielkarriere träumen, um den Slums zu entkommen, und zahllose Menschen, die täglich aus den Dörfern in die Stadt ziehen und statt Arbeit nur Elend finden.

» Vermutlich das beste Buch über Indien, das in den letzten Jahren erschienen ist. Brillant, wie Mehta diesem wilden urbanen Dschungel den Puls fühlt.«
The New York Times Book Review